Kerstin Bütow/Ulrike Kroneck
Bildungsschatz Bibel

Kerstin Bütow/Ulrike Kroneck

Bildungsschatz Bibel

Altes Testament

Neukirchener Verlagshaus

Verlagsgesellschaft des Erziehungsvereins mbH,
Neukirchen-Vluyn
Umschlaggestaltung: Hartmut Namislow
Abbildungen: J. van Eyck, Madonna des Kanonikus
Georg von der Paele (Detail), 1436;
Michelangelo, Deckenfresko zur Schöpfungsgeschichte
in der Sixtinischen Kapelle
(Schöpfergott erschafft Adam (1508–1512));
H. Rembrandt van Rijn, Moses mit den Gesetzestafeln, 1659;
P. Brueghel d. Ä., Turmbau zu Babel, 1563;
F. Hayez, Venus mit zwei Tauben (Detail), 1830,

Satz und Druck: Memminger MedienCentrum, Memmingen
Printed in Germany
ISBN 3-7975-0047-5

Inhalt

Vorwort 7
Bibel 11
Schöpfungsgeschichte 19
Adam und Eva 25
Kain und Abel 35
Noah 40
Turmbau zu Babel 47
Abraham 52
Lot und Sodom und Gomorra 59
Jakob 63
Josef 73
Mose 83
Josua 101
Richter Debora, Gideon und Jefta 105
Simson 111
Rut 119
Samuel 123
Saul 127
David 133
Salomo 149
Elia und Elisa 157
Ester 165
Judit und Holofernes 171
Propheten 176
Jesaja 184
Jeremia 188
Ezechiel 193
Daniel 197
Hiob 206
Psalmen und andere poetische Texte 212
Heilige Stätten: Jerusalem und Hebron 218
Zeittafel und Bibelsynopse 223

Literaturhinweise 228
Personen- und Stichwortregister 230

Vorwort

Die Bibel ist das bekannteste und meist verbreitete Buch der Erde. Sie ist Grundpfeiler der europäischen und abendländischen Kultur – ob wir nun jüdisch oder christlich sind, ob wir glauben oder nicht. Die Bibel hat unsere Geschichte geprägt, sie gehört zu unserem historischem Erbe. Aber immer weniger Menschen wissen, was das „Buch der Bücher" eigentlich ist.

Die Erzählungen des Alten Testaments sind Jahrtausende alt. Heute aber bleiben sie vielen Menschen unbekannt. Doch der „gebildete" Mensch, auch wenn er nichts wissen will von Glauben, Kirche oder irgendeiner rituellen Gemeinschaft, müsste die Erzählungen eigentlich kennen: Denn sie gehören zu unserer gemeinsamen kulturellen „Biographie".

Aus diesem Grunde erzählen wir die wichtigsten biblischen Geschichten nach. Dabei haben wir uns bemüht, sehr textnah zu bleiben und nicht allzu viel zu interpretieren. Wir haben alle biblischen Zitate nachgewiesen, weil wir wollen, dass die Leserinnen und Leser überprüfen, ob die Nacherzählung auch ihrem eigenen Verständnis nahe kommt. Denn jede Nacherzählung – auch unsere – ist immer auch Interpretation. Zitiert haben wir nach der Lutherbibel in der revidierten Fassung von 1984 und die Bibelstellen nach den Loccumer Richtlinien notiert. Aus sprachlichen und stilistischen Gründen haben wir uns für die Lutherbibel und nicht für die Einheitsübersetzung entschieden.

Das Buch folgt im Wesentlichen dem Aufbau des Alten Testaments und der Reihenfolge der biblischen Erzählungen. Lediglich die Lehrbücher und die Psalmen sind ans Ende gestellt und die apokryphen Geschichten an der passenden Stelle eingefügt worden. Einleitend haben wir das

Wichtigste zur Entstehungsgeschichte und zur Struktur des Alten Testaments zusammengetragen. Wir schreiben nach der neuen Rechtschreibung, die Bibelzitate und die Originaltitel der Werke werden originalschriftlich wiedergegeben.

Zum Aufbau des Buches

Jede Geschichte und jeder Themenkomplex wird mit historischen Verweisen kurz eingeleitet. Anschließend wird die alttestamentliche Geschichte nacherzählt. Für eine bessere Übersichtlichkeit sind die nacherzählten Texte typografisch abgehoben und in einer anderen Schrift gesetzt.

Folgende Hinweise schließen sich an:

◆ Allgemeine Erläuterungen oder Anmerkungen;
Einzelne Begriffe und Stichworte, die in den Zusammenhang der jeweiligen Geschichte gehören, werden beleuchtet;
die Rezeption der Motive in der bildenden Kunst wird verfolgt;
die Rezeption der Motive in der Literatur wird angerissen;
die Rezeption der Motive im Film wird gestreift;
und einzelne Musikwerke werden gesammelt.

Mit → gekennzeichnete Personen werden in einem eigenen Artikel ausführlich behandelt.

Für dieses Buch haben wir all das zusammengetragen, was in den unmittelbaren Bedeutungszusammenhang der alttestamentlichen Geschichten gehört und möchten so zeigen, wo und wie sie bis heute Spuren hinterlassen haben und hinterlassen in Kunst, Literatur, Film, Musik, Redewendungen – bis hin zu Motorradmarken.

Aus diesem Grund ist das Buch nicht lexikalisch aufgebaut. Wir haben unserer Ansicht nach notwendig zu wissende Dinge in den direkten Zusammenhang der alttestamentlichen Geschichten gestellt. Beim Thema „Turmbau zu Babel“ steht daher etwas über Babylonien und Nebukadnezar, bei den „Richtern Debora und Gideon“ kann man etwas über den Gott Baal erfahren und bei „David“ findet man etwas zum Uriasbrief, der Wurzel Jesse und zum Gesetz des 1. September 1941, das die Einführung des so genannten Judensterns verfügte. Über das Personen- und Stichwortregister kann über konkrete Seitenverweise eine Fülle von Personen und Begriffen erschlossen werden.

Dieses Buch kann – wer will – von vorne nach hinten lesen. Der Aufbau folgt der Reihenfolge des Alten Testaments. Auf diese Weise erschließen sich auch in der Überschau die wesentlichen Geschichten. Natürlich gibt es viele, die wir nicht behandelt haben. Wir haben uns bei der Auswahl leiten lassen von zwei Dingen: erstens dem wirkungsgeschichtlichen Aspekt und zweitens unserem ganz persönlichen Interesse an den Erzählungen des Alten Testaments. Wo sind uns diese Geschichten zum ersten Mal begegnet? Wo haben wir sie immer und immer wieder getroffen, ihre Motive wiedererkannt? Die Bibel ist auch für uns ein Stück Autobiographie – in der Erinnerung an den Kindergottesdienst, die Christenlehre und den Konfirmationsunterricht, wo uns die Gestalten und Geschichten der Bibel begegneten.

Einiges von dem, was wir aufgenommen haben, mag manchen überflüssig erscheinen, dafür fehlt ihr/ihm vielleicht anderes. Wir haben eine Auswahl getroffen, und natürlich ist diese auch eine ganz persönliche. Diese Arbeit hat uns selbst wieder viel aufmerksamer werden lassen für die große Erzähltradition der Bibel. Auf Schritt und Tritt begegnen uns jetzt die Bibel und ihre Geschichten.

Es ist kein wissenschaftliches Interesse, das uns geleitet hat, und vor allen Dingen kein religionswissenschaftliches.

Wir wollten uns selbst und unseren Leserinnen und Lesern die Jahrtausende alten Erzählungen nahe bringen und helfen, die Spuren dieser Geschichten auch in der Gegenwart wieder zu entdecken.
Diese Arbeit hat Spaß gemacht. Wir haben viel gesammelt, Romane, Bildbände, Lexika und CD-ROMs „gewälzt“, Freundinnen und Freunde angerufen und sie befragt. Dabei haben wir erneut gemerkt, dass Bildung etwas zu tun hat mit Bewahren, Horten und: Weitergeben. Nur das, was wir aufheben werden und uns zu eigen machen, geht nicht verloren.

Berlin und Buer im April 2003

Kerstin Bütow, Ulrike Kroneck

Bibel

Was sind Heilige Schriften?

Die Bibel ist eine heilige Schrift. Eine „heilige Schrift“ ist eine literarische Gattung, in der religiöse Traditionen niedergelegt wurden. Alle Religionen haben heute heilige Schriften. Als Kanon heiliger Schriften erhalten sie in einer Gemeinschaft ethisch-normativen Charakter. Die Inhalte der heiligen Schriften – ob literarisch-historische Berichte, Erzählungen, Hymnen, Gebete oder Mythen – gelten als geoffenbarte Wahrheiten. Der Autor, der sie niederschrieb, war von Gott oder der Gottheit inspiriert, stand unter göttlichem Einfluss, so dass dieser „vermittelt“ als Autor gelten kann.
Als „heilige Schriften“ der drei Offenbarungsreligionen gelten die Hebräische Bibel für das Judentum, die Bibel mit Altem und Neuem Testament für das Christentum und der Koran für den Islam. Das Alte Testament der Bibel ist heilige Schrift für Judentum und Christentum. Auch für den Islam ist die Bibel geoffenbartes göttliches Wort. Muslime betrachten die Bibel als substantiell identisch mit dem Koran. Heilige Schriften genießen in verschiedenen religiösen Traditionen auch rituelle Verehrung. So wird die Tora-Rolle im Synagogengottesdienst gewürdigt (mit Simchat Tora, dem Fest der Freude der Tora, ist der heiligen Schrift zudem ein eigenes Fest gewidmet), und die katholische und orthodoxe Kirche beweihräuchern die Bibel während der Messe (Weihrauch = Symbol der Anbetung).

Was ist die Bibel?

Das heilige Buch des Christentums besteht aus dem *Alten Testament* (AT) und dem *Neuen Testament* (NT). In den Begriffen „Altes/Neues Testament“ steckt jedoch eine Bewertung im Sinne von „neu ist besser“, so dass heute viele im jüdisch-christlichen Dialog verwurzelte ChristInnen lieber vom *Ersten* und *Zweiten Testament* sprechen. Daneben gibt es noch die so genannten „Apokryphen" (griech.: apokryphos = geheim, verborgen). Das sind Texte, die ähnliche Inhalte haben wie die biblischen Bücher, aber nicht „kanonisch", d.h. nicht zu verbindlichen Texten der Glaubensgemeinschaft wurden. Das Wort *Testamentum* ist die lateinische Entsprechung für das hebräische *berit*, das den „Bund" Jahwes mit dem Volk Israel meint. Das Alte oder Erste Testament entspricht der Hebräischen Bibel der Juden, Tenach.

Wie wurde die Bibel zur Bibel?

Das Wort Bibel stammt vom griechischen Wort *biblia*, der Pluralform von *biblion*, „Buchrolle", „Schrift". Der Begriff wird zum ersten Mal vom griechisch schreibenden jüdischen Schriftsteller Josephus Flavius benutzt. Die Bezeichnung „Bibel" wurde dann für die lateinischen Ausgaben und im Plural verwendet: *Biblia sacra*, heilige Bücher. Die Bibel ist – wie der im Plural stehende Name schon sagt – kein einheitliches Buch. Sie ist eher eine ganze Bibliothek, eine Sammlung von Texten. Die einzelnen Teile der Bibel tragen denn auch den Namen „Buch".

Diese Bibliothek hatte einen langen Entstehungsprozess, manche Texttraditionen sind weit älter als 1000 v.Chr. Heute ist sich die alttestamentliche Forschung, bei allen Differenzen, darüber einig, dass die verschiedenen Texte unterschiedliche Texttraditionen verkörpern und auch aus ganz unterschiedlichen Zeiten stammen: Sie wurden zuerst erzählt, dann verschriftet und zuletzt kanonisiert. Die Erforschung der historischen Verortung und die zeitliche Zuordnung einzelner Bücher begann im 18. und 19. Jahrhundert, und bis heute gibt es dazu kontroverse Theorien. Einig sind sich aber alle Positionen darin, dass es sich um ein gewachsenes, literarisches Werk handelt.

Die Kanonbildung des Alten Testaments, d.h. die Entscheidung darüber, was dazu gehören soll und was nicht, begann während des Niedergangs der Königreiche nach Salomo, als mit dem Babylonischen Exil die religiöse Identiät des Volkes auf dem Spiel stand. Außerdem sind Texte älteren Ursprungs, wie sakrale und volkstümliche Legenden, Lieder und Erzählungen, mit aufgenommen worden. Der Kanon des AT war etwa um 200 v.Chr. abgeschlossen, der des NT etwa um 400 n.Chr.
Das Alte oder Erste Testament ist der umfangreichere Teil der Bibel, der ursprünglich fast ausschließlich in hebräischer Sprache geschrieben wurde. Dieser Teil ist Christen und Juden gleichermaßen heilig. Die Bücher des Alten Testaments erzählen vom Ursprung der Welt und der Menschen und die Geschichte des Volkes Israel, wobei ein besonderer Schwerpunkt auf der Mitteilung der Regeln liegt, nach denen dieses Volk leben und seinen Gott verehren soll.
Das Neue oder Zweite Testament ist wesentlich kürzer und homogener. Es transportiert vor allem zwei große Themenkomplexe: die Erzählungen über Leben, Sterben und Auferstehung Jesu (vier Evangelien) und die Missionstätigkeit des Paulus (Paulusbriefe und Apostelgeschichte). Diese Textteile wurden fast ausschließlich in der zweiten Hälfte des ersten Jahrhunderts auf Griechisch verfasst.

Was steht in der Bibel?

Das Alte Testament umfasst 39 Bücher, die in drei – und zwar im jüdischen, katholischen und protestantischen Kanon unterschiedlich zusammengestellte – Abteilungen gegliedert sind. Bei Übersichten über die Hebräische Bibel findet man nur 24 Bücher. Das liegt daran, dass die jeweils zwei Samuel-, Königs- und Chronikbücher zusammengezählt werden (minus 3), und auch Esra und Nehemia als ein Buch zählen. Außerdem werden die zwölf kleinen Propheten als ein Zwölfprophetenbuch gerechnet (minus 11).

Die Hebräische Bibel

Die Hebräische Bibel heißt im Judentum *Mikra* (= das zu Lesende), die Schrift oder *Kitbe haqodäsch* (= Heilige Schriften). Wie das christliche Alte Testament umfasst sie insgesamt 39 (= 24, s. o.) Schriften. Allerdings ist die Reihenfolge der Hebräischen Bibel eine ganz andere. Sie gliedert sich in drei Teile: Die „Weisung“ (= Tora), die „Prophetischen Bücher“ und die „übrigen“ Schriften. In dem Begriff *Tenach*, wie die Hebräische Bibel oft auch genannt wird, finden sich die Anfangsbuchstaben der drei Teile der Bibel, **T**ora – **N**ebi'im (= Propheten) und **K**etubim (= die übrigen).

Der wichtigste Teil ist die Tora. Er besteht aus den fünf Büchern Mose (= Pentateuch = Fünfrollenbuch). Den anderen Teilen der Bibel kommt im Judentum nicht die gleiche Offenbarungsqualität zu. Die fünf Bücher Mose stehen also am Anfang der Textsammlung. In diesen Büchern ist das Gesetz niedergelegt. Es ist die Offenbarung des Willens Gottes. Diese Schriften stammen nicht von Mose, sondern sind, wie der gesamte Textkorpus der Bibel, langsam gewachsen. Allerdings hält das orthodoxe Judentum bis heute daran fest, dass Mose der Autor der fünf Bücher sei.

Die *Prophetischen Bücher* sind nach hebräischem Kanon unterteilt in die vorderen Propheten (die Bücher Josua, Richter, Samuel und Könige), die drei großen Propheten (Jesaja, Jeremia, Ezechiel) und die zwölf kleinen Propheten. Den Propheten kommt annähernd die gleiche Offenbarungsqualität zu wie der Tora.

Zu den *übrigen Schriften*, der dritten Gruppe, zählen die poetischen Bücher: die Psalmen, die Sprüche Salomos, das

Buch Hiob, das Hohelied Salomos, das Buch Rut, die Klagelieder Jeremia, der Prediger Salomo, das Buch Ester, das Buch Daniel, das Buch Esra, das Buch Nehemia und die zwei Chronikbücher.

Das christliche Alte Testament

Die frühe Kirche hatte genau dieselbe Hebräische Bibel, wie sie im Judentum gültig war. Erst mit dem Werden eines eigenen christlichen Kanons wurde daraus das Alte Testament. Dabei kam es dann in der christlichen Rezeption zu einer anderen Reihenfolge und auch einer etwas anderen Gewichtung der einzelnen Schriften der Bibel.

Die fünf Bücher Mose stehen auch hier am Anfang. Sie werden jedoch als Geschichtsbücher betitelt. Nach den Übersetzungen Septuaginta (= griechische Übersetzung des AT) und Vulgata (= Bearbeitung der altlateinischen Übersetzung aus dem 4. Jh.), denen die christliche Kanonisierung folgte, gehörten die vorderen prophetischen Bücher der Hebräischen Bibel (die Bücher Josua, Richter, Samuel und Könige) zu den mit dem Pentateuch beginnenden Geschichtsbüchern.

Nach dem christlichen Kanon zählten die in den hebräischen Schriften eingeordneten Bücher Esra, Nehemia und die zwei Chronikbücher ebenfalls zu den Geschichtsbüchern. Die anderen werden Lehrbücher oder poetische Bücher genannt. Anders als in der Hebräischen Bibel wird das Buch Daniel in der christlichen Einteilung des Alten Testaments zu den Prophetenbüchern gezählt.

Apokryphen/deuterokanonische Schriften

Zu den Apokryphen (= verborgene Schriften) gehören die Bücher, die nicht in den verbindlichen Kanon aufgenommen wurden. In evangelischen Kreisen zählen dazu die Schriften, die nicht zur Hebräischen Bibel zählen, aber in den griechischen und lateinischen Übersetzungen der Bibel vorkommen. Luther kennzeichnete die apokryphen Schriften als „nützlich, und doch gut zu lesen“. Von den reformierten Kirchen werden sie nicht als biblisch anerkannt. Die katholische Kirche zählt diese Schriften seit dem Konzil von Trient (1546) als deuterokanonische Bücher zu den vollwertigen Schriften des AT.

Erläutertes Inhaltsverzeichnis der Lutherbibel

Die Geschichtsbücher (hebr. Tora, gr. Pentateuch = Fünfbuchrolle)

1. Buch Mose (Genesis): 1–11. Hier steht die Urgeschichte der Menschheit. Sie endet mit der Zerstreuung der Völker und der Zerstörung des Gottesverhältnisses der Völker. 12–50. Vätergeschichten als eigentliche „Heilsgeschichte“. Abraham wird berufen, es werden ihm Volk und Land verheißen. Am Ende steht der Auszug der Israeliten nach Ägypten.

2. Buch Mose (Exodus:) Hier wird in Ägypten aus den Väterfamilien ein Volk, aber es fehlt ihm noch Land. Beim Auszug unter der Führung Mose erhält Israel die Rechtssatzungen und damit ein geordnetes Verhältnis zu Gott und untereinander.

3. Buch Mose (Levitikus): Das ganze Buch ist ein Gesetzbuch mit sakralen Ordnungen, die das Verhältnis Israels zu Gott im Einzelnen bestimmen.

4. Buch Mose (Numeri): Die Handlung geht weiter. Der Zug durch die Wüste wird geschildert.

5. Buch Mose (Deuteronomium:) Dieses Buch ist eine einzige große Abschiedsrede des Mose an sein Volk (Dopplungen zu Exodus). In 34 wird sein Tod berichtet.

Das Geschichtswerk

Dann folgt der historische Teil des Alten Testaments (= Geschichtswerk). Es umfasst das Buch Josua bis zum zweiten Buch der Könige. Dieser Teil behandelt etwa die Geschichte von 1200–585 v. Chr.

Das Buch Josua: Hier wird von der Einwanderung ins „Gelobte Land“ berichtet und der rechtlichen Zuweisung der Landteile.

Das Buch der Richter: Die hier geschilderten Vorgänge handeln in der Zeit zwischen der Einwanderung und der Entstehung des Königtums. Richter sind Debora, Gideon, Simson und Samuel.
Das Buch Rut: Eine novellistische Erzählung, die in der Richterzeit spielt.
1. Buch Samuel und 2. Buch Samuel: Die beiden Bücher Samuel behandeln die Geschichte von der Entstehung des Königtums bis zur Zeit des geeinten Reiches unter König David.
1. Buch der Könige und 2. Buch der Könige: Die beiden Königsbücher umfassen die Zeit Salomos, die Geschichte der Könige bis zum Untergang Israels, die Geschichte Judas bis zum Babylonischen Exil 586.

Alle vorgenannten Bücher zählen nach dem hebräischen Kanon zu den „vorderen" Propheten. Die lateinischen Bibeln zählen diese Prophetenbücher zu den Geschichtsbüchern. So lautet daher auch die Überschrift in den katholischen und evangelischen Bibeln. Dann folgt das chronistische Geschichtswerk.

1. Buch der Chronik und 2.Buch der Chronik: Die beiden Bücher enthalten die älteren Geschichtsdarstellungen der Samuel- und Königsbücher eines späteren Autors. Es gibt Wiederholungen, die jedoch aus einem anderen Blickwinkel erzählt werden.
Das Buch Esra: Teil des chronistischen Geschichtswerkes
Das Buch Nehemia: Schlussteil des chronistischen Geschichtswerks. Hier wird vom Wiederaufbau des Tempels berichtet.
Das Buch Ester: Hier wird die wunderbare Rettung des Volkes während der Zeit der Verbannung erzählt.

Lehrbücher und Psalmen

Das Buch Hiob: Das Buch Hiob gehört zu den poetischen Schriften und stellt die Frage nach Möglichkeit und Grund des Leidens Unschuldiger.
Der Psalter (= die Psalmen): Die Psalmen sind religiöse Lyrik. Es gibt Lob-, Dank-, Bitt- und Klagepsalmen oder -lieder.
Die Sprüche Salomos (Sprichwörter): Sammlung von Senten-

zen und Sprichwörtern mit alltagsphilosophischen und ethischen Inhalten

Der Prediger Salomo (Kohelet): Sentenzensammlung aus der Weisheitstradition

Das Hohelied Salomos: Sammlung von Liebesliedern, die mit großer Offenheit von den Freuden der erotischen Liebe handeln

Die Prophetenbücher

Propheten im alttestamentlichem Sinn sind solche, die als „Sprecher" oder „Verkündiger Gottes" etwas „offen hervor" sagen. Später wandelte sich das populäre Verständnis von Propheten dahingehend, dass diese etwas „voraussagen".

Das Buch Jesaja, Das Buch Jeremia, Das Buch Hesekiel (hebräisch die „hinteren" oder die drei großen Propheten)

Das Buch Daniel: Dieses Buch wird in der Hebräischen Bibel nicht zu den Propheten, sondern zu den „Schriften" gerechnet.

Die Bücher Hosea, Joel, Amos, Obadja, Jona, Micha, Nahum, Habakuk, Zefanja, Haggai, Sacharja, Maleachi – hebräisch die zwölf „kleinen" Propheten/Das Zwölfprophetenbuch

Die Apokryphen/deuterokanonische Schriften

Das Buch Judit, Die Weisheit Salomos, Das Buch Tobias, Das Buch Jesus Sirach, Das Buch Baruch, 1. und 2. Buch der Makkabäer, Stücke zum Buch Ester, Stücke zum Buch Daniel (Die Geschichte von Susanna und Daniel, Vom Bel zum Babel, Vom Drachen zu Babel, Das Gebet Asarjas, Der Gesang der drei Männer im Feuerofen), Das Gebet Manasses.

Die kursiv gesetzten Bücher sind in der katholischen Bibel als deuterokanonische Schriften mit in den Kanon aufgenommen.

Schöpfungsgeschichte

(1 Mose 1–2)

Am Anfang herrschte eine große Finsternis, dann erschuf Gott in sieben Tagen die Welt. Am ersten Tage trennte Gott die Dunkelheit vom Licht. Er nannte das Licht Tag und die Finsternis Nacht. Am zweiten Tag schuf er den Himmel und füllte ihn mit Wolken. Am dritten Tage beschloss Gott, das Wasser, das bis dahin die ganze Erde bedeckt hatte, von der Erde zu scheiden. So entstanden Land und Meer und Flüsse. Und er ließ auf der Erde aufgehen große und kleine Pflanzen. Am vierten Tage schuf Gott die Sterne und den Mond, dass er die Nacht und die Sonne, dass sie den Tag regiere. Damit Leben sei im Wasser und in der Luft, schuf Gott am fünften Tage Fische und Seetiere für die Meere und Flüsse, sowie Vögel und Insekten, die über das Land und das Wasser flogen. Am sechsten Tage ließ Gott Gewürm entstehen und schuf die Tiere des Landes und des Feldes. Außerdem erschuf Gott am sechsten Tage „den Menschen zu seinem Bilde“, damit er die Erde, das Wasser und alle Tiere und Pflanzen beherrsche (→ Adam und Eva). Am siebenten Tage, nachdem Gott seine Werke vollendet hatte, ruhte er. Er segnete diesen Tag und heiligte ihn, „weil er an ihm ruhte von allen seinen Werken“ (2,3).

◆ Die am Anfang der Bibel stehenden Erzählungen über die Erschaffung der Welt gehören zu den großen klassischen Texten der Weltliteratur. Es gibt zwei verschiedene Berichte, die sich unterscheiden. In Mose 1 steht die uns so vertraute Schöpfungsgeschichte der sieben Tage als komprimierter Prolog der Weltgeschichte. Gott wird als allmächtiger und erhabener Schöpfer dargestellt: „Und Gott

sprach …" Die Erzählung in Mose 2 beschreibt die Schöpfung mehr als Vorgeschichte zum menschlichen Sündenfall (→ Adam und Eva). In beiden Schöpfungsgeschichten wird die Urgeschichte der Menschheit entworfen.
Auf die Schöpfungsgeschichte beruft man sich heute in Politik und Wissenschaft, Medizin und Kultur immer wieder dann, wenn es um Probleme und Grundfragen unserer Zeit geht, wie etwa um den Naturschutz oder um die Gentechnologie. Es ist von der „Bewahrung der Schöpfung" als Aufgabe der Politik die Rede. Zugleich fußt auf der Aussage, dass Gott die Menschen nach seinem Bilde geschaffen habe, die in den bürgerlichen Verfassungen demokratischer europäischer Tradition verankerte „Würde des Menschen". Der Artikel 1 des Grundgesetzes der Bundesrepublik Deutschland beginnt: „Die Würde des Menschen ist unantastbar."

Babylonisch-akkadische und ägyptische Schöpfungsmythen

Die biblische Schöpfungsgeschichte vertritt einen im alten Orient bekannten Typus. Das babylonische Weltschöpfungsepos „Enuma elisch" (= als droben) gewann in Babylonien ab dem 18. Jh. v. Chr. an Bedeutung. Es erzählt vom siegreichen Gott Marduk, der Himmel und Erde schafft. Marduks schöpferischer Geist, Sohn des Himmels, ordnet den Kosmos, das Chaos. Auch die Ägypter erzählten Geschichten von der Entstehung der Welt. Der Mythos vom Ur-Vogel und vom Ur-Ei führt uns in die Stadt Hermopolis am unteren Nil (heute Aschmunên).

Tohuwabohu Das Wort stammt vom hebräischen (tohu = Wüstheit und bohu = Leere) und beschreibt den Zustand der Welt vor Gottes Schöpfung. Luther übersetzte das hebräische Wort mit: „Die Erde war wüst und leer" (1 Mose

1,2). Mit diesem Wort bezeichnen wir heute noch ein heilloses Durcheinander.

Sieben Gott schuf die Welt in sieben Tagen. Die Zahl 7 ist in vielen Kulturkreisen eine heilige Zahl. Sie repräsentiert Totalität und ist gewonnen durch Addition aus der männlichen 3 und der weiblichen 4. In der Bibel begegnet die 7 mehrfach: zuerst in der Schöpfungsgeschichte, u. a. diente Jakob 7 Jahre um Rahel (1 Mose 29,18), „7 Tage sollt ihr ungesäuertes Brot essen" (2 Mose 12,15), in 7 Jahren erbaute Salomo den Tempel usw. usw.
Auch bei den Babyloniern gab es die 7, z. B. die bösen 7 als die bösen Dämonen. Die 7 repräsentiert später die Zahl der Planeten, die in der Antike bekannt war. Der Buddhismus kennt 7 verschiedene Himmel, und für die Chinesen korrespondieren der Himmel und der menschliche Körper in der Zahl 7. Es gab 7 Weltwunder, die prächtigsten Bauwerke der Antike. Auch in Märchen und Legenden erscheint die 7: der Wolf und die 7 Geißlein, die 7 Brüder, 7 Raben etc. (Gebr. Grimm) Die sieben Todsünden finden sich dagegen nicht in der Bibel. Sie sind ein Ergebnis theologischer Diskussion des Hochmittelalters. Der Film von David Fincher „Sieben" (1995, USA) mit Gwyneth Palthrow und Brad Pitt inszenierte diese sieben Todsünden als Thriller.
Die Menora ist der siebenarmige Leuchter der Juden. Seit dem klassischen Altertum symbolisiert die Menora das Judentum.

Sabbat/Sonntag Der Sabbat ist der Schlusstag und Höhepunkt der siebentägigen jüdischen Woche. An diesem Tag darf niemand arbeiten. Die Christen übernahmen die siebentägige jüdische Woche, änderten sie jedoch ab. Auf dem christlichen Sonntag (der Tag nach dem Sabbat) liegt der Hauptakzent der Woche. Als erster Tag der Woche erinnert der Sonntag als „Herrentag" an die Auferstehung

Christi und ist deshalb zum Feiertag erhoben worden. Dass der Sonntag seit 1976 als letzter Tag des Wochenendes und nicht mehr als erster Tag der Woche gezählt wird, ist die kalendarische Folge der Arbeitsgesetzgebung in der BRD.

Sabbatjahr So wie der Mensch an jedem siebten Tag die Arbeit ruhen lassen soll, so sollte im alten Israel das Land in jedem siebten Jahr ein Sabbatjahr haben (3 Mose 25, 1–7). Das bedeutete Brache für das Land, und dass die Ernte der Allgemeinheit gelassen wurde. Im 50. Jahr, nach 7×7 vergangenen Jahren, sollte verkauftes Land wieder zurückgegeben, sollten Schulden erlassen werden und Sklaven Freiheit erhalten. Dieses Jahr nannten die Juden „Jobeljahr“. Der Begriff „Jubiläum“ ist daraus entstanden und auch „Alle Jubeljahre“ (= selten). Auch heute noch nennt man das organisierte, zwischenzeitliche Aussteigen Sabbatjahr, d. h. sechs Jahre arbeiten unter Rückstellung eines Teils des Gehalts, um die Pause im siebten Jahr so zu finanzieren.

Kalender Der jüdische Kalender rechnet von der Schöpfung an. Danach war das Jahr 2000 das Jahr 5760/5761. Um die gültige jüdische Jahreszahl zu ermitteln, müssen jeweils 3760 zu den heute in den meisten Ländern geltenden Jahreszahlen addiert werden. Der christliche Kalender hat als Basis den gregorianischen bzw. noch julianischen Kalender. Die Jahreszählung beginnt mit dem Jahr 0, dem ursprünglich vermuteten Geburtsjahr Jesu (in der Schreibweise v. Chr./n. Chr.) In atheistischer (kommunistischer) Schreibweise auch v. u. Z./n. u. Z (= vor und nach unserer Zeitrechnung). Die islamische Zählung startet mit dem Jahr 622, der Auswanderung Muhammads von Mekka nach Medina.

Das Sechstagewerk Gottes wurde nicht sehr häufig dargestellt. Erst in der frühen Neuzeit rückte der schöpfende Gott in den Vordergrund. Michelangelos Darstellungen der Schöpfung an der Decke der Sixtinischen Kapelle in Rom waren dabei maßgebend. Gott erschafft die Urmaterie, ordnet und segnet. Auch Raffael, inspiriert durch Michelangelo, zeigt in den Loggien des Vatikan, wie Gott Licht und Finsternis scheidet, Pflanzen wachsen lässt und Sonne und Mond ihren Platz zuweist. 1547 bis 1550 hatte Francesco Torbido im Auftrag der Bruderschaft der Scuola della Trinità vier Bilder zur Schöpfungsgeschichte gemalt. Bis 1553 komplettierte Tintoretto diese Serie durch fünf weitere Gemälde, darunter „Die Erschaffung der Tiere“ (Venedig, Accademia), (s. a. → Adam und Eva). Nach Michelangelo und Raffael hat aber bis heute kein Bilderzyklus mehr so nachhaltig in unser Bewusstsein dringen können.
Marc Chagall, für den das Alte Testament nach seinem Bekenntnis zentrale Bedeutung innerhalb seines künstlerischen Werkes hatte, bezeichnete die Bibel als die „reichste poetische Quelle aller Zeiten“. In seinen druckgraphischen Zyklen zur Bibel, die zwischen 1956 und 1960 in einer Auswahl als Lithographien erschienen, begegnen uns in poetischer Bildersprache Zeichnungen und Aquarelle wie „Die Schöpfung“, „Lobgesang im Paradies“, „Das Paradies – Baum der Erkenntnis“, „Tiere des Paradieses mit Adam und Eva“ oder „Eva wird von Gott verdammt“. Auch William Blake schuf einen Schöpfungszyklus. Beeindruckend ist ein handkolorierter, wenn auch kleiner Reliefdruck des „Schöpfergottes“ (1794, London, British Museum). Blakes veranschaulicht hier seine großartige Vision von Gott, der „den Kreis zog über den Fluten der Tiefe“, wie es in Sprüche 8,27 heißt. Gott greift von der Höhe mit einem Zirkel nach unten.

♫ Die Schöpfung hat in der Musik viele Spuren hinterlassen – in Oratorien, Kantaten oder Balletten, die von der Entstehung handeln, der Ordnung aus dem Chaos, aber auch – gemäß der Mythos-Überlieferung – von Endzeit-Visionen, von der Zerstörung, der „Er-Schöpfung" der Welt. Joseph Haydns Oratorium „Die Schöpfung" (1799 uraufgeführt) bezieht sich auf Miltons Text (s. a. → Adam und Eva). In zwei Teilen werden die sechs Tage der Schöpfungsgeschichte geschildert, im dritten Teil das Leben im Paradies.
Beiträge zu einem ganz besonderen, kollektiven Genesis-Projekt steuerten 1945 in Amerika – neben anderen Exilanten – auch Schönberg und Strawinsky bei. Strawinsky behandelte das biblische Thema dann noch einmal in seinem TV-Oratorium „The Flood", das seinerzeit im kommerziellen US-Fernsehen ausgestrahlt wurde. Arnold Schönberg schrieb ein „Genesis Prelude, op. 44" (1945) für Chor und Orchester, Igor Strawinsky komponierte „The Flood (1961) als Fernsehoratorium: 1. Teil Genesis. Darius Milhauds Ballett „La création du monde" (1923) basiert auf Jazzrhythmen.
Den Name „Genesis" wählte sich auch eine berühmte Rockgruppe mit dem damaligen Leadsänger Phil Collins.

🎬 „2001. Odyssee im Weltraum" (1965–68) von Stanley Kubrick: In der berühmten Anfangssequenz des Films stehen Bilder der Schöpfung und die Geschichte der Menschheit wird in wenigen Minuten erzählt, begleitet von der Musik „Also sprach Zarathustra" von Richard Strauss.

Adam und Eva

(1 Mose 1,26–3,24)

Das Wort *Adam* kommt aus dem Hebräischen und heißt Mensch. Adam ist der Stammvater der Menschen, den Gott als erstes menschliches Geschöpf schuf. Im Namen der ersten Frau *Eva* klingt das hebräische Wort für Leben an. Es gibt zwei Erzählungen über die Erschaffung des Menschen. In 1 Mose 1 werden am sechsten Tage der Schöpfung Mann und Frau gleichzeitig erschaffen, in der Erzählung in 1 Mose 2 wird zuerst der Mann und danach die Frau geformt.

(1 Mose 1, 26f) Am sechsten Tag der Schöpfung schuf Gott den Menschen. „Und Gott schuf den Menschen zu seinem Bilde, zum Bilde Gottes schuf er ihn; und schuf sie als Mann und Weib." Und Gott segnete sie und hieß sie fruchtbar sein und sich vermehren. Er zeigte ihnen alle Pflanzen, Bäume und Früchte, damit sie davon äßen. Sie sollten über die Tiere des Himmels, des Wassers und der Erde herrschen.

Die andere Geschichte geht so:

(1 Mose 2) Nachdem Gott die Welt erschaffen hatte, formte er den Menschen aus Erde, blies ihm seinen Atem ein und setzte ihn in den für ihn gepflanzten Garten Eden (2,7), damit er ihn bebaute und bewahrte. Hier lebte er zwischen Tieren, Pflanzen und Bäumen. Die Früchte aller Bäume waren ihm zur Speise gegeben. Nur die Früchte vom „Baum der Erkenntnis des Guten und Bösen" waren ihm verboten. Und Gott drohte Adam, dass er „des Todes sterben" müsse, wenn er sie äße.
Damit Adam nicht so allein sei, schuf Gott ihm eine Ge-

fährtin. Er ließ einen tiefen Schlaf über Adam fallen, nahm eine Rippe und baute ein Weib daraus. Adam erkannte, dass sie von seinem Fleische war: „Darum wird ein Mann seinen Vater und seine Mutter verlassen und seinem Weibe anhangen und sie werden sein ein Fleisch" (2,24). Beide waren nackt und schämten sich nicht.

Sündenfall

Die listige Schlange überredete Eva, das Verbot zu brechen, vom Baum der Erkenntnis zu essen. Keineswegs würden sie sterben, nein, sie würden wie Gott werden und „wissen, was gut und böse ist" (3,5). Eva lockte die Verheißung von Klugheit, sie aß eine Frucht vom Baum der Erkenntnis und gab auch Adam davon. In diesem Augenblick war ihr unschuldiges, glückliches Leben beendet. Sie sahen, dass sie nackt waren und sie versteckten sich vor Gott, der Adam rief: „Wo bist du?" Adam wies auf Eva, die ihm zu essen gegeben habe, diese auf die betrügerische Schlange.
Gott strafte sie alle. Die Schlange solle immer Erde fressen, Eva verkündete er, dass sie fortan unter Schmerzen Kinder gebären werde und der Mann, nach dem es sie verlange, solle ihr Herr sein. Adam solle unter schwerer Mühsal arbeiten und im Schweiße seines Angesichts sein Brot essen, bis er zur Erde zurückkehren würde. „Denn du bist Erde und sollst zur Erde werden" (3,19). Dann vertrieb Gott Adam und Eva aus dem Paradies, dem Garten Eden, und ließ die Cherubim mit flammendem Schwert den Weg zum Baum des Lebens bewachen.

◆ Das 2. Kapitel der Genesis gibt eine Erklärung für die Entstehung und Existenz der Menschheit, die wegen ihres Ungehorsams das Paradies für immer verlassen musste.

Die Erschaffung der Menschen wird dramatisch und märchenhaft erzählt: Gott gleicht einem Handwerker, der sich menschlicher Gestaltungsmöglichkeiten bedient, um den Menschen zu kreieren. Über die Erschaffung des Menschen führt die Schöpfung nicht hinaus, mit ihm ist sie abgeschlossen, sprichwörtlich schlägt sich das in der Redewendung nieder: „der Mensch, Krone der Schöpfung". Für das mittelalterliche Christentum ist der Sündenfall untrennbar mit dem Gedanken an die Erlösung durch Jesus Christus verbunden. Adam galt als Gegentyp Jesu, Eva als der Marias, der Mutter von Jesus Christus.

Kreuzholzlegende Diese Legende sagt, dass das Kreuzholz vom Baum der Erkenntnis stamme, Adam ist danach auf Golgatha beerdigt, dort wo Jesus ans Kreuz geschlagen wurde (s. u.).

Schlange Die Schlange spielt bei vielen Völkern eine wichtige Rolle. Als Symbol-Tier ist sie häufig Gegenspielerin des Menschen, Hüterin heiliger Bezirke oder der Unterwelt. Sie ist männliches Sexual-Symbol (phallische Form), aber auch weibliches, wegen ihrer verschlingenden Kraft. Wegen ihrer Häutungen ist sie Sinnbild ständiger Erneuerungskraft. Als „listige", „hinterhältige" und „falsche" Schlange spukt sie – u.a. als Folge der Schöpfungsgeschichte – durch unsere Sprache.

Ophiten, von ophis = Schlange, bezeichnet gnostische Gruppen des 2. Jh. nach Christus. Die Schlange galt als Vermittler der den Menschen vorenthaltenen Erkenntnis.

Apfel Obwohl die verbotene Frucht in der Geschichte vom Sündenfall gar nicht als Apfel bezeichnet wird, ist es doch der Apfel, der damit untrennbar verbunden ist. Als altes Fruchtbarkeitssymbol ist – vor allem der rote Apfel –

auch ein Liebessymbol. Wegen seiner runden Form verstand man ihn auch als Sinnbild der Ewigkeit und auch der Erde. Seine Süße galt als Symbol der Verlockung der Welt. Daher wurde der Apfel zum Sinnbild des Sündenfalls. Als Reichsapfel deklarierte er den Herrschaftsanspruch über die Erde.

Adamsapfel Dieser Ausdruck für den Schildknorpel am Hals des Mannes rührt nach volkstümlicher Auffassung daher, dass Adam beim Essen des verbotenen Apfels ein Stück im Halse stecken geblieben sei.

Adam und Eva gehören nicht nur zu den ältesten Gestalten der christlichen Kunst, sondern ihre Geschichte ist Voraussetzung für das heilsgeschichtliche Konzept des christlichen Glaubens überhaupt: Erst durch den „Sündenfall“ wurde die „Erlösung“ notwendig. Die „Stammeltern“ der Menschheit boten von jeher Anlass zur grundsätzlichen Reflektion über den Menschen und dessen Bestimmung als „Mann“ und „Frau“. Ihre bildlichen Darstellungen sind in der abendländischen Kunst zahlreich und von vielschichtigen Sinngehalten geprägt.

Plastik

Bis ins frühe Mittelalter wurden Adam und Eva selten, seit dem 13. Jh. dann öfter als Stammeltern des Menschengeschlechts unter den Vorfahren Christi und Patriarchen des AT vor allem an Kirchenportalen (1230, Adamspforte, Bamberg; 1491/92, Statuen von Tilman Riemenschneider, Würzburg, Marienkapelle) dargestellt. Eine der interessantesten Plastiken ist die Skulptur Adams an der Kathedrale von Chartres, Adam erscheint als Gedanke, der Gottes Schläfe entspringt. Am Schöpfungsportal an der Nordseite des Freiburger Münsters sind Episoden aus beiden Schöpfungsberichten dargestellt.

Auguste Rodin schuf eine ganzfigurige Marmorplastik der „Eva" (1899, Dresden, Staatliche Kunstsammlung) und eine ausdrucksstarke Marmorskulptur der Hand Gottes (1898, Paris, Musée Rodin). Die Hand Gottes wächst aus einem unbehauenen Stein und hält die sich umschlingenden Gestalten eines Mannes und einer Frau, die aus dem Stein zu entstehen scheinen.

Malerei

In seinen zwei monumentalen Tafelbildern „Adam und Eva" (1507, Madrid, Prado), schuf Albrecht Dürer, wie zuvor im Kupferstich von 1507, den „Ersten Mann" und die „Erste Frau". Dürer präsentierte hier – aufgrund seiner Proportionsstudien – Mann und Frau in paradiesischer Idealität und ließ damit den Satz 1 Mose 1,27 „Gott schuf den Menschen zu seinem Bilde" in eindrücklicher Weise bildhaft werden. Mit seinem Gemälde hatte Dürer erstmals [!] in der nordalpinen Kunst Adam und Eva nicht als „Ursünder", sondern das Menschenpaar als „Abbild der Vollkommenheit" dargestellt. Das berühmteste Bildpaar der abendländischen Kulturgeschichte sollte Ausgangspunkt für eine Vielzahl von Darstellungen des Themas werden. Vor allem im 16. Jh. finden sich zahlreiche lebensgroße Darstellungen von Adam und Eva – bemerkenswert auch Hans Baldung Grien (1507, Madrid, Prado) und Lucas Cranach (1528, Florenz, Uffizien).

Die Künstler der Renaissance stellten die biblischen „Stammeltern" in einen neuen Kontext, in dem der heilsgeschichtliche Zusammenhang zunehmend an Bedeutung verlor. In der Herrschafts-Ikonographie des 16. und 17. Jhs. galten Adam und Eva zudem mitunter als Zeichen der versündigten Menschen per se – die politische und juristische Macht des jeweiligen Regenten legitimierte sich über den „Sündenfall" und die „Vertreibung aus dem Paradies". Andererseits fand das Interesse an der Geschlech-

terfrage (Anatomie, Aktdarstellungen) in Adam und Eva eine geeignete Projektionsfläche. Tintorettos „Sündenfall" (um 1551/52, Venedig, Accademia) ist herausragend. Die beiden nackten Menschen sitzen auf steinernen Sockeln, die wohl als Vorausdeutung auf die Opferaltäre Kains und Abels zu verstehen sind. Rotblonde, nach venezianischer Manier gebleichte, aufgesteckte Haare kennzeichnen eine kokett, aufreizend an den Baum der Erkenntnis geschmiegte Eva. Von Tintoretto stammen auch „Die Warnung vor der verbotenen Frucht" (Florenz, Uffizien), „Der Sündenfall" und „Kain erschlägt Abel" (Venedig, Accademia). Diese Gemälde schlossen sich zu einer fortlaufenden lesbaren, friesartigen Bilderfolge zusammen.
Weltbekannt und leider inzwischen auf das Niveau eines Servietten-, Plakat- und Postkartenmotivs gesunken, ist Michelangelos überwältigendes Deckengemälde „Die Erschaffung Adams" in der Sixtinischen Kapelle des Vatikans. Auch Raffael entwarf für den Vatikan, von seinen Schülern ausgeführt – einen Schöpfungszyklus bis zur Vertreibung aus dem Paradies.
Die Szene „Vertreibung aus dem Paradies" wurde im Hochmittelalter ein sehr beliebtes Motiv. An den Bronzetüren des Hildesheimer Domes St. Mariä (um 1015) nähert sich Gott Adam und Eva nach dem Sündenfall. Sie schämen sich und können sich nicht verstecken. Ergreifend stellte Masaccio 1427 in S. Maria del Carmine in Florenz Schmerz, Scham und Verzweiflung der Vertriebenen dar.
In seinem Aquarell „The Angel of the Divine Presence Clothing Adam und Eva with Coats of Skin" (um 1803, Cambridge, Fitzwilliam Museum) – malte William Blake beeindruckend den Kontrast zwischen der scheinbaren Güte Gottvaters und der satanischen Natur der von ihm begangenen Handlung; das Bekleiden von Adam und Eva ist mit dem Gefühl der Scham verbunden, ihre Haltung

drückt Unterwürfigkeit aus, Gott kleidet sie mit umhüllender Geste ein; ebenso beeindruckend ist sein Aquarell „God Blessing the Seventh Day“ (Privatbesitz).
Der Düsseldorfer Nazarener, Ernst Deger, schuf zwischen 1853 und 1857 zwölf auf Goldgrund gemalte Wandbilder zum Thema „Sündenfall und Erlösung des Menschengeschlechts“ für die Kapelle von Burg Stolzenfels bei Kassel. Max Beckmanns „Adam und Eva“ (Bronze, 1936, Frankfurt a. M., Städel) zeigt den sitzenden Adam, der auf seiner erhobenen Rechten Eva trägt.
Der jüdische Maler Lesser Ury (1861–1931) malt 1899 das Monumentalgemälde „Adam und Eva“, das, wie er sagte, „sozialmenschliche Grundideen“ zum Ausdruck bringen sollte und schon in der ersten Ausstellung vernichtend kritisiert wurde. Das Gemälde ist verschollen.

Adam und Eva waren Stoff zahlreicher mittelalterlicher Legenden. Die italienische „Leggenda d'Adamo e d'Eva“ aus dem 14. Jh. basiert auf dem apokryphen Nikodemus-Evangelium und erzählt die Geschichte vom Öl der Barmherzigkeit, das den Menschen versprochen sei. Adams Sohn Set sieht im Garten Eden Gottes Sohn und legt, zurückgekehrt, seinem sterbenden Vater paradiesische Samenkörner unter die Zunge. Im Tale Hebron am Berge Tabor wird Adam begraben; die Bäume, die aus den Körnern wachsen, sind heilend und werden später zum Kreuzesholz. In dieser Legende paaren sich menschliches Sündenbewusstsein und Erlösungssehnsucht. Die Fresken des Pierro della Francesco in Arezzo, San Francesco (1452–55) zeigen den Tod Adams und andere Geschichten aus der Kreuzeslegende. Ein im rumänischen Sprachbereich verbreiteter Legendenzyklus thematisiert den Pakt des Menschen mit dem Teufel, der mit einem Handabdruck Adams besiegelt wird. (Adam und Eva, rumänische Legende aus dem 17. Jh.)

In den mittelalterlichen Nacherzählungen des Sündenfalls fällt dem Teufel als Verführer Evas meist eine sehr aktive Rolle zu. Das bürgerliche Drama des 16. Jhs. zeichnete in Adam und Eva ein zeitgenössisches Bürger- und Bauernpaar nach. Noch stärker als im mittelalterlichen Spiel galt der Sündenfall als Rache des von Gott gestürzten Teufels, den Verstoßenen wurde jedoch die Aussicht auf Erlösung verheißen.
Eine fantasievolle Erneuerung mittelalterlichen Spiels, gespeist aus dem Geist der „Commedia dell'Arte", ist das Drama des Italieners G. Andrini „Adamo" (1613). Schöpfung, Versuchung und Schuld des ersten Menschenpaares werden dargestellt, denen sich die Versuchung der „Vertriebenen" durch teuflische Erscheinungen anschließt. Miltons bedeutendes Epos „Das verlorene Paradies" (1667) gestaltet die Geschichte der Versuchung des Menschen aus der Überzeugung von der Willensfreiheit. Seine epische Bearbeitung des Adam- und Eva-Stoffes beeinflusste die Dramen des 18. Jahrhunderts.
Klopstock geht es in seinem Drama „Der Tod Adams" (1757) um das Begreifen des Todes durch den ersten Menschen. Erst im 19. Jh. wurde die Neuinterpretation des Sündenfalls durch die Philosophie der Aufklärung literarisch fruchtbar: Der Sündenfall wurde nicht mehr als Erbsünde und Sturz des Menschen, sondern als Krisis, Wende in eine menschlich-eigenverantwortliche Sphäre, gewertet. Zugleich entwickelte sich eine humoristische Behandlung des biblischen Stoffes. In dem satirischen Epos „Adam og Eva" (1826) von Jens Baggesens verscherzen sich die biblischen Stammeltern aus Langeweile das Paradies. Ein eher gesellschaftskritischer Zeitroman ist F. Paludan-Müllers „Adam homo" (1847/48). In Imre Madáchs pessimistischen Drama „Tragödie des Menschen" (1861) zeigt der Teufel den Vertriebenen das Bild der Zukunft, Ausschnitte der europäischen Kulturgeschichte, unter deren deprimie-

rendem Eindruck Adam Selbstmord begehen will. Eva ist hier die Verkörperung von Lust und Lebensbejahung, Adam der rastlos Strebende.

In der neueren Literatur der letzten hundert Jahre wurden Adam und Eva zum Sinnbild des Menschen an sich – es mehrten sich die Werke, die ihre Gestalten als Symbole der jeweiligen Zeitströmungen behandelten. Schon Hermann Conradi zeichnete in seinem Roman „Adam Mensch" (1889) einen Mann, der sich aus alten Traditionen löst, ohne jedoch einen neuen Halt zu finden. Ödon von Horváth dramatisierte in seinem Stück „Der jüngste Tag" (1937) die Schuld, die zwei Liebende auf sich laden.

Thornton Wilder lässt in „Wir sind noch einmal davon gekommen" (1942) das urzeitlich-moderne Menschenpaar durch seinen Kulturwillen über Eiszeit, Krieg und Versuchung triumphieren. Arthur Miller macht „Die Erschaffung der Welt und andere Geschäfte" (1972) zum Gegenstand einer burlesken Komödie, in der Gott mit Luzifer um die Vorherrschaft in der Welt zankt und Adam und Eva zu Spielbällen werden.

Auch John Updikes Roman „Ehepaare" (1968), der thematisiert wie zwei Menschen ihre Partner verlassen, ist wie der Auszug aus dem Paradies gestaltet. Der Umschlag des Romans zeigte William Blakes Adam und Eva-Motiv.

Das Thema Sündenfall findet sich in gewisser Weise auch in Herman Melvilles „Billy Budd" (1891/erschienen 1924). Billy, Sinnbild heiterer Unschuld, wird grundlos der Aufsässigkeit bezichtigt und erschlägt in seiner Hilflosigkeit den neidischen Verleumder Claggart. Nach seinem Sündenfall akzeptiert und fordert Billy das Todesurteil durch den Kapitän, der wie ein richtender Gott wirkt, wie um erlöst zu werden. Melville zeigte in vielen biblischen Andeutungen die Gebrechlichkeit der Welt (verfilmt 1962 unter der Regie von Peter Ustinov).

♫ Anton Rubinsteins Oper „Das verlorene Paradies“ (1872) bezieht sich auf den Text von Milton.

Kain und Abel

(1 Mose 4, 1–16)

Kain und Abel sind die Söhne des ersten biblischen Menschenpaares, der biblischen Stammeltern, → Adam und Eva. Kain, der Erstgeborene, Ackerbauer, bewirtschaftete den Boden, während sein Bruder Abel Schafhirt wurde.

(1 Mose 4, 1–16) Eines Tages brachten beide Brüder zum Zeichen ihrer Verehrung und Dankbarkeit Gott ein Opfer dar. Kain, der Erstgeborene, die Ackerfrüchte seiner ersten Ernte, Abel, der jüngere Bruder, ein Lamm seiner Schafherde. Doch Gott nahm nur Abels Opfergabe an und verschmähte Kains. Voller Zorn und Neid erschlug Kain nach einem Streit seinen Bruder. Und er glaubte, dass niemand seine Tat gesehen habe. Als Gott Kain fragte: „Wo ist dein Bruder Abel?", rief er, dass er dies nicht wisse und spottete: „Soll ich meines Bruders Hüter sein?" (4,9). Und Gott verfluchte Kain. Keiner seiner vom Blut des Bruders durchtränkten Ackerböden solle jemals wieder Früchte tragen. Nirgendwo auf der Erde solle er eine Heimat finden. Unstet solle er umherirren. Jedoch schützte ihn Gott vor der Rache anderer durch ein Zeichen. Niemand sollte Kain töten dürfen, Gott würde an diesem Mörder sonst siebenfache Vergeltung üben. Und Kain zog fort vom Angesicht Gottes hin in die Wüste und wohnte im Lande Nod (= Umherirren) jenseits von Eden.

◆ Diese Geschichte erzählt vom Ursprung der Gewalt und des Bösen. Kains Erfolglosigkeit – Gott erkennt an Kains Opfergabe dessen „wahren" Charakter – schlägt in Frustration und dann Gewalt um. Zur Strafe wird Kain aus der Gemeinschaft ausgeschlossen. Das Recht über das menschliche Leben behält sich Gott jedoch vor. Er schützt ihn durch sein Zeichen. Das Thema der Erzählung zielt auch ab auf den Umgang mit der dem Menschen in der nachparadiesischen Selbstbestimmung auferlegten Arbeit. Jenseits von Eden, jenseits des Paradieses, lebte Kain mit seinen Nachkommen, sozusagen als Ahnherr einer Kultur- und Zivilisationsgeschichte der menschlichen Gewalt. Abels Ermordung wird später zum Sinnbild auch für den Opfertod Christi (Hebr 11,4; 12,24). Damit stellt sich der christliche Glaube dem Anspruch nach auf die Seite der Opfer.

Die Geschichte um Kain und Abel ist verwandt mit anderen streitenden Geschwisterpaaren der griechischen und römischen Mythologie. Der Bruderkonflikt zwischen Romulus und Remus spielte sich vor dem Hintergrund der Gründung Roms ab. Die Brüder holten sich, um eine neue Stadt zu gründen, Vogelzeichen ein, um festzulegen, wer von beiden der neuen Stadt den Namen geben solle. Romulus sandten die Götter zwölf Vögel, Remus erschienen jedoch nur sechs. Die neue Stadt wurde Rom genannt. Als Romulus seine Stadt mit einer Mauer umgab, sprang Remus mit Spott über diese hinweg und Romulus erschlug ihn im Zorn. Auch in der Bibel kommen noch weitere Geschwisterpaare vor, die voller Neid sind und sich gegenseitig betrügen z. B. → Jakob und Esau um die Erstgeburt, → Josef und seine Brüder oder Absalom und Amnon (s. → David).

Das **Kainszeichen** oder **Kainsmal**, mit dem Gott Kain zum Schutz vor irdischer Rache auf der Stirn zeichnete, wird heute gemeinhin als Brandmarkung eines Mörders verstanden.

Das Opfer der beiden Brüder zählt zu den am häufigsten dargestellten Szenen aus dem Leben von Kain und Abel und kommt bereits auf frühchristlichen Sarkophagen und in der Katakombenmalerei vor: Kain mit dem Ährenbündel und Abel mit dem Lamm. Das Motiv ist z. B. auch am Freiburger Münster am Hauptportal zu sehen (Anfang 14. Jh.). Abels Opfer finden wir in den Mosaiken von San Vitale in Ravenna (6. Jh. n. Chr.) Der Brudermord ist in der mittelalterlichen Kunst häufiges Thema, wobei Abel als Vorbild Jesu Christi angesehen wird. Gott wird dargestellt durch eine aus den Wolken kommende Hand. Abel erscheint – als Gegenbild zu Johannes dem Täufer – auch oft allein.
Die Ermordung des Abel zeigt ihn meist wehrlos kniend neben seinem Brandopfer, während Kain die Waffe zum Schlag erhebt. Auch ein Gemälde von Lovis Corinth (1917, Düsseldorf, Kunstmuseum) gibt den Moment wieder, in dem Kain seinen am Boden liegenden Bruder erschlagen wird. Wolfgang Mattheuer (Kain, 1965, Halle/Saale, Galerie Moritzburg) lässt den Mörder seines Bruders auf Turnschuhen vornübergebeugt über verbrannte Erde dahinrasen, während Abel – der Gemordete – sich als große Klagefigur vor dem Horizont aufrichtet, um in der nächsten Sekunde in sich zusammenzustürzen. Nach der Wende haben viele Künstler aus dem Osten Deutschlands biblische Themen aufgegriffen, um die Teilung Deutschlands und ihre eigene Geschichte zu behandeln. Eine Sandsteinfigur von Ulrich Eißner „Kain und Abel“ (1995, Franziskanerkloster Kadan) zeigt zwei ineinander verkeilte, kämpfende Gestalten auf der Erde liegend.

Im Barock (ca. 1650–1750) wurde Abel zum Märtyrer und Kain zum Prototyp des skrupellosen Tyrannen. Lope de Vega bezog in seinem Werk „Die Erschaffung der Welt und der Sündenfall des Menschen“ (um 1620) die Geschichte des Kain bis zur Tötung des Mörders durch seinen Nachfahr Lamech ein. Der englische Dichter Henry Vaughan (1622–1695) vertrat in dem Stück „Abels Blut" die Meinung, dass für den Frieden Blut fließen muss. In „silex santillanus" (1655) thematisierte er den Sündenfall.

Im 18. Jahrhundert beginnt das psychologische Interesse an den Gewissensbissen des Mörders. Pietro Metastasio, Hofdichter Karl IV., befasste sich 1732 mit dem Stoff. In Klopstocks Trauerspiel „Der Tod Adams" (1757) verzeiht der Urvater Adam seinem Sohn Kain, der die Schuld in das Leben brachte, aber er stirbt trotzdem in Bitterkeit.

Salomon Gessner zeigt in seinem Prosaepos „Der Tod Abels" (1758) Kains Hass auf den „unmännlichen" Abel und seinen Neid wegen dessen Beliebtheit als rationalpsychologische Triebfedern seines Handelns.

Lord Byron sieht Kain in einem Drama „Kain. Ein Mysterium" (1821) als prometheischen Nihilisten, der sich von den den Menschen gesetzten Grenzen beengt fühlt. Er erschlägt seinen Bruder nicht aus Eifersucht, sondern in Auflehnung gegen dogmatischen Glauben.

Arno Nadel, der 1943 in Auschwitz ermordete ostjüdische Dichter und Komponist, bearbeitete den Stoff 1917 (1921 verfasste er ein voluminöses religiöses Gedichtbuch).

José Maria Gironella überträgt in seinem Roman „Reif auf Olivenblüten" aus dem Jahr 1961 das Bild des Brudermordes von Kain und Abel auf den spanischen Bürgerkrieg von 1936–39. Manuel Vicent blendet in seinem ironischblasphemischen Roman „Mein Name ist Kain" (1987/1990) alle Zeiten der Menschheitsgeschichte ineinander. Der biblische Kain hält als moderner Saxophonspieler in einem New Yorker Jazzclub in übereinander geblendeten Epochen Rückschau auf sein Leben. Marianne Fredrikssons Buch „Abels Bruder" (2001) handelt von Kain und seinen Schuldgefühlen. Sie schrieb einen Romanzyklus „Kinder des Paradieses".

Kain ist ein wichtiges Thema im christlich-jüdischen Dialog geworden. Léon-Henri-Marie Bloy argumentierte bereits 1892 in seiner theologischen Streitschrift „Das Heil durch die Juden“ gegen den Antisemitismus. Kain ist ihm Sinnbild des jüdischen Volkes, verdammt umherzuirren und doch unter Gottes Schutz.
Bekannt ist das Gedicht der Lyrikerin Hilde Domin „Abel steh auf“. Es spricht weiter: „… damit es anders anfängt zwischen uns allen.“
Hermann Hesses „Das Lied von Abels Tod“, Elie Wiesels „Kain und Abel: Der erste Völkermord“ und Heinrich Bölls aus neun Kurzgeschichten zusammengesetzter Roman „Wo warst du, Adam?“ (1951) sind entschiedene Auseinandersetzungen mit dem Krieg.

Berühmt wurde John Steinbecks Parabel vom Sündenfall mit dem Roman „Jenseits von Eden“ (1952), der 1955 von Elia Kazan mit James Dean in der Hauptrolle des ungeliebten Caleb und Bruder des vom Vater Adam bevorzugten Zwillings Aaron verfilmt wurde.

Zu der unübersehbaren Zahl der Werke Alessandro Scarlattis (1660–1725), Großmeister des Oratoriums, gehört auch ein Kain-Oratorium.
Thomas Augustine Arne schrieb ein Oratorium „The Death of Abel“ (1744), Ballett von Marc Blitzstein 1930.
Brudermord ist auch das Thema von Guiseppe Verdis Oper „Der Troubadour“ (1853). Zwar unwissentlich, jedoch getrieben vom Neid um die Liebe einer Frau, lässt Graf Luna seinen Bruder Manrico hinrichten.

Noah

Sem – Jafet – Ham – Kanaan

(1 Mose 6–9)

Die Gestalt des Noah (hebr. = Mann der Ruhe) steht am Ende der Urgeschichte und ist als Vater der neuen Menschheit Ausgangspunkt für die Geschichte der Erzväter, der Patriarchen Abraham, Isaak und Jakob.

(6,1–9,29) Die Töchter und Söhne von Adam und Eva bekamen viele Kinder und die Bevölkerung auf der Erde nahm zu. Doch die Menschen waren böse und grausam und Gott reute es, dass er die Menschheit geschaffen hatte und er beschloss, sie von der Erde zu tilgen. „Aber Noah fand Gnade vor dem Herrn“ (6,8). Denn er wandelte mit Gott und war fromm. Diesen gerechten und untadeligen Mann wollte Gott schonen und er weihte Noah in seine Pläne ein. „Das Ende alles Fleisches ist bei mir beschlossen, denn die Erde ist voller Frevel von ihnen und siehe, ich will sie verderben mit der Erde“ (6,13). Noah sollte für sich und seine Familie ein großes Schiff bauen und von jeder Tierart, den Vögeln, dem Vieh und allem Gewürm, je ein Männchen und Weibchen mit sich nehmen. Noah tat, wie ihm geheißen und baute sein Schiff, die Arche. Sieben Tage, nachdem Noah und seine Familie und all die Tiere das Schiff bestiegen hatten, schickte Gott die große Sintflut über die Erde. „An diesem Tag brachen alle Brunnen der großen Tiefe auf und taten sich die Fenster des Himmels auf“ (7,11).
Vierzig Tage und Nächte regnete es, Flüsse und Seen traten über die Ufer und die ganze Erde wurde überflutet, „Alles, was Odem des Lebens hatte auf dem Trockenen, das starb“ (7,22). Nach 150 Tagen schickte Gott einen

Wind, die Flut wich zurück und Noahs Arche strandete am Berge Ararat. Um zu erfahren, was geschehen sei, schickte Noah zunächst einen Raben aus, der so lange umherflog, bis das Wasser abgelaufen war. Dann ließ er eine Taube ausfliegen. Sie kehrte wieder zurück, weil der Erdboden noch nicht trocken war. Nach sieben Tagen ließ Noah die Taube erneut ausfliegen, und sie kam mit einem frischen Ölblatt im Schnabel zurück, ein Zeichen, dass die Wasser sich verlaufen hatten und die Erde trocken war.
Zum Dank brachte Noah Gott ein Opfer dar. Gott sprach „in seinem Herzen", nie mehr die Erde um der Menschen willen, deren Wesen böse sei, zu verfluchen. „Solange die Erde steht, soll nicht aufhören Saat und Ernte, Frost und Hitze, Sommer und Winter, Tag und Nacht" (8,22). Er setzte den Regenbogen in die Wolken, um sich selbst immer wieder an den Bund, den er mit der Erde „und allem Fleisch" darauf geschlossen hatte, zu erinnern (9,16).
Noahs Söhne Sem, Ham und Jafet hatten viele Nachkommen und sie bevölkerten die ganze Erde.

Der trunkene Noah

Als erstes pflanzte Noah einen Weinberg und betrank sich mit seinem eigenen Wein. Sein Sohn Ham, der Vater Kanaans, fand ihn nackt in seinem Zelt und erzählte den Brüdern davon. Diese betraten rückwärts das Zelt des Vaters, um ihn nicht in seiner Blöße zu sehen und bedeckten ihn. Als Noah aus seinem Rausch erwachte und erfuhr, was sein jüngster Sohn ihm angetan hatte, verfluchte er ihn und bestimmte ihn zum Knecht seiner Brüder Sem und Jafet.

◆ Noah ist der Ahnherr der Menschheit nach der Katastrophe, mit dem ein neuer Bund zwischen Gott und sei-

ner Schöpfung beginnt. Das Brandopfer Noahs versöhnte Gott mit seiner von ihm geschaffenen Welt. Gott besänftigte seinen Groll und Unwillen, derentwegen er die Erde fast ins Chaos hatte zurückfallen lassen. Der Regenbogen als „Erinnerungszeichen" in den Himmel gesetzt, signalisiert, dass dieser Bund bis heute besteht. Die versöhnliche Kraft dieser Geschichte bewegt die Menschen – auch die nicht gläubigen – immer wieder.
Einer Legende nach soll das Grab Noahs in der alten kanaanitischen Stadt Dura sein. Noah wird auch vom Islam als Prophet anerkannt.

Sintflut Ähnliche Flutsagen sind unter Natur- und Kulturvölkern vom australischen Ozeanien bis Amerika verbreitet. In den mandäischen Volkserzählungen (Südirak) wird die Sintflut ebenfalls beschrieben. Der biblischen Fassung stehen die sumerisch-babylonischen nahe (s. u. Gilgamesch-Epos). Das Motiv der Sintflut kommt auch in der Weltentstehungslehre des Islam vor. Volkstümlich ist Sintflut in „Sündflut" umgedeutet worden, als Strafe für die Sünden der Menschheit.

Brandopfer Beim Brandopfer wurde das ganze Tier auf dem Brandopferaltar verbrannt. Das englische Wort für Brandopfer ist Holocaust. Seit der amerikanischen vierteiligen Fernsehserie „Holocaust", Regie Martin Chomsky, aus den 1970-er Jahren wird der Begriff auch in Deutschland benutzt, um das Verbrechen des Nationalsozialismus an der jüdischen Bevölkerung Europas zu bezeichnen.

Gilgamesch-Epos Dieses Epos weist vor allem in der Fluterzählung deutliche Parallelen zu der biblischen Erzählung auf. Gilgamesch ist der Held des auf sumerischen Vorlagen fußenden babylonischen Epos, dessen Hauptthema die Suche nach dem ewigen Leben ist, bei der Gilgamesch den babylonischen Sintfluthelden Utnapischtim trifft. Das Gilgamesch-Epos wurde erst im 19. Jh. in den Ruinen der Königlichen Bibliothek zu Ninive gefunden.

Berg Ararat Ein Berg gleichen Namens liegt im Osten der Türkei.

Jaffa Der Legende nach wurde Jaffa (Yafo, Vorstadt von Tel Aviv) von Jafet, dem dritten Sohn Noahs, gegründet.

Wein/Weinanbau Noah gilt als der erste Weinbauer (9,20–27), der für die Arbeit der Bauern „Trost" schafft. Wein ist ein Sinnbild der Lebensfreude. Der Weinberg und die Rebenpflanzung sind ein biblisches Bild für das auserwählte Volk und Wahrzeichen der Himmel und Erde verbindenden Liebe Gottes.

Regenbogen In verschiedenen Kulturkreisen gilt der Regenbogen als Symbol der Verbindung zwischen Himmel und Erde. In der griechischen Mythologie ist er die Verkörperung der Götterbotin Iris (= Regenbogen). Die germanische Mythologie nennt dieses Verbindungsglied Bifröst. Thomas Müntzer, 1525 hingerichteter Führer des deutschen Bauernkrieges, zierte seine Fahne mit dem Regenbogen. Der Prediger strebte ein neues universelles Gottesreich auf Erden an. Auch auf dem Emblem der Umweltschutz-Bewegung Greenpeace prangt der Regenbogen. Die Schwulenbewegung trägt eine Regenbogenflagge und demonstriert damit, dass sie von Gott geliebt sind.

Taube Die Taube ist seit der biblischen Geschichte von Noah Symbol des Friedens – vor allem in der Verbindung mit dem Olivenzweig. Auch in anderen Kulturkreisen hat dieser Vogel eine besondere Bedeutung. In Vorderasien verband man mit ihm Fruchtbarkeit. In Griechenland war die Taube das Attribut der Aphrodite. Heilig ist die Taube auch im Islam, da sie Muhammad auf der Flucht beschützte. Als weiße Taube wird sie später auch zum Symbol des Heiligen Geistes oder der getauften Christen. Das weiße Taubenpärchen repräsentiert ein Liebespaar.

Arche Die Arche wird oft als Bild der Errettung durch die Taufe angesehen. Denn in der Sintflut wurde dem Menschen seine Grenzen gezeigt und ihm gleichzeitig ein neuer Anfang gewährt. Die Arche ist auch Symbol der Kirche und der Gesamtheit des heiligen Wissens, das nicht zu Grunde gehen kann. Arche Noah nennen sich viele umweltbewusste Jugendgruppen und Jugendprojekte. Den Begriff „Arche“ haben sich auch ökologische Bauunternehmen zu eigen gemacht. Das Motiv der Arche wurde in den 1990-er Jahren auch in der Mercedes-Werbung genutzt. Heute liegt vor dem Sitz der Firma am Berliner Salzufer eine 160 m lange „Arche“ als Showroom vor Anker.

Als Symbol der Errettung wurde Noah schon in frühchristlicher Zeit Gegenstand bildlicher Darstellung, zahlreiche Sarkophage sind mit Noah-Darstellungen verziert. In größeren Genesiszyklen sind mehrere Szenen der Geschichte um Noah dargestellt, so in drei Deckenfresken Michelangelos in der Sixtina (1508–12). Sie zeigen Noahs Opfer nach der Sintflut, das Schicksal der ertrinkenden Menschen und seinen Weinrausch. Entsprechend sind die Darstellungen in Raffaels Loggien im Vatikan (1518–19). Auch die Paradiestür von Ghiberti in Florenz (1452) zeigt Noahs Opfer. Johann König, deutscher Miniaturist, schuf ein kleines Bild mit Regenbogen (um 1620/30, Berlin, Gemäldegalerie). Bassano malte den Zug der Tiere, die sich vor der Arche sammeln (Madrid, Prado). Guido Reni hielt den Bau der Arche in seinem Gemälde fest (Leningrad, Eremitage).

Johann Heinrich Füsslis dramatisches Gemälde „Vision

der Sintflut" (um 1800, Kunstmuseum Winterthur) gibt den Moment wieder, in dem Noah von Gott erfährt, dass er auserwählt ist und eine Arche bauen soll. Joseph Anton Kochs Bild „Noahs Dankopfer" (1814, Berlin, Nationalgalerie) stellt die Familie Noahs in eine übermächtigen Landschaft. Das Monumentalgemälde Lesser Urys „Die Sintflut" (1906, New York, Sammlung des Yeshiva University Museums) misst beinahe 3×3 Meter und zieht den Betrachter mit der unheilvollen Darstellung der Naturkatastrophe in den Bann.
Lovis Corinth schuf 1923/25 eine ganze lithographische Folge zur „Sündfluth" vom Bau der Arche bis zum Regenbogen (Emden, Kunsthalle). Mit nur wenigen zarten Linien erinnert Marc Chagall in seiner poetischen Tuschzeichnung „Noah mit dem Regenbogen" an den Bund Gottes mit Noah. O. Laske schuf einen Wanderbilderzyklus „Arche Noah" für das Kriegswaisenhaus in Rodaun (1919, Wien). Berühmt wurde das Bild von Pablo Picasso „Die Taube mit dem Ölzweig".

In dem Versdrama „Himmel und Erde. Ein Mysterium" (1823) von Lord Byron stellt Noahs Sohn Jafet, der eine zum Untergang verdammte Frau liebt, die leidenschaftliche Frage, ob es gerecht sei, dass außer der Familie Noahs alle vernichtet werden. Noah dagegen wirkt in seinem Glauben doktrinär. In einem unvollendeten Stück „Das Ende Satans" (1886) erklärt Victor Hugo die Sintflut als Folge des von Satan auf die Menschheit losgelassenen Verbrechens.
Das Schauspiel „Noah" (1931/34) des französischen Schriftstellers André Obey lebt ebenfalls von der Konfrontation Vater und Sohn. Es entbrennt ein Konflikt über die Art und Weise, wie mit dem unbegreiflichen Schicksal umzugehen ist: Noah wartet ab in unbedingtem Vertrauen auf Gott, sein Sohn Ham will handeln. Das Stück hatte in-

ternational großen Erfolg. Eine ihm unterstellte Vorahnung der Schrecken des Zweiten Weltkrieges wies Obey von sich.
Der Portugiese Miguel Torga erzählt in seiner international erfolgreichen Sammlung „Tiere“ (1940) aus der Perspektive des aufmüpfigen Raben, der die Arche eigenmächtig verlässt, nicht zurückkommt und seinen unerschütterlichen Willen, frei zu sein, letztlich gegen Gott durchsetzt.
Ernst Barlach beschrieb in seinem Drama „Die Sündflut“ (1924) den Kampf gegen Gott als metaphysischen Urkonflikt. Gott irrt als Bettler durch seine ihm fremd gewordene Schöpfung. Sein Gegenspieler Calan, der Nihilist, versucht den passiven, kindlich glaubenden Noah. Nach der apokalyptischen Katastrophe erkennt Calan Gott als das Prinzip des ewig Werdenden.
Der Roman von Marianne Fredriksson „Sintflut“ (1991) macht das Schicksal Noahs und seiner Familie zu einem Gleichnis auf das menschliche Leben (aus dem Romanzyklus „Die Kinder des Paradieses“).

🎬 Flut ist ein beliebtes Thema von Katastrophenthrillern. Damit arbeitet auch „Deep Impact“ (1988, USA) von Mimi Leder. Ein Meteoriteneinschlag bedroht die Welt und löst eine Flutwelle aus. Tiere sollen nach Vorbild der Arche in Höhlen überleben. Bezeichnenderweise heißt das rettende Raumschiff „Messiah“. 1999 kam in Deutschland und in de USA eine zweiteilige TV-Produktion von John Irvin mit dem Titel „Arche Noah“ heraus.

♫ Igor Strawinski komponierte 1962 „The Flood“, ein Mirakelspiel nach mittelalterlichen englischen Bibeltexten für Solostimmen, Sprecher und Chor. Ernst Friedrich Koch (1862–1927) schrieb ein Chorwerk mit Orchester mit dem Titel „Die Sündflut“.

Turmbau zu Babel

Nimrod

(1 Mose 11)

Babel ist der hebräische Name für Babylon und gilt seit dem Bericht in der Genesis als Symbol der hochmütigen, maßlosen Menschheit, die Gott gefrevelt hat. Gott strafte den Versuch der Menschheit, sich über die ihr gesetzten Grenzen zu erheben, mit Sprachverwirrung.

(1 Mose 11) Einst hatten alle Menschen „einerlei Zunge und Sprache". Auf ihrer Wanderung nach Osten ließen sie sich im Lande Schimar nieder, um dort zu wohnen und sie beschlossen, einen Turm zu bauen, „dessen Spitze bis an den Himmel reiche, damit wir uns einen Namen machen" (1 Mose 11,4). Gott strafte diesen Frevel. Er fuhr nieder, verwirrte ihre Sprache und zerstreute die Völker in alle Welt.

◆ Die Ereignisse um den Bau des Turms sind der Schlussstrich der biblischen Urgeschichte und Höhepunkt der Gottentfremdung. Als Bauherr wird von lateinischen Geschichtsschreibern der biblische Nimrod genannt (1 Mose 10, 8–12), „ein gewaltiger Jäger vor dem Herrn". Nimrod wird später zur Chiffre für „Jäger".

Turm Es gab in der Tat ein historisches Bauwerk, einen „Turm von Babel", errichtet unter Nebukadnezar als Hochtempel des Marduk. Der Bau war immens groß: 91,5 Meter im Quadrat und etwa 90 Meter hoch. Archäologen fanden einen Vorgänger dieses Turmes aus dem 18.–16. Jahrhundert v. Chr. Ein Rekonstruktionsmodell des

Turmes von Babel findet sich in Berlin (Vorderasiatisches Museum, Babylon-Saal). Als solches ist ein Turm ein Symbol für Macht oder das Übersteigen des alltäglichen Niveaus.
Auch die journalistische Berichterstattung über das Attentat vom 11. September 2001 zog zum Vergleich das Bild vom Turmbau zu Babel heran. Die beiden Türme des World Trade Centers, die – aus islamisch-fundamentalistischer Sicht – Wahrzeichen westlichen Hochmuts und westlicher Dekadenz und Gottesentfernung, wurden in Schutt und Asche gelegt von fanatisierten „Gotteskriegern", die sich im Auftrag ihres Gottes handelnd wähnen.
Auch in der Diskussion um Genmanipulation wird das Bild des Turmbaus zu Babel gewählt, um vor den hybriden Ansprüchen menschlichen Forschergeistes zu warnen.

Babel/Babylonien Im 2. Jahrtausend war die Stadt Babel am Euphrat zu einem bedeutenden Herrschaftszentrum geworden, dessen Einfluss erst im 2. Jh. vor Chr. endete. *Babylonien* umfasste das fruchtbare Schwemmland um Euphrat und Tigris (das Zweistromland) bis zum heutigen Bagdad im Irak. Um 1700 v. Chr. war Babel als Residenz Hammurabis wirtschaftliches und kulturelles Zentrum Vorderasiens. Mehrfach wurde es von den Hethitern erobert. In assyrischer Hand erreichte es seine größte Blüte unter Nabupolassar, König von Babylon, 620–605 v. Chr. und Nebukadnezar (604–562).
Das neubabylonische Reich der Assyrer unter Nebukadnezar spielt im Alten Testament eine wichtige Rolle. Nebukadnezar besiegte später das Königreich Juda, nahm die Heilige Stadt Jerusalem ein, zerstörte den unter Salomo erbauten Tempel und ließ die Oberschicht zur Zwangsarbeit nach Babylonien deportieren. Der Sturz des assyrischen Reiches durch den Perserkönig Kyros beendete das babylonische Exil, die babylonische Gefangenschaft (597/586

v. Chr. –538 v. Chr.) „an den Wasser zu Babel“ (= Psalm 137, s. a. → Psalmen). Von daher wird die negative Bedeutung Babylons/Babel für die Juden als Antithese zum himmlischen Jerusalem verständlich.
Im Neuen Testament wird Babylon der Sitz aller antichristlichen Mächte, ein Ort gottlosen Lebens, des Luxus (Hängende Gärten der Semiramis), der Hurerei (Sündenbabel). Das Wort Babylon dient als Deckname für die römische Weltmacht (Hure Babylon), die gebrandmarkt werden soll, und deren Verfolgung der Christen mit der Zerstörung Jerusalems und der Deportation parallelisiert wird (Off 18).

Babylonische Sprachverwirrung Als solche bezeichnet man noch heute das irdische „Sprachendurcheinander“. Auch Missverständnisse in Diskussionen werden so genannt. Der Name der Stadt Babel wird mit dem hebräischen Wort „balal“ = „verwirren“ gedeutet.

Babylonische Gefangenschaft gehört eigentlich nicht zu dieser Bibelstelle, denn der Begriff bezeichnet die Gefangenschaft der Juden in Babylon (→ Jeremias, → Propheten, → Zeittafel). Da die negative Bedeutung von Babel und Babylon jedoch so schwer voneinander zu trennen sind und archaische und historische Erinnerung hier zusammenfallen, handeln wir den Begriff hier ab. Auch der vom französischen König erzwungene Aufenthalt der Päpste in Avignon zwischen 1309–1376 wird „babylonische Gefangenschaft“ genannt.

Sündenbabel ist heute noch ein gängiger Begriff für eine moralisch verwerfliche Stätte. Paris galt vor allem im ausgehenden 18. und zu Beginn des 19. Jhs., nicht zuletzt durch die Französische Revolution, als „Sündenbabel“.

Es gibt zwei immer wiederkehrende Motive in der Kunstgeschichte, Bau und Zerstörung des Turms. Die Bilder zum Turmbau zu Babel häufen sich seit dem 11. Jh. in der Klein- und auch Monumentalkunst. Der biblische Mythos wurde neben seiner moralisierenden Symbolik gern dazu benutzt, das Bauhandwerk der jeweiligen Zeit zu schildern. Daher finden sich oft figurenreiche Szenen, die über die Technik des Bauvorgangs Auskunft geben. Obwohl die Zerstörung im Alten Testament nicht erwähnt wird, haben sich die Künstler den in der Apokalypse des Johannes (Off 17 u. 18,) geschilderten Fall der Stadt als ikonografische Grundlage genommen. Im Mittelalter wird oft Gott selbst dargestellt, wie er den Turm zerstört, aber auch Engel, Winde oder Blitze.
Die Kenntnis von der Konstruktionsidee und der Form des Kolosseums in Rom spielte für die Bildvorstellung der Künstler im 16. Jh. und 17. Jh. – mit Vorliebe stellte man den fast vollendeten Turm im Moment seines Einsturzes dar – eine große Rolle. Die bekannteste und eine der beeindruckendsten bildlichen Wiedergaben des Turms zu Babel stammt von Pieter Breughel d. Ä. (1563, Wien, Kunsthistorisches Museum). Die moralisierende Grundbedeutung – Symbol des bestraften menschlichen Hochmuts – verstärkte der Künstler durch seine realistische Auffassung des Turmbaus, die das groß angelegte Unternehmen zwar möglich erscheinen lässt, zugleich aber seine Undurchführbarkeit vor Augen führt. Die riesigen Dimensionen des Turmes werden durch die zwergenhaften kleinen Häuser der umgebenden Stadt und das Gewimmel der vielen winzigen Figuren deutlich.
Im 19. Jh. wählte Wilhelm von Kaulbach die biblische Geschichte als Thema für eines seiner Wandgemälde im Treppenhaus des Neuen Museums in Berlin (1945 zerstört).

In Clive Staples Lewis' „Jenseits des schweigenden Sterns" (1938), seinem ersten Band der sogenannten „Space-Trilogie", kommen zwei machthungrige Wissenschaftler in eine unschuldige Welt, ihr verstummter Herkunftsplanet Erde ist in der Gewalt des Teufels. Im dritten Band „Die böse Macht" (1945) wird die Erde zum Schauplatz der letzten Auseinandersetzung zwischen Gut und Böse. Die Funktionäre des Teufels, die versuchen ihre Herrschaft zu festigen, werden am Ende so gestraft wie Gott es mit den Erbauern des Turmes zu Babel tat: Sie verlieren die Fähigkeit der sprachlichen Kommunikation. Franz Werfels „Stern der Ungeborenen" (1946) ist ebenfalls ein utopischer Roman, der in ein unifiziertes galaktisches Reich des Jahres 101945 führt und zeigt, wie eine hybride Kultur der Zerstörung anheim fällt. Werfel beruft sich ausdrücklich auf die biblischen Bilder vom „Baum der Erkenntnis" und dem „Turm zu Babel" .

Igor Strawinskys Stück „Babel" (1945) ist eine Kurzkantate für Sprecher, Männerchor und Orchester.

„Solaris" von Andrej Tarkowskij (1971/72), die Science-fiction-Verfilmung des gleichnamigen Buches (1968) des polnischen Autors Stanislaw Lem, fragt nach den Grenzen menschlichen Seins. In einem Raumschiff wird der Psychologe Kris mit Erscheinungen konfrontiert, die es nicht geben darf. So taucht z.B. seine tote Frau auf. Mit der Zeit erkennt er, dass der Planet Solaris, den das Raumschiff umkreist, die Gedanken, Wünsche, Träume und Alpträume materialisiert. Kris verliert seine Frau, die nur ein Abbild ist ein zweites Mal und bleibt in der Station zurück, um sich in die Geborgenheit alter Erinnerungen zurückfallen zu lassen.

Abraham

Sara – Isaak – Jakob – Lot – Hagar – Ismael – Pharao

(1 Mose 12–22)

Abraham (= Vater der Völker, ursprünglich genannt Abram) ist der historische Ahnherr Israels und Stammvater der drei monotheistischen Weltreligionen. Abraham, sein Sohn → Isaak und sein Enkel → Jakob sind die drei Erzväter Israels.

(12) Im Lande Ur, am unteren Euphrat im südlichen Mesopotamien geboren, wohnte Abraham in Haran am Euphrat, bis Gott zu ihm sprach, er solle in ein neues Land ziehen, „das ich dir zeigen will" (12,1), denn Gott habe Großes mit ihm vor. Er wolle Abraham und seine Nachkommen zu einem großen Volke machen. Abraham nahm seine Frau Sara, seinen Neffen Lot (→ Sodom und Gomorra), seine Viehherden und Hirten, und sie reisten viele Tage, bis sie in das Land Kanaan kamen (bei Sichem bis zur Eiche More).
Auf der Flucht vor einer Hungersnot zog Abraham mit seinen Herden weiter nach Ägypten. Dort gab er seine schöne Frau Sara als seine eigene Schwester aus, um sein Leben zu schützen. Denn er fürchtete die Begehrlichkeit des Pharaos. In der Tat holt dieser Sara als seine Frau in seinen Palast, aber Gott schickte so viele Plagen, dass der Pharao, um Abhilfe zu schaffen, Abraham und seine Sippe aus dem Land wies.

Verheißung des Landes

(13) Reich zurückgekehrt aus Ägypten trennte sich Abraham einvernehmlich von seinem Neffen Lot, um wegen ihrer Habe keinen Streit untereinander aufkommen

zu lassen. Lot ließ sich in dem fruchtbaren Gebiet des gut bewässerten Jordantals in Sodom nieder, „so dass Abram wohnte im Lande Kanaan und Lot in den Stätten am unteren Jordan" (13,12). Abraham aber wurde erneut das gesamte Land, das er von seiner Wohnstätte aus sah, versprochen: „nach Norden, nach Süden, nach Osten und nach Westen" (13,14). Bei Hebron richtete Abraham seinen Wohnsitz ein, in der Nähe des heiligen Baumes bei Mamre.

Verheißung eines Sohnes an Abraham

(15) Abraham und Sara hatten keine Kinder und wunderten sich deshalb, wie Gott ihre Nachkommen zu einem großen Volke machen und ihnen all das Land schenken wolle (15,14). Gott sprach zu Abraham, er solle in den Himmel schauen, denn so viele Sterne, wie er am Himmel erblicke, so zahlreich sollten seine Nachkommen sein (15,5). Und Abraham glaubte Gott. In einem Traum ließ Gott ihn wissen, dass seine Nachkommen „werden Fremdlinge sein" in einem Land, in dem sie dienen und sich plagen müssen. Nach 400 Jahren aber würden sie über ein Land herrschen, dass von Ägypten bis zum Euphrat reiche (13–18). „An dem Tage schloss der Herr einen Bund mit Abram."

Hagar und Ismael

(16) Sara, die kinderlose Ehefrau Abrahams, aber befürchtete, dass sie keine Nachfahren haben werde. Deshalb gab sie ihm ihre ägyptische Magd Hagar zur Nebenfrau, auf dass diese ihm ein Kind schenke. Die schwangere Hagar wurde jedoch von der neidischen Sara gedemütigt und floh in die Wüste. Aber ein Engel sprach ihr Trost zu und eine unzählige Nachkommenschaft. Bald gebar Hagar einen Sohn, den sie Ismael nannte, wie ihr der Engel Gottes befohlen. „Er wird ein

wilder Mensch sein; seine Hand wider jedermann und jedermanns Hand wider ihn“ (16,12).

Verheißung, Beschneidung und Geburt Isaaks

(17–21) Gott versprach dem 99jährigen Abraham und der 90jährigen Sara erneut ein Kind. Als Zeichen seines Bundes mit Abraham solle in Zukunft jeder Knabe beschnitten werden. Abraham und alle männlichen Bewohner seines Hauses beschnitten an diesem Tag ihre Vorhaut (17,10 u. 23). Ihren später geborenen Sohn nannten sie → Isaak. Mit ihm wollte Gott seinen Bund erneuern. Ismael solle zwar auch fruchtbar sein, aber Abrahams Geschlecht solle nach Isaak benannt werde. Auf Saras Druck verstieß Abraham die Sklavin Hagar und den Sohn Ismael in die Wüste. Doch Gott rettete sie und das Kind vor dem Verdursten. Ismael wuchs in der Wüste auf, nahm eine Ägypterin zur Frau und wurde der Stammvater eines großen Volkes (s. u.).

Abrahams Versuchung

(22) Abraham liebte seinen Sohn Isaak sehr. Als dieser zu einem Jüngling herangewachsen war, wollte Gott Abraham auf die Probe stellen und befahl ihm, seinen geliebten Sohn auf dem Berg Morija zu opfern. Abraham war sehr traurig, doch er gehorchte. Er baute auf dem Berg einen Opferaltar aus Steinen, band Isaak Hände und Füße und war gerade im Begriff ihn zu töten, als eine Stimme ertönte: „Lege deinen Hand nicht an den Knaben und tu ihm nichts; denn nun weiß ich, dass du Gott fürchtest und hast deines einzigen Sohnes nicht verschont um meinetwillen“ (22,13). Zum Dank opferte Abraham einen Widder, der sich mit seinen Hörnern in einer Hecke verfangen hatte. Und er nannte die Stätte: „Der Herr sieht“.

◆ Abraham ist der Stammvater der drei monotheistischen Weltreligionen: Judentum, Christentum und Islam. (vgl. Koran Sure u. a. 2,118 ff, für das NT Gal 3 f u. a.) Daher nennt man diese auch die „abrahamitischen Religionen“. Abrahams Lebensdaten sind umstritten. Er soll zwischen dem 21. und 15. Jh. v. Chr. gelebt haben (evtl. um 1700). Die Erzählung von Abraham bewahrt die Erinnerung daran, dass der Stamm Benjamin ein Reststamm eines aus Nordmesopotamien kommenden, großen Nomadenstammes ist. Abraham ist die Verkörperung des vorbehaltlos Glaubenden, denn er war sogar bereit, Gott seinen Sohn zu opfern. Doch Gott lehnte das Menschenopfer ab.
Im Islam ist die Bedeutung Abrahams (Ibrahim) als Wahrhaftiger und Prophet sehr groß. Der Koran sieht ihn als den ersten (!) Muslim, als „Anhänger des reinen Glaubens“ und Anvertrauten Gottes, der als Vorbild für die Menschen gilt. Der kompromisslose Monotheismus Abrahams zeigt sich auch an seinem Opferwillen. Der Koran bringt Abraham zudem in Verbindung mit dem Bau und der Reinigung der Kaaba (heiliges Haus des Islam in Mekka) von Götzen. Überdies gilt Abraham als Begründer der Wallfahrt. Abraham und Ismael, Sohn der Hagar, gelten als Erzväter der Muslime.
Die Gestalt Abrahams verbindet den Anfang der alten Stammesgeschichte mit der sogenannten „Urgeschichte“ (1 Mose 1–11). Abraham ist der erhabene Vater, der Äneas der biblischen Mythologie. Wie Äneas gründet er Heiligtümer und usurpiert heilige Stätten. (→ Heilige Stätten)

Biblisches Alter bedeutet immer „sehr, sehr alt“. Abraham war 86 bei der Geburt des Ismael, 100 bei der Geburt des Isaak, Sara bereits 90. Das biblische Alter der Patriarchen bezeugt das Geschlechtsregister in 1 Mose 5.

Metuschelachs hält mit 969 Jahren bei seinem Tod den Rekord: „So alt wie Metusalem!“ Sein Enkel Noah wurde „nur“ 950.

Beschneidung Gott forderte die Beschneidung aller Knaben am 8. Lebenstag als Zeichen des ewigen Bundes (1 Mose 17,10 f). Dafür verhieß er Abraham und seinen Nachfahren das Land Kanaan (Palästina). Die Beschneidung wird von vielen Völkern, auch von Muslimen, praktiziert. Dabei wird die Vorhaut am männlichen Glied gekappt.
Die sexuelle Verstümmelung von Mädchen kursiert auch unter dem Begriff Beschneidung und suggeriert so, es handele sich um eine vergleichbare Handlung. Bei diesem Akt wird das kleine Mädchen ihres sexuellen Zentrums beraubt, indem ihre Klitoris entfernt wird. Diese Praxis in afrikanisch-islamischen Ländern hat mit der Bibel nichts zu tun.

Abrahams Schoß Sicher wie in Abrahams Schoß bedeutet gut aufgehoben. Die Darstellungen von Abrahams Schoß – er trägt in manchen Darstellungen in einem Tuch eine Gruppe von Erwählten für das Paradies – sind ein Symbol für die Geborgenheit der Gläubigen in Gott.

Hagar
Ein Bild Pieter Lastmans, des Lehrers Rembrandts, „Die Verstoßung der Hagar“ (1612, Hamburg, Kunsthalle) ist eine der frühesten Umsetzungen dieser alttestamentlichen Überlieferung. Einerseits besticht das Bild durch seine bewegenden Darstellungen menschlicher Gefühle, die der Geschichte um Hagar und Ismael zu Grunde liegen. Andererseits spiegelt das Werk auf doppelbödige Weise die politische Situation der Niederlande wider, die sich zur damaligen Zeit gerade von dem katholischen Spanien emanzipierten. Claude Lorrain schuf zwei Gemälde des Themas: Hagar und Ismael in der Wüste

(München, Alte Pinakothek sowie London, National Gallery.)

Opfer Abrahams
Den Auszug Abrahams aus Ägypten nach Kanaan zeigt uns Bassano, der dieses Motiv häufiger gestaltete (um 1575, Berlin, Gemäldegalerie). Das Opfer Abrahams ist ein häufig gemaltes Motiv. Dramatisch und realistisch stellten es die Künstler dar. Abraham schwingt meist ein Schwert, manchmal wird er von einem Engel zurückgehalten. Ein Gemälde Rembrandts (1635, Petersburger Eremitage) konzentriert sich auf diese eindrucksvolle Gruppe. Eindrücklich und erschreckend ist auch das von Caravaggio geschaffene Gemälde „Opferung Isaaks“ (um 1608, Florenz, Uffizien). Voller Panik blickt der fassungslose Sohn den Betrachter des Bildes an. Ein Engel hält die Hand Abrahams kraftvoll im letzten Moment zurück.

Auch in den mittelalterlichen religiösen Spielen hat sich der Stoff der Abrahamsgeschichte niedergeschlagen. Um 1530 schrieb der kroatische Benediktiner Veteranovic Cavic Mavro ein geistliches Schauspiel zu Abraham. Ein kretisches religiöses Drama in Versen aus der 1. Hälfte des 17. Jh. war dort offensichtlich sehr beliebt. Zofia Kossak, polnische Schriftstellerin und Katholikin, schrieb eine Erzählung „Die Opferung“ (in: „Polen erzählt“, 1965), die den Konflikt des Gläubigen mit seinen Anforderungen thematisiert.

1966 schuf John Huston mit seinem Werk „The Bible“ die Hollywoodversion des Stammvaters der Juden und Araber. Auch das Bibelepos „Abraham“ (Italien, Deutschland, USA 1993) thematisiert, wie Gott Abraham vor eine schwere Prüfung stellt und er seinen Sohn Isaak als Beweis seines Glaubens opfern soll.

♫ Arvo Pärt schuf mit Fratrae Litani zu „Sara war 90 Jahre alt“ ein modernes Werk für Chor und Orchester.

Lot und Sodom und Gomorra

Lot – Lots Frau – Lots Töchter – Abraham

(1 Mose 13,10–13; 14,8; 18,16–19,29)

(18 u.19) Gott beschloss die Städte Sodom und Gomorra zu zerstören, denn es war ein großes Geschrei über die beiden Städte „dass ihre Sünden sehr schwer sind" (18,20). In Sodom hatte sich → Abrahams Neffe Lot mit seiner Familie niedergelassen. (13,10) Abraham versuchte, die Menschen in den beiden Städten zu retten und feilschte regelrecht mit Gott. Und dieser versprach ihm, wenn er dort nur zehn Gerechte fände, wolle er die Orte verschonen.
Gott schickte zwei Engel, die von Lot als Gäste aufgenommen wurden. Dieser schützte seine beiden männlichen Gäste vor dem lüsternen Ansinnen der Menschen aus Sodom, die gefordert hatten: „Führe sie heraus zu uns, dass wir uns über sie hermachen" (19,5). An ihrer statt bot er ihnen seine jungfräulichen Töchter an. Als der Mob den aus der Fremde gekommenen Lot und seine Familie angreifen wollte, schlugen die Engel die Einwohner Sodoms mit Blindheit. Die Engel forderten Lot und seine gesamte Familie, Mägde und Knechte auf, die Stadt zu verlassen und keinen Blick zurück zu wagen.
Dann ließ Gott Schwefel und Feuer regnen vom Himmel und vernichtete die Städte Sodom und Gomorra und alle Menschen, die dort lebten. Lot und seine beiden Töchter überlebten. Lots Frau aber erstarrte zur Salzsäule, als sie sich trotz Verbots auf der Flucht noch einmal nach der Heimat umdrehte.

Lots Töchter

Nach der Flucht lebte Lot mit seinen beiden Töchtern in einer Höhle im Gebirge. Da die beiden nun fürchteten, ohne Nachkommen bleiben zu müssen, ließen sie sich von ihrem betrunkenen Vater begatten, um die genealogische Linie zu sichern. Aus diesem inzestuösen Verhältnis stammen als Nachkommen die Moabiter und die Ammoniter.

◆ Sodom und Gomorra sind Sinnbild der Verruchtheit und sprichwörtliches Symbol der Lasterhaftigkeit. Eventuell lagen die beiden Städte am Südostufer des Toten Meeres und sind durch eine Naturkatastrophe untergegangen.

Sodomie Unzucht mit Tieren. Im 17. und 18. Jh. wurde mit Sodomie jede „aus der Norm fallende" sexuelle Praktik bezeichnet. Homosexuelle wurden Sodomiten genannt.

Lots Flucht

Zu Guido Renis Hauptwerken zählt u. a. „Lot und seine Töchter" (1615/16, London, National Gallery). Es scheint beliebt gewesen zu sein, Lot auf der Flucht mit seinen Töchtern zu zeigen. „Lot verlässt mit seiner Familie Sodom" (um 1615, Würzburg, Martin v. Wagner Museum) heißt ein Bild von Peter Paul Rubens, das die gesamte Familie, geführt von einem Engel, auf der Flucht zeigt.

Lots Töchter und ihr *Vater*

Lucas Cranach malte Lot, wie er seine Töchter umarmt. Orazio Gentileschi (um 1622, Berlin, Gemäldegalerie) setzte das Motiv öfter auf die Leinwand. Der schlafende Lot liegt im Schoße seiner Tochter. Gern stellten die Maler die Töchter nackt dar, so L. van Leyden, (1560, Radierung), Francesco Furini (1635, Madrid, Prado), der die verführerischen nackten Töchter in Rückenansicht zeigt, und Jacopo Amigoni (1682–1752), der die Szene ausgesprochen lasziv ins Bild setzt (Berlin, Gemäldegalerie). Das Motiv wurde im 16. und 17. Jh. äußerst beliebt.

Otto Dix' „Lot und seine Töchter“ (1939, Aachen, Städtisches Suermont-Ludwig-Museum) wurde nach dem Krieg wie eine Bildprophezeiung gesehen.

„Die hundertzwanzig Tage von Sodom oder die Schule der Ausschweifung“ von Marquis de Sade bescherten uns das Wort „Sadismus“. De Sade schuf ein skandalöses Werk (entstanden 1785, veröffentlicht 1904), in dem 42 Frauen und Knaben dem Terror und den Perversionen dreier vornehmer, psychopathischer Herren ausgeliefert sind. Unterschiedlich interpretiert in den letzen 100 Jahren zeigt es den Zusammenhang zwischen Macht und Grausamkeit.

Marcel Proust nannte den vierten Teil seines Romans „Auf der Suche nach der verlorenen Zeit“ (1913–1927), in dem er seine individuelle Lebensgeschichte mit dem Gesellschaftsbild seiner Zeit verwob, „Sodome et Gomorrhe“.

In Dino Buzzatis „Panik in der Scala“ (1949) erinnert die rätselhafte Anwesenheit dreier Fremder während einer Scalapremiere an die Engel in Sodom und führt beim Publikum zu einer existenziellen Unruhe und grotesker Furcht vor einem Umsturz. Alfred Döblins Roman „Berlin Alexanderplatz“ (1929) arbeitete ebenfalls mit biblischen Leitmotiven, und Berlin wird gleichsam zu Sodom. Döblin setzt mit Hiob und Jeremia noch zahlreiche andere biblisch-bedrohliche Bezüge. Jean Giraudouxs Theaterstück „Sodom und Gomorrha“ (1943) fordert, um die Städte Sodom und Gomorra vor dem Strafgericht zu bewahren, zumindest ein glückliches liebendes Paar. Das Protagonisten-Ehepaar jedoch war nicht in der Lage, seiner Liebe treu zu bleiben.

🎬 In „120 Tage von Sodom" (Italien 1975) stützte sich P. P. Pasolini auf das Buch des Marquis de Sade und verlegte es in die letzten Tage des Faschismus.

Jakob

Isaak – Rebekka – Esau – Jakob – Laban – Rahel – Lea – 12 Söhne Jakobs – (Ruben, Simeon, Levi, Juda, Issachar, Sebulon, Josef, Benjamin, Dan, Naftali, Gad, Asser) – Dina – Magd Bilha

(1 Mose 25–34)

Isaak, → Abrahams Sohn, ist der zweite der alttestamentlichen Patriarchen. Seine Söhne sind Esau und Jakob. Jakob ist der dritte Patriarch und israelitischer Stammvater. Er gab dem Land seinen Namen „Israel", den er nach dem nächtlichen Kampf mit Gott am Jabbok erhielt. Seine zwölf Söhne geben den 12 israelitschen Stämmen ihren Namen.

(1 Mose 25,19–34) Abraham hatte für seinen Sohn Isaak eine Frau aus seinem Heimatlande holen lassen. Mit der schönen Rebekka hatte Isaak Zwillinge, Esau und Jakob. Esau kam zuerst und „war rötlich und ganz rau wie ein Fell." (25,5) Als Jäger streifte er in den Wäldern umher und erlegte wilde Tiere. Jakob war Hirte und seine Mutter Rebekka liebte ihn mehr als Esau. Der aber war der Lieblingssohn des Vaters. Eines Tages kehrte Esau müde und hungrig von der Jagd zurück und bat Jakob um etwas zu essen. Dieser nutzte die Gelegenheit und forderte für einen Teller Linsensuppe: „Verkaufe mir heute deine Erstgeburt." (25,31). Esau aber war so hungrig und achtete das Vorrecht des Älteren, den Segen, den der Vater ihm als Erstgeborenen kurz vor seinem Tode erteilen würde, so wenig, dass er es Jakob ohne Bedenken überließ.

Jakobs List

(27) Der alte, fast blinde Isaak spürte, dass er bald sterben würde und bat Esau, in den Wald zu gehen, ein Tier zu erjagen und ihm dies als Festmahl zuzubereiten, „auf dass dich meine Seele segne“ (27,4). Rebekka aber hatte das Gespräch belauscht. So schickte sie Jakob, ihren Lieblingssohn aus, zwei Böcke aus der Herde zu holen, die sie als Festmahl bereiten wollte, um Jakob den Segen des Erstgeborenen zu verschaffen. Jakob hatte jedoch Bedenken, dass der Vater den Betrug bemerken könnte, denn Jakobs Haut war fein und glatt, während Esaus rau und behaart war. Seine Mutter aber gab ihm die Kleider des Bruders und band ihm Bocksfelle um die Handgelenke. Isaak bemerkte den Schwindel nicht und segnete Jakob: „Völker sollen dir dienen, und Stämme dir zu Füßen fallen. Sei ein Herr über deine Brüder, und deiner Mutter Söhne sollen dir zu Füßen fallen. Verflucht sei, wer dir flucht; gesegnet sei, wer dich segnet“ (27,29).

Kurz darauf kehrte Esau von der Jagd zurück, betrat mit dem Festmahl das Gemach seines Vaters und erbat den Segen. Isaak „entsetzte sich über die Maßen“, als er des Betrugs gewahr wurde. Esau klagte: „Er heißt mit Recht Jakob (= der Hinterlistige), denn er hat mich nun zweimal überlistet“ (27,36). Doch es war zu spät und Esau weinte. „Hast du denn nur einen Segen, mein Vater? Segne mich auch, mein Vater!“ (27,38). Dann wurde er so zornig, dass er seinen Bruder töten wollte. Auf Anraten seiner Mutter floh Jakob zu Laban, dem Bruder der Mutter.

Die Himmelsleiter

(28,10ff) Auf seiner Flucht träumte er eines Nachts von einer großen Leiter, deren Stufen bis weit in den Himmel führten. Engel stiegen auf und nieder. Oben stand Gott und sprach: „Das Land, darauf du liegst, will ich dir und deinen Nachkommen geben ... und siehe, ich bin mit dir und will dich behüten, wo du hinziehst“ (28,13 u.15). Als Jakob erwachte, fürchtete er sich, denn er spürte Gottes Gegenwart: „Wie heilig ist diese Stätte. Hier ist nichts anderes als Gottes Haus, und hier ist die Pforte des Himmels.“ Er errichtete einen Stein und nannte den Ort „Bethel“ (= Gottes Haus).

Jakob, Lea und Rahel

(29–30) In der Nähe von Labans Wohnsitz rastete Jakob in der Steppe an einem Brunnen. Dort erblickte er die schöne Rahel, die die Herden ihres Vaters Laban tränken wollte. Jakob half ihr, küsste sie und gab sich als Verwandter ihres Vater zu erkennen. Ihr Vater Laban nahm Jakob herzlich auf, und dieser diente seinem Onkel sieben Jahre um Rahel. Am Abend der Hochzeit gab Laban ihm jedoch, weil die Sitte dies verlange, die ältere Tochter, deren Augen glanzlos waren. Jakob protestierte, und so erhielt er zusätzlich auch Rahel gegen den Preis weiterer sieben Jahre Dienst bei Laban.
Als Gott sah, dass Jakob Rahel liebte und Lea dagegen ungeliebt war, machte er Lea fruchtbar, Rahel jedoch unfruchtbar. Lea gebar Jakob vier Söhne: Ruben, Simeon, Levi und Juda, und mit jedem Kind hoffte sie erneut, geliebt zu werden. In ihrer Not führte die unfruchtbare Rahel Jakob ihre Magd Bilha zu, die ihm an ihrer statt Dan und Naftali gebar. Lea, die auch keine Kinder mehr bekam, gab Jakob nun ebenfalls ihre Magd zur Nebenfrau, die ihm seine Söhne Gad und Asser gebar. Dann brachte Lea doch noch zwei Söhne zur Welt: Issachar und Sebulon und eine Tochter Dina. Und die ungeliebte Lea sprach: „Nun wird mein Mann doch bei mir bleiben, denn ich habe ihm sechs Söhne geboren“ (30,20). „Gott gedachte aber an Rahel“ und schenkte ihr einen Sohn, den sie Josef nannte.

Nach Josefs Geburt wollte Jakob mit seinen Frauen und Kindern heim in das Land seines Vaters ziehen. Er erbat sich von Laban nichts, außer den gefleckten Tieren. Der gerissene Laban stimmte zwar zu, versuchte Jakob aber erneut zu betrügen und musterte schon vorher fast alle dunklen aus. Durch geschickte Pflege schaffte Jakob es aber trotzdem, eine eigene Herde zu züchten und er wurde über die Maßen reich.

Jakobs Flucht

(31–32) Der falsche Laban war missgünstig, und Gott befahl Jakob im Traum, nach Hause zu gehen. Seine Frauen Rahel und Lea bestärkten ihn gegen den eigenen Vater: „Denn er hat uns verkauft und unseren Kaufpreis verzehrt“ (31,15). Jakob floh mit den Seinen in Richtung Kanaan.

Doch er fürchtete Esaus Zorn, der im Gebiet von Edom lebte. Um seinen Bruder zu versöhnen, beschloss er, ihm Vieh zu schenken (32,21) und ihm dann entgegenzugehen. In der Nacht, nachdem er seine Frauen und Kinder über den Fluss Jabbok in Sicherheit gebracht hatte, blieb er allein zurück. „Da rang ein Mann mit ihm, bis die Morgenröte anbrach.“ Als dieser sah, dass er Jakob nicht bezwingen konnte, schlug er ihm auf die Hüfte und verrenkte sie ihm. Jakob hielt den Mann, der zurückweichen wollte, sogar noch zurück: „Ich lasse dich nicht, du segnest mich denn“ (32,27). Daraufhin erhielt Jakob seinen neuen Namen: „Du sollst nicht mehr Jakob heißen, sondern Israel, denn du hast mit Gott und Menschen gekämpft und hast gewonnen“ (32,29) Und der Mann segnete ihn. Als Jakob das Ufer des Jabbok verließ, hinkte er.

Jakobs Versöhnung mit Esau
(33–34) Am Morgen nach dem Kampf sah Jakob seinen Bruder mit 400 Mann herannahen. Er lief ihm entgegen und warf sich siebenmal auf die Erde nieder. Doch Esau hatte keine Rachegedanken mehr. Er umarmte und küsste seinen Bruder und verzieh ihm. Versöhnt trennten sie sich, Jakob zog weiter und ließ sich mit seiner Familie in Sichem nieder.
Doch die Familie musste weiterziehen. Denn Simeon und Levi richteten nach der Vergewaltigung ihrer Schwester Dina an den Einwohnern von Sichem ein grauenhaftes Blutbad an. Auf der Reise starb Rahel bei der Geburt ihres jüngsten Sohnes Benjamin in Bethlehem.

◆ Der Name „Israel" bedeutet „Gott (El) herrscht" oder „Gott leuchtet" und ist vermutlich kanaanäischen Ursprungs. In christlicher Deutung galt Jakob als typologisches Vorbild Christi und seine zwölf Söhne als Präfiguration der zwölf Apostel.
Mythologisch ist die Funktion des Jakob der des Herakles vergleichbar. Herakles und sein Zwillingsbruder Iphikles erlitten das gleiche Schicksal wie Esau und Jakob. Die älteren Brüder Esau und Iphikles, die heiligen Könige, müssen ihren Stellvertretern, den jüngeren Brüdern, weichen. Wie Herakles übernimmt Jakob die Funktionen und Rechte seines Zwillingsbruders. In der Namensänderung des Jakob in Israel offenbart sich eine weitere mythologische Funktion, die er sich mit seinem griechischen Äquivalent Hellen, Vater aller Griechen, Sohn des Ampiktyon teilt. Hellen war der königliche Stellvertreter der Mondgöttin Selene, und seine Söhne waren die Stammväter der bedeutendsten Völker Griechenlands.

Bethel 6 km nördlich von Ramallah liegt Bet El, das antike

Bethel bzw. „Haus Gottes". Hier hatte Jakob seinen Traum von der Himmelsleiter, Symbol der Verbindung zwischen der irdischen Heimat der Menschen und dem Reich Gottes sowie der Zusage für die Aufnahme ins Paradies (1 Mose 28). Die Bodelschwinghschen Anstalten in Bielefeld heißen „Bethel".

Sichem Gesichert ist, dass Sichem ein vorisraelitisches Heiligtum war. Das Heiligtum Sichem wurde nach der Trennung des Nordreichs von Jerusalem durch Jerobeam (1 Kön 12,25) zur Königsresidenz. Der Bundesschluss von Sichem unter * Josua gründete den Verteidigungsbund der im Lande ansässig gewordenen Stämme.

Segen Das hebräische Denken gibt dem gesprochenen Wort eine wirkende Macht. Segnen ist mit symbolischen Gesten – wie Handauflegen – verbunden, als real wirksam verstandene Kraftübertragung. Der Segen, den Jakob sich von seinem Vater Isaak erschlichen hat, haftet gleichwohl an ihm. Gott lässt sich den Segen, vor dem gefürchteten Wiedersehen mit seinem Bruder Esau, von Jakob sogar erneut abzwingen. Die Wirksamkeit des Segens wird sich zunächst an Josef, Jakobs Lieblingssohn, erweisen.

Israel heißt Streiter Gottes und ist der Beiname Jakobs. Als Volksname bezeichnet er das gesamte Zwölf-Stämme-Volk, aber seit der Trennung von Juda auch das Nordreich „Israel" (s.a. → Zeittafel). Heute ist „Israel" der Staatsname des israelischen Staates. Im deutschen Faschismus mussten alle Personen männlichen Geschlechts, die nach nationalsozialistischem Rassegesetz als Juden galten, den Beinamen „Israel" und alle weiblichen Personen den Beinamen „Sara" tragen (s.a. → David).

Benjamin bezeichnet in unserem Sprachgebrauch den jüngsten Spross einer Familie im Sinne eines verhätschelten „Nesthäkchens".

Isaak
Ein wunderbares Bild, fast Allegorie der Liebenden, malte Rembrandt mit „Die Judenbraut“ oder „Das Liebespaar“. Gekleidet in zeitgenössischer Tracht berühren sich hier zwei „normale“ Menschen in tiefer Zärtlichkeit. Rembrandtkenner nannten das Bild direkt „Isaak und Rebekka“ (1665, Amsterdam, Rijksmuseum). Aber manche meinten auch, Jakob und Rahel seien hier dargestellt worden.

Jakob
Als Einzelgestalt findet man Jakob in der Regel als bärtigen Mann in der Reihe der Patriarchen sowie der Ahnen Christi in den Darstellungen der Wurzel Jesse (= Isai s. a. → David). Das älteste Bild ist in der Synagoge von Dura-Europos (245/56) erhalten. Später greifen verschiedene Bildzyklen einzelne Geschichten Jakobs auf. Seit dem 13. Jh. findet man Zyklen auch in der Kathedralplastik (um 1272/80, Rouen, Salisbury) und in der Glasmalerei (nach 1375, Erfurt, Dom).
Am häufigsten griffen die Künstler die Einzelszenen auf. „Isaak segnet Jakob“ – so in einem ganz frühen Mosaik in Santa Maria Maggiore, Rom 352/366. José de Ribera zeigt auf seinem Bild, wie der jugendliche Jakob von seiner Mutter Rebekka zum Vater Isaak geschoben wird (1637, Madrid, Prado). In der, so wie es heißt wieder hergestellten Kirche von Assisi, zeigt der Meister der Isaakbilder wie Esau vom alten Isaak zurückgewiesen wird (1288, San Francesco, Assisi). Auch Marc Chagall schuf zu diesem Thema 1929/30 eine Radierung.
„Traum Jakobs“ von Tiepolo zeigt Jakob schlafend auf der Erde, sein Kopf auf einem Stein und eine Leiter mit Engeln (1727, Udine, Palazzo Patriarcale). Raffael in den Stanzen des Vatikan machte aus der Leiter eine Treppe. In José de Riberas „El sueño de Jacob“ (1639, Madrid, Prado) ist die

Leiter zu einer in den Himmel aufsteigenden Lichtsäule geworden, zu deren Füßen ein schlafender Jakob liegt. Auch Tintoretto, „Vision des Jakob“ (1577/8, Venedig, Scuola di S. Rocco), malte eine monumentale Treppe, an deren Ende sich Gott im rosa Licht verliert.

Das Motiv „Kampf mit dem Engel“ wurde in der Barockzeit wegen seiner gewaltsamen Bewegtheit beliebt. Rembrandts „Jakob ringt mit dem Engel“ (um 1660, Berlin, Gemäldegalerie) ist ein Bild von eindrucksvoller, geschlossener Monumentalität mit fast lebensgroßen Figuren. Während Jakob in Rückenansicht den Engel fest umklammert hält, stemmt dieser ihm das rechte Knie in die Seite und drückt mit der linken Hand auf die Hüfte, um sie auszurenken. Der vom Engel ausgehende helle Schein, die Milde im Ausdruck seines Gesichts und die fast liebevolle Behutsamkeit seiner Gesten verdeutlichen, dass Rembrandt nicht allein das Kampfgeschehen, sondern auch den Segen, den Jakob vom Engel fordert, wiedergegeben hat. In Delacroixs Darstellung des Motivs „Jakob ringt mit dem Engel“ (1853/61, Paris, St. Sulpice) sind zwei durchtrainierte Männer im entschiedenen Kampf begriffen.

„Jaákobs Traum“, ein kontemplatives, zionistisches Mysterienstück von Richard Beer-Hofmann, wurde 1919 in Wien uraufgeführt. Graciliano Ramos verschmilzt in seiner Biographie „Kindheit“ (1945) reale Figuren mit biblischen Figuren. Isaac B. Singers mystisch-realistischer Roman „Jakob der Knecht“ (1962) spielt im 17. Jh. in Polen. Jakob, ein junger Talmudlehrer wird verschleppt, verliert die Menschen, die er liebt und findet die Antwort auf seine Fragen in der Bereitschaft zum dienenden Lieben.

Joseph Brodsky, Nobelpreisträger für Literatur 1987, schuf 1963 eine Versdichtung über Isaak. Der amerikanische Autor Bernard Malamud siedelt seinen mit dem Pulitzer-Preis ausgezeichneten Roman „Der Fixer“ (1966/

68) in einem jüdischen Stetl an. Die schrittweise Selbstfindung des Protagonisten Jakow, der im despotischen Russland erniedrigt wird, verweist auf seinen biblischen Namenspatron.
Die Geschichte von Jakob und Esau diente, wie die von Kain und Abel, zur Darstellung von Bruderzwist. So liegen im Roman des portugiesischen Schriftstellers Muchado de Assis „Esau und Jakob" (1904) die Zwillinge Pedro und Paul im lebenslangen Kampf um Frauen und Erfolg. Auch Meir Shalev, „Esaus Kuss" (1994) wählt die biblische Geschichte als Vorlage für den Zwist zweier Brüder, die beide die gleiche Frau lieben.
Jurek Beckers Roman „Jakob der Lügner" erschien 1969. Der Jude Jakob verbreitet im Warschauer Getto erfundene Nachrichten aus seinem fiktiven Radio über die angeblich näher rückende Befreiung. Er erreicht, wie sein biblischer Namensgeber, durch seinen eigenen Umgang mit der Wahrheit, den Menschen Hoffnung zu geben. Das Buch „Jakob der Lügner" wurde zweimal verfilmt (1974 von Frank Beyer, DDR, und 1998 von Peter Kassowitz, USA)

♫ Arnold Schönberg schrieb 1922/1944 „Die Jakobsleiter". Das unvollendete Werk wurde 1961 uraufgeführt. In der Oper „Hänsel und Gretel" von Engelbert Humperdinck erscheint – in vielen Inszenierungen – beim Abendgebet der beiden Kinder eine Leiter, auf der die beschützenden 14 Engel heruntersteigen.

Im Bibelepos „Jakob" wird die Todfeindschaft zwischen Esau und Jakob als spannendes Drama dargestellt (Italien, Deutschland, USA 1994). Das Buch „Der Fixer", das das Jakobmotiv behandelt, wurde 1968 in der Regie von John Frankenheimer verfilmt.
Adrian Lynes „Jacob's ladder – In der Gewalt des Jenseits" (USA 1990) thematisiert die grausamen Halluzinationen

eines Vietnam-Veteranen nach dem Krieg, der sich verfolgt glaubt. Was ist Wahrheit, was Wahn – das ist die zentrale Frage dieses Films, der einem Horrortrip gleicht.

Josef

Seine 11 Brüder (hier: Juda, Ruben, Simeon, Benjamin) – Pharao – Potifar, der Kämmerer des Pharao – Potifars Frau – Asenat, Josefs Frau – Manasse und Ephraim, seine Söhne, Tamar – Onan – Perez – Jakob

(1 Mose 37–50)

Der Josef des Alten Testaments wird im Gegensatz zum neutestamentlichen Josef, Vater Jesu, „ägyptischer Josef" genannt. Er ist der Sohn des Patriarchen → Jakob und dessen Frau Rahel, Vater des Manasse und Ephraim. Die Josefserzählung wirkt als Brücke zwischen den Vätererzählungen – sie endet mit dem Einzug des Volkes Israel in Ägypten – und dem 2. Buch Mose (Exodus), der Erzählung vom Auszug aus Ägypten.

(37) Josef war der Lieblingssohn von Jakob. Als er 17 Jahre alt war, ließ Jakob ihm einen bunten Rock machen, der den Neid seiner Brüder erregte. Auch zürnten sie ihm wegen der Träume, die er ihnen vertrauensselig erzählte. In diesen Träumen neigten sich die Getreidegarben der Brüder bei der Ernte vor den seinen, und sogar Sonne, Mond und Sterne huldigten ihm. Eines Tages wurde Josef von seinem Vater auf einen entfernten Weideplatz geschickt, um nach den Brüdern zu sehen. Die neidischen Brüder wollten ihn töten, doch Ruben drang auf sie ein, ihn nur in eine Grube zu werfen, um ihn später zu retten. So ergriffen die Brüder ihn, zerrissen seinen Rock und warfen ihn in ein wasserloses Brunnenloch, ohne auf sein Klagen zu achten. Schließlich verkauften sie ihn, angeführt von Juda, an eine vorbeiziehende Karawane für 20 Silberstücke, und Josef wurde nach Ägypten verschleppt. Dem Vater schickten die

Brüder den in das Blut eines Tieres getauchten Rock, so dass er annehmen musste, Josef sei tot. Jakob „zerriss seine Kleider“ (37,34) und war über den vermeintlichen Tod seines Lieblingssohnes so verzweifelt, dass er sterben wollte.

Josef in Potifars Haus

(39) In Ägypten kaufte Potifar, ein Staatsbeamter des Pharao, den Jüngling. Und weil Gott mit Josef war, widerfuhr ihm kein Leid und ihm glückte alles. Bald wurde er Aufseher und bestellte das Haus Potifars. Doch dann erregte er das Wohlgefallen der Ehefrau Potifars, denn „Josef war schön an Gestalt und hübsch von Angesicht“. Er weigerte sich aber und widerstand ihren Nachstellungen. Aus Rache und verletzter Eitelkeit behauptete sie, Josef habe sie vergewaltigen wollen. Man warf ihn ins Gefängnis.

Josef der Traumdeuter

(40) Im Gefängnis traf Josef zwei Hofbeamte, die in Ungnade gefallen waren. Jeder von ihnen hatte einen Traum: Der Mundschenk träumte, er drücke reife Trauben in den Becher des Pharao aus; der Oberbäcker träumte, ihm würden die für den Pharao bestimmten Körbe mit Backwaren von Vögeln leer gefressen. Dem Mundschenk sagte Josef voraus, dass er sein Amt wieder erlangen werde, der Oberbäcker aber erfuhr, dass er gehängt werden würde. Und so geschah es.

(41) Als Josef schon zwei Jahre im Gefängnis war, schickte Gott dem Pharao zwei Träume, die niemand zu deuten vermochte. Da erinnerte sich der Mundschenk an die wahr gewordenen Deutungen des Josef, und der Pharao ließ Josef holen. Ihm habe geträumt, sprach der Pharao, dass sieben fette Kühe aus dem Nil steigen, da-

nach sieben magere Kühe. Diese mageren fraßen die fetten Kühe auf. In einem zweiten Traum sah er sieben Ähren, voll und dick, die auf einem Halm wuchsen. Danach gingen sieben dürre Ähren auf, die die dicken verschlangen. Josef deutete die Träume des Pharaos: „Die sieben schönen Kühe sind sieben Jahre, und die sieben guten Ähren sind dieselben sieben Jahre. Es ist ein und derselbe Traum“ (41,26). Danach aber würden sieben Jahre des Hungers kommen. Josef riet dem Pharao, für die sieben mageren Jahre Korn in großen Speichern zu sammeln und in den sieben Notjahren zu verteilen. Der Pharao verlieh Josef selbst das Amt des Statthalters, um für alles Sorge zu tragen. Er schenkte ihm prächtige Kleider, einen kostbaren Ring und er gab ihm seine Tochter Asenat zur Frau. Der dreißigjährige Josef fuhr fortan in einem königlichen Wagen, direkt hinter dem Pharao.

Reisen der Brüder nach Ägypten

(42) Als die große Hungersnot hereinbrach über alle Lande, gab es nur in Ägypten Korn. Daher forderte Jakob seine Söhne auf, dorthin zu reisen, um Getreide zu kaufen. So kamen die zehn Brüder Josefs, mit Ausnahme des kleinen Nachkömmlings Benjamin, nach Ägypten. Josef, der die Aufsicht über den Verkauf allen Getreides hatte, erkannte sie, sie ihn jedoch nicht. Er gab vor, sie für Kundschafter zu halten. Um ihre Unschuld zu beweisen, müssten sie ihm ihren jüngsten Bruder bringen. Simeon behielt er als Geisel. In die gefüllten Getreidesäcke seiner Brüder aber ließ er heimlich das Geld zurücklegen und sie kehrten nach Kanaan zurück.

(43) Als das Getreide verzehrt war, zogen die Brüder zum zweiten Mal nach Ägypten. Jakob klagte, dass er nach dem Verlust von Josef nun auch um seinen Jüngsten fürchten müsse, aber er ließ ihn mitziehen, denn Juda und Ruben bürgten mit ihrem Leben (42,37;43,9).

Diesmal bewirtete Josef sie in seinem Haus. Die Brüder fürchteten sich und wollten ihm das Geld, das sie in den Säcken gefunden hatten, zurückgeben. Aber Josef interessierte sich nur für ihren Vater. Beim Anblick von Benjamin entbrannte ihm sein Herz und er „ging in seine Kammer und weinte daselbst“ (43,30). Dann wies er ihm am Tisch einen Ehrenplatz zu und gab ihm fünfmal mehr zu essen.

(44) Wieder ließ Josef das Geld in ihre Säcke legen und obendrein in Benjamins Getreidesack seinen silbernen Trinkbecher. Dann ließ er sie durchsuchen, beschuldigte sie des Diebstahls und forderte Benjamin als Sklaven. Juda, der Wortführer der Brüder, bot sich selbst als Geisel an, um dem greisen Jakob den tödlichen Kummer zu ersparen, nun auch noch seinen zweiten Lieblingssohn verlieren zu müssen.

(45) Da konnte Josef nicht mehr an sich halten und gab sich ihnen zu erkennen: „Ich bin Josef, euer Bruder, den ihr nach Ägypten verkauft habt.“ (45,4). Er verzieh ihnen, denn sein Schicksal sei von Gott gewollt, um sie in dieser Hungersnot zu retten. Dann ließ er auch seinen alten Vater und seine zahlreichen Schwiegertöchter und Kinder nach Ägypten holen. „Und er versorgte seinen Vater und seine Brüder“ (47,12).

Jakobs Segen

(48) Jakobs letzter Wunsch war, bei seinen Vätern begraben zu werden. Als er zum Sterben kam, brachte Josef seine Söhne zu ihm, damit er sie segne. Entgegen dem Wunsch des bestürzten Josef segnete Jakob mit seiner Rechten den zweitgeborenen Ephraim und den erstgeborenen Manasse überkreuz mit seiner Linken, denn „sein Geschlecht wird eine Menge von Völkern werden.“ (48,19). Dann segnete er seine zwölf Söhne, die den zwölf Stämmen den Namen gaben, rief sie bei ih-

ren Namen und offenbarte ihnen ihre Natur und Bestimmung (49).
(50) Nach dem Tode Jakobs brachte Josef den Leichnam seines Vaters nach Kanaan und begrub ihn in der Höhle Machpela bei Mamre in der Nähe von → Hebron. Dann kehrte er mit all seinen Brüdern nach Ägypten zurück. Als er sich dem Tode nahe fühlte, sprach er zu seinen Brüdern: „Ich sterbe, aber Gott wird euch gnädig heimsuchen und aus diesem Lande führen in das Land, das er Abraham, Isaak und Jakob zu geben geschworen hat" und bat: „Wenn euch Gott heimsuchen wird, so nehmt meine Gebeine mit von hier." (s. a. → Mose)

Juda und Tamar

Eingeschoben in die Geschichte des Josef ist die Erzählung über seinen Bruder Juda und dessen Schwiegertochter Tamar.

(38) Judas zweiter Sohn hieß Onan. Dieser sollte nach dem Tod seines Bruders seine Schwägerin heiraten. Aber Onan wollte seinem toten Bruder keine Nachkommen verschaffen, so „ließ er's auf die Erde fallen" (38,9). Da Gott dieses missfiel, ließ er ihn auch sterben. Zuletzt schwängerte Juda sie unwissentlich selbst und sie bekam Zwillinge. Perez wird Vorfahre → Davids.

◆ Die Josefgeschichte gleicht nicht einem Mythos, sondern eher einer sagenhaften Erzählung vom Schicksal eines Hirtenknaben aus Kanaan, der zum obersten Wesir des ägyptischen Pharao wird. Gott wirkt verborgen in all dem Geschehen. „Ihr gedachtet es böse mit mir zu machen, aber Gott gedachte es gut zu machen" (50,20). Josef verkörpert zwei Dinge: verzeihenden Großmut gegen Feindseligkeit und rechtschaffenen, gottgesegneten Erfolg in der Fremde. So wurde die Josefsgeschichte später auch gelesen als Vorbild jüdischen Lebens in fremder Umgebung. Im Koran gilt Josef als Prophet. In der 12. Sure des Korans mit dem Titel „Josef“ werden die wichtigsten Geschichten aus seinem Leben wiedergegeben.

Zwölf als symbolische Zahl ergibt sich aus der weiblichen 4 durch Multiplikation mit der männlichen 3 (s. a. → Schöpfung). Mit der Zahl zwölf verbinden sich viele Assoziationen, darunter die zwölf Monate des Jahres, die zwölf Zeichen des Tierkreises, die wiederum mit den zwölf Söhnen Jakobs als Stammväter der zwölf Stämme Israels, den 12 Toren des himmlischen Jerusalem und den zwölf Edelsteinen am Brustschild Aarons verbunden sind. Die vier Gruppen zu je drei Stämmen nehmen zudem die jüdische Zahlensymbolik auf: als Addition ergibt sich die 7 als Anzahl der Arme der Menora, als Produkt, wie erwähnt, die der Tore des alten Jerusalems.

Onanie nach Onan, dem Sohn des Juda, der seinen Samen auf die Erde goss.

Segnung Der sterbende Jakob – sein neuer Name war Israel, (s. a. → Jakob) – segnete seine 12 Söhne, die Ahnherren der Stämme des Volkes Israel. Der sterbende Mose erneuert diesen Segen mit den berühmten lyrischen Versen, die sowohl das 1. Buch Mose (Genesis) als auch das 5. Buch Mose (Deuteronomium) beschließen. Er wiederholte Jakobs feierliche Handlung und segnete in etwas anderer Reihenfolge die 12 Stämme Israels, die dabei waren, unter Josua das Land Kanaan zu betreten (5 Mose 33).
Die Segnung Ephraims und Manasses in der „falschen“ Reihenfolge hat noch eine andere Wirkungsgeschichte. Schon die Schriften Tertullians, Ambrosius’ und Augustinus’ weisen auf die typologische Bedeutung des Jakobssegens hin. Der Segen Jakobs und die Kreuzigung Christi

entsprachen sich als Typus und Antitypus. Das Judentum wird in der christlichen Geschichte personifiziert durch Manasse, das Christentum durch Ephraim. Die beiden Stämme Manasse und Ephraim zählen später zu den 12 Stämmen, da die Leviten (s. a. → Mose) ausschieden.

Obwohl die Josefsgeschichte schon seit dem 2. Jh. n. Chr. christologisch gedeutet und als Vorbild für das Leben Jesu gesehen wurde, findet man Darstellungen nur vereinzelt seit dem 4. Jh. (Malerei in der Katakombe an der Via Latina, Rom oder die monumentale Folge in den Malereien aus dem 5. Jh. von S. Paolo fuori le Mura, nur in barocken Nachzeichnungen überliefert). Umfangreichere Zyklen treten erst in der Buchmalerei und Elfenbeinkunst seit dem 6. Jh. auf. Im Mittelalter finden sich bildnerische Zyklen vor allem innerhalb der Glasmalerei (um 1390, Chorfenster, Erfurt, Dom) vereinzelt auch in der französischen und englischen Kathedralplastik.
Einzelne Szenen aus dem Leben Josefs wählte Raffael in Rom für die monumentalen Fresken (vor 1519) in den Loggien des Vatikans aus, z. B. „Josef erzählt den Brüdern seine Träume“, „Josef wird verkauft“, „Josef und Potifar“ sowie „Josef deutet die Träume des Pharao“. Nördlich der Alpen findet man derartige Szenen Ende des 15. Jh. vorrangig als Bibelillustrationen. Seit dem 16. Jh. wurden einzelne Szenen um Josef aufgrund ihres dramatischen und moralischen Gehalts beliebt für die Ausstattung von Brautzimmern oder für Teppichfolgen.
Die Geschichte einer Intrige und Verleumdung durch Potifars Frau inspirierte vor allem die Maler der Spätrenaissance und des Barock, beispielsweise Guido Reni, „Josef und Potifars Frau“ (1611/12, Bologna, Pinacoteca Nazionale) und Murillo (Kassel, Staatliche Kunstsammlung); Rembrandt griff mehrere Ereignisse der Josefgeschichte in Gemälden wie „Josef und Potifars Frau“ (1655, Berlin,

Gemäldegalerie") auf. Das Bild zeigt den Moment, in dem die abgewiesene Frau Josef bei ihrem Ehemann verleumdet.
Im 19. Jh. malten die in Rom lebenden deutschen Künstler, die „Nazarener", Peter von Cornelius, Johann Friedrich Overbeck, Wilhelm von Schadow und Philipp Veit Josef-Szenen, u. a. „Josef deutet die Träume des Pharao" in den Fresken der Casa Bartholdy (1816/17).

Segensdarstellung
Die Segnung Ephraims und Manasses, besonders bekannt durch Rembrandts bewegende Interpretation im Gemälde „Der Jakobssegen" (1656, Kassel, Staatliche Kunstsammlung), ist ein wiederkehrendes künstlerisches Thema (u. a. Guercino 1620), das im 20. Jh. auch Marc Chagall in seine Bibelillustrationen einbezog. Seit frühchristlicher Zeit wurde die biblische Geschichte in den verschiedensten Kunstgattungen dargestellt (Fresken, Sarkophage, Grafik, Buch- und Glasmalerei). In nachmittelalterlichen Bildwerken verlagerte sich das Interesse auf das narrative Element der biblischen Quelle (Holzschnitt von Hans Holbein d. J. 1526; Bilderbibel von Tobias Stimmer 1576).
Im Gegensatz dazu ist Jakobs zweite Segnung, die seiner zwölf Söhne, die mit den zwölf Stämmen gleichgesetzt werden, auf Grund ihrer strengen jüdischen Bedeutung selten illustriert worden, was die Besonderheit der Glasfenster Chagalls noch erhöht (s. u.). Die Fresken der Synagoge in Dura-Europos (Syrien) aus dem dritten Jh. n. Chr. sind wahrscheinlich die bislang einzig bekannten Beispiele, in denen *beide* Segnungen einander gegenüber gestellt werden.
Die zwölf großen Glasfenster (annähernd 3,37 m hoch und 2,50 m breit), die Marc Chagall zwischen 1959 und 1961 entwarf, und die im Februar 1962 in der Hadassah-Synagoge in Jerusalem enthüllt wurden, sind in der ganzen

Welt berühmt und gelten als herausragendes religiöses Kunstwerk unserer Zeit. Sie symbolisieren die zwölf Stämme Israels, vertreten durch die Söhne Jakobs.

Die Geschichte vom Fall und Aufstieg des Josef, der visionären Klugheit des Traumdeuters und seiner verzeihenden Bruderliebe zählt zu den dichterischen Höhepunkten des Alten Testaments und wurde im Orient schon früh literarisch verarbeitet.
Aus dem Mittelalter sind zahlreiche Josef-Spiele überliefert. Über 25 Josef-Dramen entstanden im 16. Jh. Dem vielschichtigen Stoff um das Leben und Wirken Josefs wurde besonders der barocke Roman gerecht. Als Protagonist der unveränderlichen Vorhersehung Gottes schildert Hans Jakob Chr. von Grimmelshausen Josef in dem Werk „Historie vom keuschen Josef" (1667). Das Bühnenstück des Joost van den Vondel „Jozef in Egypten" (1639/40) hat u. a. die Malerei Rembrandts beeinflusst.
Eher ein Intrigenstück ist Christian Weises Drama „Der keusche Josef" (1690). Im 18. Jh. sollte die Gestalt Josefs als Vorbild der Aufklärung Einzug in Dichtung und Literatur finden. Das Verführungsthema innerhalb der Josefgeschichten thematisierten Hugo von Hofmannsthal, H. Graf Kessler und R. Strauss in der Pantomime „Josefs Legende" (1914).
Thomas Mann lotete in seinem voluminösen vierteiligen Romanzyklus „Joseph und seine Brüder" (entstanden 1922–42/1948 in drei Bänden erschienen) in Kenntnis der früheren Josef-Dichtungen den Mythos um Josef und sein Leben aus. Mann wollte mit diesem monumentalen Werk etwas „Mythisch-Typisches" schaffen. Die ersten beiden Bände behandeln die Lebensgeschichte Jakobs, bis ihm Josef als „rechtmäßiger" Sohn geboren wird, dessen Jugend und Streit mit den älteren Brüdern. Die zwei letzten Bände zeigen Josef im hochentwickelten Ägypten als Gegenbild

zur archaischen Hirtenwelt. Mann folgt den biblischen Erzählsträngen bis zum Tode Jakobs und zeigt Josefs Bewusstwerdungsprozess vom mythischen Typos zum rationalen „Herrn von Ägypten".
Im Legendenspiel des kommunistischen, türkischen Schriftstellers Nâzim Hikmet „Josef und Amenophis/Josef in Ägyptenland" (1954/1967), dem ebenfalls die biblisch-koranische Josefslegende zu Grunde liegt, wird Josef als tyrannischer Verwalter Ägyptens stilisiert.

♫ Etienne Nicolas Méhul (1763–1817) hat mit „Josef" (1807) seine einzige überlieferte Oper hinterlassen. Sie wird nicht aufgeführt, obwohl Opernführer von gelungenen Einzelliedern sprechen.
Mit dem Musical „Josef and the Amazing Technicolor Dreamcoat" (1976) feierten Andrew Lloyd Webber und Tim Rice (Text) 1982 den Durchbruch am Broadway.

🎬 1994 entstand die zweiteilige Bibelverfilmung „Josef" (I, D, USA) von R. Robert Joung u. a. mit Ben Kingsley.

Mose

Amram und Jochebed, seine Eltern – Aaron, sein Bruder – Jitro, der Priester – Zippora, die Frau Mose' – Josua – Kaleb – Mirijam, Moses Schwester, Korach und seine Rotte – Bileam – Pharao – Tochter des Pharao – Balak

(2–5 Mose)

Mose, Mittler zwischen Gott und den Menschen, ist der Älteste unter den Religionsstiftern, Gesetzgebern und Sittenlehrern. In Gottes Auftrag führte er sein Volk aus der ägyptischen Sklaverei durch die Wüste zum „Gelobten Land". Die Geschichten um das Leben und Wirken des Mose verlaufen in drei entscheidenden Abschnitten: Exodus aus Ägypten (2. Buch Mose = Exodus), Offenbarung am Sinai (3. Buch Mose = Levitikus) und Zug durch die Wüste (4. Buch Mose = Numeri). Das 5. Buch Mose (= Deuteronomium) enthält die letzte Rede Mose und den Bericht über seinen Tod.

Geburt des Mose

(2 Mose 1–2) „Israel", so berichtet das Alte Testament, war der Zweitname von → Jakob. Seine Nachkommen waren durch → Josef nach Ägypten gelangt, wo sie „Israeliten" oder „Kinder Israels" genannt wurden. Sie wurden zu einem zahlreichen Volk, das mit den Ägyptern in Frieden lebte. Ein neuer Pharao jedoch fürchtete um seine Macht und seinen Einfluss und unterdrückte die Israeliten, die in harter Fronpflicht geknechtet wurden.
Damit das fremde Volk nicht noch weiter erstarke, beschloss der Pharao, alle neugeborenen israelitischen Jungen in den Nil werfen zu lassen. Der Israelit Amram und seine Frau Jochebed suchten ihren neugeborenen Sohn zu retten und setzten ihn in einen Weidenkorb im

Schilf am Ufer des Nil aus. Die Tochter des Pharao fand den weinenden Säugling und es jammerte sie. Obgleich sie wusste, dass er ein „Kind Israels“ war, zog sie ihn auf und ließ ihn stillen von seiner eigenen Mutter. Der Knabe wurde „Mose“ genannt, denn sie hatte ihn „aus dem Wasser gezogen“. Mose wuchs als ägyptischer Prinz auf, doch er vergaß seine israelitischen Wurzeln nie. Als er einmal sah, wie ein ägyptischer Aufseher einen israelitischen Mann erschlug, packte er ihn im Zorn, tötete ihn und verscharrte ihn im Sand. Daraufhin musste er aus Ägypten fliehen.

Der brennende Busch

(3) Auf seiner Flucht durch die Wüste begegnete Mose dem Priester Jitro, heiratete dessen Tochter Zippora und hütete viele Jahre dessen Schafe. Eines Tages trieb er seine Herde weit in die Wüste hinaus bis zum Horeb, dem Berg Gottes. Da erschien Gott Mose in einer feurigen Flamme aus einem Dornenbusch, der in lodernden Flammen stand, aber doch nicht vom Feuer verzehrt wurde. Und die Stimme Gottes sprach zu ihm: „Ich habe das Elend meines Volkes in Ägypten gesehen und ihr Geschrei über ihre Bedränger gehört; ich habe ihre Leiden erkannt“ (3,7). Gott befahl Mose, sein Volk aus Ägypten zu führen „in ein Land, darin Milch und Honig fließt“ (3,8), nach Kanaan. Mose fürchtete sich, suchte Ausflüchte. Doch Gott versetzte Mose in die Lage, das Volk mit Wunderzeichen zu überzeugen. Er könne nicht gut reden, gab er zuletzt vor. Da wurde Gott zornig. Aaron, sein beredterer Bruder werde ihm helfen. Da kehrte Mose zurück nach Ägypten, um den Auftrag Gottes zu erfüllen. „Und Aaron sagte alle Worte, die der Herr mit Mose geredet hatte, und Mose tat die Zeichen vor dem Volk. Und das Volk glaubte“ (4,30 f).

Mose vor dem Pharao

Gemeinsam forderten Mose und sein Bruder Aaron den Pharao auf, dem Wunsch Gottes nachzukommen und das Volk der Israeliten ziehen zu lassen. Doch, wie Gott vorausgesagt hatte, lehnte er ab und drückte das israelitische Volk mit mehr Arbeit als je zuvor. Mose haderte mit Gott: „Herr warum tust du so übel an diesem Volk. Warum hast du mich gesandt?“ (5,22) Und wieder klagte er, er hätte nicht die Gabe der Rede (6,12). Doch Gott schickte Mose noch einmal zum Pharao und sprach: „Wenn Pharao zu euch sagen wird: Weist euch aus durch ein Wunder!, so sollst du zu Aaron sagen: Nimm deinen Stab und wirf ihn vor den Pharao, dass er zur Schlange werde“ (7,9). Mose und Aaron taten, wie Gott ihnen geheißen hatte, der Stab verwandelte sich in eine Schlange. Der Pharao jedoch blieb, wie von Gott vorausgesagt, bei seiner Weigerung.

Die ägyptischen Plagen

(7,14–11,10) Gott forderte Mose nun auf, dem Pharao in seinem Auftrag zu gebieten, das Volk ziehen zu lassen und ihm mit schrecklichen Plagen zu drohen. Und so schickte Gott, mit Hilfe des Aaron und seinem Stabe, Qualen über Ägypten: Sieben Tage führte der Nil nichts als Blut, ganz Ägypten wurde bedeckt mit Fröschen, Myriaden von Stechmücken, dann Stechfliegen überfielen Mensch und Tier. Und noch immer nicht ließ der Pharao das Volk ziehen. So schickte Gott die Viehseuche, dann die Blattern, Hagel, Heuschrecken und zuletzt senkte er drei Tage Finsternis über Ägypten. Doch noch immer verweigerte der Pharao den Israeliten den Auszug aus Ägypten. So beschloss Gott den Tod aller ägyptischen Erstgeborenen.

Einsetzung des Passafestes und Auszug aus Ägypten

(12) Um Mose und die Gemeinde Israel zu verschonen, befahl er ihnen, ein Lamm zu schlachten und mit dem Blut des Lammes an den Türen ihrer Häuser ein Zeichen anzubringen, damit der Todesengel vorübergehe. Und sie sollten „das Fleisch essen in derselben Nacht, am Feuer gebraten, und ungesäuertes Brot dazu, und sollen es mit bitteren Kräutern essen" (12,8). Nach dem Mahl, das sie in Zukunft als Gedenktag feiern sollten, sollten sie sich zum Aufbruch rüsten. Um Mitternacht tötete Gott alle erstgeborenen Söhne Ägyptens, auch den ältesten Sohn des Pharaos. „Und es war ein großes Geschrei in Ägypten" (12,30). Endlich gab der Pharao nach und ließ das Volk gehen, „sechshunderttausend Mann zu Fuß ohne die Frauen und Kinder" (12,37).

Durchzug durch das Rote Meer

(14) Mose nahm die Gebeine des → Josef, denn die Söhne Israels hatten geschworen ihn mitzunehmen, sollten sie dereinst gehen, und führte sein Volk durch die Wüste Ägyptens zum Roten Meer. Gott zeigte ihnen den Weg, bei Tage in einer Wolkensäule, bei Nacht in einer Feuersäule. Den Pharao aber reute es bereits, dass er die Israeliten hatte ziehen lassen und er schickte ihnen Soldaten nach. Gott führte sein Volk geradewegs ins Rote Meer. Die Wolkensäule Gottes schützte den Rücken der Israeliten und senkte Dunkelheit auf die Ägypter. Und als Mose seine Hand ausstreckte über das Wasser, ließ Gottes es weichen, so dass der Meeresboden hervorkam. Der Weg bis zum gegenüberliegenden Ufer wurde vom Meer wie von einer Mauer gesäumt. Und als Mose die Hand wieder über das Meer streckte, brach das Wasser über den ägyptischen Verfolgern zusammen und alle ertranken.

Die Mannalese und das Wasser aus dem Felsen

(16) Viele Wochen schon waren die Israeliten durch die Wüste gewandert, alle ihre Vorräte waren verzehrt. Da murrten sie gegen Mose und Aaron, dass sie verhungern würden und begannen zu bereuen, aus Ägypten weggezogen zu sein. Gott sprach zu Mose: „Siehe, ich will euch Brot (Manna) vom Himmel regnen lassen, und das Volk soll hinausgehen und täglich sammeln, was es des Tages bedarf" (16,4). Als die Israeliten nach Fleisch verlangten, versorgte Gott sie mit Wachteln (16,13). Beim Zug durch die Wüste wurden Mensch und Tiere von großem Durst gequält, und wieder murrten die Israeliten, dass Mose sie verdursten lasse. Mose wandte sich verzweifelt an Gott und fragte ihn um Rat. Gott antwortete: „Siehe, ich will dort vor dir stehen auf dem Fels am Horeb. Da sollst du den Fels schlagen, so wird Wasser herauslaufen, dass das Volk trinke" (17,6).

Die Gesetzestafeln

(19) Zwei Monate nach dem Auszug aus Ägypten gelangten die Israeliten in die Wüste am Berg Sinai. Hier schlugen sie ihr Lager auf. Mose bestieg den Berg, um mit Gott zu sprechen. Und Gott kündigte an, dass er auf den Berg herabfahren werde, wenn das Volk seiner Stimme gehorchen werde. Mose vermittelte dem Volk Gottes Absicht. Am dritten Tag „erhob sich ein Donnern und Blitzen und eine dichte Wolke auf dem Berge und der Ton einer sehr starken Posaune" (19,16). Dann sprach Gott aus einer dichten Wolke heraus mit Mose. Und Mose erfuhr Gottes Gebote, die Basis zwischen Gott und seinem Volk (20). Ihm wurden das Straf- und Religionsrecht sowie die Gesetze über das Heiligtum offenbart. Gott gab ihm auch Anweisungen für den Bau einer Lade aus Akazienholz, innen und außen mit Gold überzogen, in der die Gesetzestafeln aufbewahrt wer-

den sollten (25,10f) und auch für das Heiligtum, die Stiftshütte (26f), und für die Regelung der priesterlichen Dienste (29ff). Nachdem Gott zu Ende geredet hatte, gab er Mose die beiden Tafeln des Gesetzes. „Die waren aus Stein und beschrieben von dem Finger Gottes" (31,18).

Das goldene Kalb

(32) Weil Mose so lange auf dem Berg geblieben war, wurde die Menschen aus dem Volk unruhig, rotteten sich zusammen und sprachen zu Aaron, dass sie den Weg durch die Wüste nicht allein finden würden. Er solle ihnen ein Bild Gottes machen, das ihnen den Weg weise. Darauf ließ Aaron allen Goldschmuck einsammeln und schuf daraus ein goldenes Kalb. Vor diesem Götzenbild opferten die Israeliten, feierten ein Fest und tanzten um das goldene Kalb. Als Mose zurückkehrte und das Treiben sah, zerschmetterte er die Gesetzestafeln voll Zorn (32,19).

Die neuen Gesetzestafeln

(34) Gott hieß Mose, sich noch einmal zwei Steintafeln zurechtzuschlagen, um erneut seine Worte zu empfangen. Vierzig Tage und vierzig Nächte blieb Mose bei Gott, der mit ihm seinen Bund schloss. Und Mose „schrieb auf die Tafeln die Worte des Bundes, die Zehn Worte" (34,28). Mit den neuen Gesetzestafeln kehrte er zurück. Sein Antlitz strahlte, „weil er mit Gott geredet hatte." Dieser Strahlenglanz flößte allen Ehrfurcht ein und Mose bedeckte sein Gesicht mit einer Decke.

Die Rückkehr der zwölf Kundschafter

(4 Mose 10ff) Nach über einem Jahr erhob sich die Wolke über der Stiftshütte, die Mose nach Gottes Auftrag als Heiligtum errichtet hatte, und führte das Volk unter Mose

weiter nach Norden bis an den Südrand des Gelobten Landes. Wieder war das Volk ungehalten (12). Auch Mirjam, Moses Halbschwester, und Aaron begannen gegen Mose zu reden. Und Gott bestrafte Mirjam mit einem siebentägigen Aussatz.
Angekommen am Rande Kanaans sendete Mose zwölf Kundschafter aus, darunter Josua und Kaleb. Nach vierzig Tagen kehrten sie zurück mit Früchten, Granatäpfeln und Feigen: „Es fließt wirklich Milch und Honig darin" (13,27). Aber die dort lebenden Völker seien gefährlich und stark, Nachkommen der Riesen hätten sie gesehen. Josua und Kaleb predigten Zuversicht. Die Israeliten waren voll Furcht, zweifelten und rebellierten gegen Gott und Mose. Zur Strafe ließ Gott sein Volk erneut vierzig Jahre durch die Wüste irren. Kein einziger von den jetzt Lebenden – außer Kaleb und Josua – sollten an das verheißene Ziel gelangen (14,23).

Der Untergang der Rotte Korach

In der Wüste erhob sich der Levit Korach mit 250 Männern gegen die Vormachtstellung von Mose und Aaron. Alle Glieder der Gemeinde seien heilig. Mose befahl ihnen, am Bundeszelt zu erscheinen, die Gemeinde solle aber Abstand halten von Korach. Denn hätte Gott ihn nicht gesandt, sollte dieser sterben wie jeder Mensch; sollte jedoch etwas Ungewöhnliches geschehen, die Erde aufreißen und sie verschlingen, dann werde das Volk erkennen, dass Korach und seine Männer Gott gelästert hätten (4 Mose 16,28f). Kaum hatte Mose diese Worte an das Volk gerichtet, öffnete sich die Erde und verschlang Korach mit seiner ganzen Rotte.

Bileam und sein Esel

(4 Mose 22) Die Israeliten hatten, bevor sie ins Gelobte Land zogen, viele Kämpfe zu bestehen. Der Moabiterkönig Balak forderte Bileam, einen angesehenen Mann, auf, ihn zu unterstützen. Als Bileam zu Verhandlungen zu ihm reiste, versperrte ihm ein Engel den Weg. Bileam sah nichts, aber seine Eselin weigerte sich standhaft weiterzugehen. Von Bileam geschlagen begann sie tatsächlich zu ihm zu sprechen und Bileam wurde den Engel Gottes gewahr. Er verweigerte Balak darauf hin hartnäckig jegliche Unterstützung.

Moses Abschied und Tod

(5 Mose 31–34) Als Mose sein Ende nahen fühlte, ermahnte er die „Kinder Israels", treu gegenüber Gott zu sein und gab ihnen Josua als Führer. Er segnete die Stämme Israels (→ Josef) und stieg dann ganz allein auf den Berg Nebo. Gott zeigte ihm das ganze Land: „Dies ist das Land, das ich Abraham, Isaak und Jakob geschworen habe und gesagt: Ich will es deinem Samen geben. Du hast es mit deinen Augen gesehen; aber du sollst nicht hinübergehen" (5 Mose 34,4). Mose starb im Anblick des „Gelobten Landes", das er selbst aber nicht mehr betreten durfte. Josua, sein Nachfolger, führte das Volk Israel nach Kanaan.

◆ Mose, nach der Bibel der Anführer und Gesetzgeber des jüdischen Volkes zur Zeit der ägyptischen Pharaonen Ramses II. (gest. 1223 v. Chr.) und Merneptah, ist die bedeutendste Gestalt des Alten Testamentes. Er gilt als Stifter der jüdischen Religion, Gesetzgeber und Prophet; nach ihm sind die ersten 5 Bücher des Alten Testaments benannt. Das Judentum hält ihn für den Verfasser des Pentateuch, der fünf Bücher Mose, die somit als eine Art Selbstbiographie aufgefasst wurden.

Moses Pentateuch ist gleichzeitig Grundstein der Bibel (s. a. → Bibel). Die Reihe der „Menschheitshelden" unserer Kulturgeschichte beginnt mit ihm. Zahllose bildnerische, musikalische und literarische Werk haben sich mit ihm auseinandergesetzt. Eine annähernd vollständige Bibliographie der Werke über Mose oder ein knapper Katalog bildlicher Darstellungen würde Bände füllen. Für Millionen Menschen ist Mose so, wie ihn Michelangelo in der Marmorfigur des sitzenden Mose für das Grabmal Julius' II. aus dem Jahre 1516 (Rom, S. Pietro in Vincoli) wiedergab.
Die Ereignisse aus dem Leben des Mose wurden mit denen von Christus gleichgesetzt, denn die Verheißungen Mose wurden durch Christus wirklich. (Parallelen zwischen Mose und Jesus: Tötung der Knaben in Ägypten – Bethlehem'scher Kindermord; Zug durch das Rote Meer – Christi Stillen des Sturms auf dem See Genezareth; Mose in der Wüste – die Versuchung Christi in der Wüste; das Himmelsbrot „Manna" – die Speisung der Fünftausend durch Jesus Christus; Moses Begegnung mit Gott –Verklärung Christi auf dem Berg). Den Höhepunkt der Mose-Geschichte bildet der Empfang der Gesetzestafeln mit den zehn Geboten auf dem Berg Sinai. Im Bundesschluss am Berg Sinai findet der in der Schöpfung und in Exodus sich aussprechende Wille Gottes zur Welt und zu den Menschen seinen Ausdruck, denn Gott machte nach dem Auszug (Exodus) aus Ägypten Israel in der Wüste endgültig zu seinem Volk.

Musa (arabisch = Mose) Musa gilt im Koran als ein wichtiger, von Gott berufener Prophet und Gesandter mit einer monotheistischen Botschaft. Er wird in etwa 40 Suren (Kapitel) des Koran und fortlaufenden Erzählungen erwähnt. Am häufigsten schildert der Koran Musas Auftreten vor dem Pharao.

Exodus In vielen Anspielungen taucht der Wüstenzug Israels später im Neuen Testament auf. In der Wüste sah man ein Symbol der Welt, gegen deren Versuchung auch die Kirche bestehen muss. Leon Uris, 1924 geboren, veröffentlichte 1958 den Roman „Exodus“, der die Schicksale jüdischer Flüchtlinge aus Russland Ende des 19. Jahrhunderts, aus den Vernichtungslagern der Nationalsozialisten und der Pioniergeneration in Palästina mit der Geschichte der Gründung Israels verknüpfte.

Leviten/Levitikus Leviten sind die Nachkommen des Stammvaters Levi, des dritten Sohns des Jakob, die nie eine echte Landnahme vollzogen, sondern priesterliche Funktionen übernommen hat. Levi ist der Ahnherr des Kultverbandes der Leviten. Das Buch Levitikus (= 3. Buch Mose) legt die priesterlichen Aufgaben fest, die für das jüdische Volk, dessen ganzes Sein auf dem Bund mit Gott gegründet war, größte Bedeutung besaßen. Die religiösen Aufgaben wurden von den Priestern übernommen, die nach dem „Gesetz“ lebten. Ihnen zur Seite standen die Leviten. Der erste Hohepriester war Aaron, Bruder des Mose. Ganz in der Erfüllung seines Dienstes im Heiligtum und der Vermittlung zwischen Gott und den Menschen aufgehend, besitzt der Stamm Levi keine irdischen Güter und hört auf, als Stamm zu bestehen. Die Zahl der „zwölf Stämme Israels“ wird jedoch beibehalten durch die Teilung des Stammes Josef in die Stämme Ephraim und Manasse (s.a. → Josef). Im Volksmund wirken die Leviten noch nach in der Ermahnung oder dem Tadel: „(...) die Leviten lesen“.

Kanaan, das „Gelobte Land“ Bereits in der Frühen (3100–2300 v.Chr.) und Mittleren Bronzezeit (2300–200 v.Chr.) befanden sich hier von Ägyptern besiedelte Stadtstaaten. In der Spätbronzezeit wurde das Land Kanaan dem Ägyptischen Reich angegliedert.

Um 1800 v.Chr. beschloss ein Nomadenvolk unter seinem Patriarchen Terah, dessen Sohn Abraham und seiner Frau Sara – so erzählt es die Bibel – über den Euphrat zu ziehen und nach Nordwesten auszuwandern (s.a. → Abraham). Gott war Abraham erschienen und hatte ihm versprochen, seine Nachkommen zum auserwählten Volk zu machen. Etwa 400 Jahre lebten Abraham und seine Nachkommen in Kanaan, das heute aufgeteilt ist in syrisches und israelisches Territorium. Eine Dürre zwang sie dann, an die fruchtbaren Ufer des Nils zu wandern. Nach dem Tode des Mose führte Josua das Volk vorbei an den Ländern Edom (das Land, das Esau in Besitz nahm, s.a. → Jakob) und Moab in das Gelobte Land jenseits des Jordan (Jos 1–24). Von Jericho aus begannen die Israeliten in einer zwei Jahrhunderte andauernden, schrittweisen Landnahme die Stadtstaaten Kanaans zu erobern.

Land, darin Milch und Honig fließt (2 Mose 3,8) ist ein weit verbreitetes religionsgeschichtliches Motiv. Honig ist ein Symbol des Lebens. Auch Milch ist Urstoff und Bild des Lebenstrankes. So lebt z.B. in der griechischen Mythologie die goldene Rasse im Zeitalter des Kronos ohne Sorgen und Arbeit. Sie ernährte sich von Honig, der von den Bäumen tropft – das ist der Nektar – und von der Milch der wild lebenden Schafe und Ziegen. Das Motiv deutet auf eine matriarchalische Gesellschaftsform: die Bienenkönigin ist das Symbol für die große heilige Mutter und Königin. Für die nomadisierenden israelitischen Stämme war das Kulturland Kanaan das Gelobte Land. In späterer mythologischer Sprache wird in diesem Bilde von „Milch und Honig" die Sehnsucht nach dem verloren gegangenen „Goldenen Zeitalter" lebendig, das als retrospektive Utopie wirkte. Auch im „Schlaraffenland" fließen Milch und Honig und die gebratenen Tauben fliegen einem in den Mund. Das Schlaraffenland-Motiv geht auch auf die Vorstellungen vom verlorenen Paradies zurück. Sebastian Brant erwähnt 1494 das „Schluraffenland“ (mhd. Sluraffe = Müßiggänger). Auch die Gebrüder Grimm erzählen vom „Schlauraffenland“.

Brennender Dornbusch, Ner-tamid, das ewige Licht Vor dem Toraschrein in jüdischen Synagogen brennt das ewige Licht einer Lampe (Ner-tamid). Diese symbolisiert die Anwesenheit Gottes – Jahwe erschien Mose aus einem brennenden Dornbusch – und erinnert zugleich an den Exodus der Israeliten, bei dem sich Gott am Tag als Wolken-, in der Nacht als Feuersäule offenbarte.

Passanacht/Pessach (hebr. = Verschonung) Ursprünglich war es das jüdische Naturfest der ungesäuerten Brote. Als eines der drei großen Pilgerfeste erinnert es an die Befreiung aus der Sklaverei Ägyptens, an den Auszug aus Ägypten und die Verschonung der Israeliten durch den Würgeengel, der alle Erstgeborenen in Ägypten tötete. Das Fest beginnt mit dem Sederabend am 15. Nissan (Nissan = Frühlingsmonat) und dauert sieben Tage in Israel, acht in der Diaspora. Bei der feierlichen Mahlzeit erinnert man sich an den Auszug und liest die Pessach-Haggada (= Erzählungen, nicht-gesetzlicher Teil des Talmud, der mündlichen religiösen Überlieferung der Juden).

Manna (hebr. = Geschenk), (2 Mose 16,14–36) erzählt, wie Gott das hungernde Volk mit Manna „Brot vom Himmel“ speist. Manna besteht aus einem heute noch bekannten zuckerhaltigen Saft, der dem Koriandersamen gleicht und wie Honigkuchen schmeckt. Dieses Manna konnte nicht als Vorrat genommen werden, da es schnell verdarb. Im Neuen Testament zieht Jesus Christus zum Manna die Analogie, indem er sich selbst „als Brot des Lebens“ bezeichnet (Joh 6,48–58).

Bund/Bundeslade (= Lade Gottes) Bund bedeutete ursprünglich ein Rechtsverhältnis zwischen gleichgestellten Partnern. Anders der Bund zwischen Gott und den Menschen: Gott ist initiativ, bietet den Menschen seinen Bund an, der verbunden ist mit Verheißungen und Verpflichtungen. Die → Propheten, die den Abfall vom einzigen Gott erleben, kündigen oft einen neuen Bund an (vgl. Jer 33). Die Bundeslade (hebr.= Kasten) war ein Heiligtum. Sie wurde u.a. in Silo (s.a. → Samuel) aufbewahrt, aber auch als Kriegsheiligtum mitgeführt. Die Lade galt als Thron des unsichtbaren Gottes. Vermutlich ist die Bundeslade bei der Zerstörung Jerusalems durch Nebukadnezar zerstört worden.

Stiftshütte (2 Mose 33,7) war das heilige Zelt – Zelt der Begegnung zwischen Gott und Mose während der Wüstenwanderung. Noch zur Zeit Davids wurde die Bundeslade in einem Zelt aufgestellt (2 Sam 7,2).

Zehn Gebote/Dekalog sind zweimal in der Bibel niedergelegt: in 2 Mose 20,1–27 und in 5 Mose 5,6–21. Es ist nicht ganz eindeutig, dass es sich um 10 Gebote handelt. Erst in 2 Mose 34,28 bzw. 5 Mose 4,13 wird dieser Text als „10 Worte" bezeichnet. Daher variiert in verschiedenen christlichen Kirchen auch die Zählweise. Nach der katholischen und lutherischen Einteilung bilden 1 Mose 20,2–4 das erste Gebot (Ich bin der Herr, dein Gott, du sollst keine andern Götter haben neben mir, inkl. Bildnisverbot) und 20,17 das 9. und 10. Gebot. Nach orthodoxer und reformierter Zählung ist das Verbot fremder Götter das erste, das Bilderverbot das zweite Gebot.
Der Sinn des Dekalogs ist die Ermöglichung menschlichen Zusammenlebens, nicht die gehorsame Unterwerfung unter seine Bestimmungen. In der alten Kirche hatte der Dekalog theologisch keine große Bedeutung. Im Mittelalter wird er in den Beichtunterricht aufgenommen und dies

führt schließlich dazu, dass der Dekalog zum Gliederungsprinzip moraltheologischer Abhandlungen wird.

Strahlenglanz/der gehörnte Mose Oft wurde Mose in der bildenden Kunst als mächtige bärtige Gestalt mit zwei Hörnern auf der Stirn dargestellt. Letztere beruhen auf einer missverständlichen Übersetzung des Urtextes der Bibel durch die Vulgata → Bibel, die das strahlende Antlitz des Mose nach dem Empfang der zweiten Gesetzestafeln mit „cornuta" (lat.: gehörnt) beschreibt.

Rotte Korach Umgangssprachlich wird der Begriff noch im Sinne von „Da kommt die verrückte Meute" verwendet.

Esel (s. → Saul)

Die bislang älteste bekannte Bildfolge der Mose-Geschichte findet sich in der Synagoge von Dura-Europos (245/56, Syrien). In der Kathedralplastik sind monumentale Einzelfiguren des Mose erst seit dem 12./13. Jh. bekannt. Zu den eindrucksvollsten zählt die Mose-Statue des Claus Sluter am Mose-Brunnen in der Chartreuse von Champmol in Dijon (1396–1404). Seine wichtigsten Attribute sind die Gesetzestafeln und sein Stab, den er bei seinen Wundertaten benutzte. Überwältigend hat Michelangelo Mose wiedergegeben in der monumentalen Marmorfigur des sitzenden Mose für das Grabmal Julius' II. aus dem Jahre 1516 (Rom, S. Pietro in Vincoli). In der protestantischen Kunst des 16. und 17. Jhs. ist Mose vielfach als Trägerfigur von Kanzeln anzutreffen.
Der umfassendste Mose-Zyklus in der Kunst der Renaissance befindet sich in der Sixtinischen Kapelle mit den Fresken von Sandro Botticelli, Domenico Ghirlandaio, Luca Signorelli u. a. (1481/83, Rom, Vatikan). Szenen aus seinem Leben wurden von vielen Künstlern in zahlreichen Einzelbildern malerisch thematisiert: Mose wird im Schilf

gefunden (N. Poussin, Paolo Veronese, Tintoretto, Claude Lorrain oder Tiepolo), der brennende Dornbusch (Botticelli, Raffael und Werkstatt, Chagall), der Zug durch das Rote Meer (Hans Jordaens, 1624, Berlin), die Anbetung des goldenen Kalbes (Poussin, 1635, London, National Gallery).
Tintoretto beruft sich in seinem Zyklus von Deckengemälden (1575/76, Venedig, Scuola Grande di San Rocco) auf jene Schlangenplage, mit der Gott das Volk Israel in der Wüste für seine Undankbarkeit strafte und entwarf ein Bild des Schreckens, das sich auf den Ausbruch der Pest 1575 in Venedig bezieht. Auf die Prüfungen, die Gott den Israeliten auferlegte und gleichzeitig an ihre wunderbare Errettung vor Hunger und Durst beziehen sich vor diesem Hintergrund die Bilder „Mannaregen“ und „Das Wasserwunder des Mose“.
Besonders interessant für die Künstler waren die dramatischen Ereignisse um Mose und die Gesetzestafeln. Rembrandt z. B. gelang es überzeugend, Schmerz und Zorn in seinem Gemälde „Mose zerschmettert die Gesetzestafeln“ spürbar zu machen. Als lebensgroße Dreiviertelfigur sprengt Mose in frontaler Ansicht vor dunklem Berghintergrund den Bildraum (1659, Berlin, Gemäldegalerie). Im 20. Jh. setzten sich vor allem Künstler wie Lesser Ury, Ernst Barlach und Marc Chagall mit der Gestalt des Mose künstlerisch auseinander.

Während im Mittelalter Mose viel genannt, aber kaum dichterisch behandelt wurde, entdeckte man in der Renaissance das Leben und Wirken von Mose in Dichtung und bildender Kunst neu. Ein Epos bereits barocker Prägung stammt aus der Feder von Michael Drayton „Mose, his birth and miracle“ (1630). Mit der heroischen Idylle von A. G. de Saint-Amant „Moïse sauvé“ (1653) widmete sich erstmalig die Dichtung dem stimmungsvollen Thema der

Errettung des Knaben Mose aus dem Nil, das später z.B. Victor Hugo zu seinem Gedicht „Moïse sur le Nil" (1820) anregte. Johann Gottfried Herder, der 1769 selbst den Plan hatte, das Leben des Mose darzustellen, brach vor dem Hintergrund der Aufklärung einer neuen Auffassung über die Gestalt des Mose Bahn („Die älteste Urkunde des Menschengeschlechts", 1774–1776; Vom Geist der hebräischen Poesie, 1782/83) und stellte die grundlegende Bedeutung von Mose für die israelitische Poesie heraus. Friedrich Schiller sollte den Akzent auf die Befreiungstat des Mose legen („Die Sendung Mosis", 1790).

V. Zapletals archäologisch untermauerter Roman „Mose, der Gottessucher" (1925) sowie „Mose, der Volksführer (1926) schildern in erster Linie die Befreiung des versklavten Volkes und die Wüstenwanderung.

Sigmund Freud gelangte 1939 in seiner Publikation „Der Mann Mose und die monotheistische Religion" durch eine psychoanalytische Interpretation des Aussetzungsmythos zu der Behauptung, dass Mose nicht Jude, sondern Ägypter gewesen sei. Mose sei mit den Israeliten aus Ägypten geflohen, die sich dann gegen ihn erhoben und ihn ermordet hätten. Dieser „Vatermord" sei es gewesen, der die Wunschfantasie vom dereinst wiederkehrenden Messias hervorgebracht hätte.

In der von Freud beeinflussten Erzählung „Das Gesetz" (1944) widmete sich Thomas Mann dem Motiv, dass Mose der Sohn eines Israeliten und einer Ägypterin gewesen sei.

Auch Christopher Fry behandelt in seinem religiös historischen Drama „Der Erstgeborene" (1946/52) Mose und seine Gewissenskrise. Aufgewachsen als Ägypter entdeckt der „assimilierte Jude" seine Identität und gerät so in Gewissensnot.

Kinoshita Naoe nutzt in seinem Antikriegsroman „Die Feuersäule" (1904/29) mosaische Motive als Ausdruck des urchristlichen Vertrauens des idealisierten Helden. Franz Werfel „Der Tod des Mose" (1926) sah in seiner eigenen Zugehörigkeit zum Judentum schon früh ein konfliktreiches Spannungsverhältnis und verarbeitete das in diesem Buch. Die Lyrikerin Hilde Domin schrieb das Gedicht „Was für ein Zeichen mache ich über diese Tür, um bleiben zu dürfen" (1987, Gesammelte Gedichte) zur Einsetzung des Passafestes.

♫ Georg Friedrich Händels gewaltiges Chororatorium „Israel in Ägypten" (1739) folgt dem biblischen Text durch die bekannten Schilderungen von der Knechtschaft in Ägypten bis zum Durchschreiten des Roten Meeres und der Danksagung Mose. Der erste Teil – Klage über Josefs Tod – wird in Aufführungen meist weggelassen.
Die Oper von Gioacchino Rossini „Mose in Ägypten" wurde 1818 in Neapel uraufgeführt. Arnold Schönberg zeigt in seiner Oper „Moses und Aaron" (1957) Mose als einen Mann, der eine Vision vom unfassbaren jüdischen Gott besitzt, sie aber, anders als der pragmatische Aaron, der mit Wundern nachhilft, den Menschen nicht verbal vermitteln kann. Anton Rubinstein schuf ein szenisches Oratorium zu Moses (1894).

„Der Prinz von Ägypten" (1997/98, USA), ein Zeichentrickfilm aus dem Hause Dreamworks, erschließt die Geschichte des Mose den Kleinen.
Der vierstündige Film „10 Gebote" (1923 als Stummfilm und 1957, USA), beide von Cecil B. De Mille, mit Charlton Heston als Mose gehört in die Reihe monumentaler Verfilmungen, die in den 50er Jahren des letzten Jhs. in Hollywood produziert wurden. In „Der Dekalog" (1988/89, Polen) setzt sich der Regisseur Krystof Kieslowski in 10 Filmen mit jedem Gebot auf moderne Weise auseinander.

„Exodus“ (1960, USA) ist die Verfilmung des gleichnamigen Romans von von Leon Uris (s. o.).
„Jäger des verlorenen Schatzes“ (1981, USA) von Steven Spielberg mit Harrison Ford zeigt eine abenteuerliche Jagd von Nationalsozialisten und „gebildeten“ Archäologen nach der verschwundenen Bundeslade (s.a. → Samuel).
Auch in Buch und Film „Die Entdeckung des Himmels“ geht es um den Bund Gottes mit den Menschen. Um seine verschwundenen Gesetzestafeln zurückzubekommen, greift Gott in das Leben der Protagonisten ein (s. a. → Samuel). Harry Mulischs Bestseller erschien 1993 in Holland und wurde von Jeroen Krabbé verfilmt (2002, NL).
Die ergreifende Verfilmung des Buches von Bruno Apitz „Nackt unter Wölfen“ (1958) von Frank Beyer (1962, DDR) ist eine moderne Adaption des Motivs des geretteten Kindes. Ein jüdisches Kind wird von KZ-Häftlingen bis zur Befreiung versteckt.

Josua

Rahab, die Hure – Achan – Adoni-Zedek (König von Jerusalem)

(Jos 1–24)

Josua war nach dem Tode des → Mose der Führer Israels. Seine kriegerischen Taten bei der Eroberung Kanaans sind im biblischen Buch „Josua" beschrieben. Im ersten Teil wird die Eroberung des Landes Kanaan geschildert (1–12), im zweiten die rechtliche Zuweisung des Landes (13–21) und im dritten Teil die Anordnungen über das Leben im Kulturland und die Bundeserneuerung (21–24).

(1 u. 2) Gott forderte Josua nach Moses Tod auf, sein Volk weiterhin zu führen. Er wolle ihm das geben, was er Mose zugesagt habe (1,2). Unverzagt solle er sein und so sendet Josua zwei Kundschafter aus nach Jericho, die von der Hure Rahab auf ihrem Dach versteckt wurden. Sie hat von den Erfolgen der israelitischen Kämpfer auf der anderen Seite des Jordans gehört und erbat sich nach dem Sieg Schonung für sich und ihre Familie (2,13). Das rote Seil, an dem sie die Männer wieder aus der Stadt ließ, solle das Zeichen sein, dass sie vor Rache schützen würde.

Israel geht durch den Jordan

(3 u. 4) Früh machte sich das Volk unter Josuas Führung auf und die Priester trugen die Bundeslade vorneweg. Obwohl der Jordan zu dieser Jahreszeit über die Ufer getreten war, stoppte er seinen Fluss weit oberhalb der Furt, ließ das restliche Wasser ablaufen und die Israeliten konnten das Flussbett trockenen Fußes durchqueren. Mitten aus dem Fluss nahmen sie, gemäß der Anzahl der Stämme, zwölf große Steine zur Erinnerung

daran, dass das Wasser vor der Lade Gottes weggeflossen war. Nach der Durchquerung floss das Wasser wieder wie eh und je.

Die Zerstörung Jerichos

(6) Die Stadt Jericho war eine mit starken Mauern bewehrte Stadt. Sechs Tage zog Josua mit allen Kriegsmännern um die Stadt. Und am siebten Tag zogen sie siebenmal um die Mauern, angeführt von sieben Priestern mit Posaunen. Dann bliesen die Priester in die Posaunen und alle Krieger und das Volk erhoben ein solch großes Kriegsgeschrei, dass die Mauern umfielen. Kein Mensch in Jericho überlebte die Eroberung der Stadt. Nur die Hure Rahab mit „dem Hause ihres Vaters“ wurde verschont.

Achans Diebstahl

(7) Die Beute war allein Gott geweiht. Doch einige sündigten und nahmen sich etwas davon. Deshalb brachte der nächste Kriegszug eine Niederlage. Gott tat dem darob verzweifelten Josua kund, dass gegen ihn gesündigt wurde. Und so gestand Achan, dass er einen babylonischen Mantel, Silber und Gold für sich in seinem Zelt vergraben hätte. Das Volk steinigte ihn mitsamt seinen Söhnen, Töchtern und Vieh und verbrannte sie. Daraufhin waren die Israeliten wieder siegreich und eroberten die Stadt Ai, hängten den König an einen Baum und machten das Volk nieder (8).

Weitere Siege und Verteilung des Landes

(10) Die Israeliten schlossen mit den Gibeonitern ein Abkommen, da diese vorgaben, aus einer weit entfernten Gegend zu kommen. Denn Israel durfte mit Völkern Kanaans keine Bündnisse eingehen. Adoni-Zedek, König von Jerusalem, schloss sich daraufhin mit fünf anderen

Kanaaniter-Königen zusammen, um Gibeon dafür zu bestrafen. Aber Gott war auf Seiten Josuas und ließ in der folgenden Schlacht Steine vom Himmel fallen (10,11), und Josua konnte der Sonne gebieten stillzustehen. Den fünf unterworfenen Königen setzten die Sieger die Füße in den Nacken und hängten sie danach auf.
Am Ende hatte das israelitsche Volk unter Josua 31 Könige besiegt und unterworfen (12,24). Der hochbetagte Josua verteilte nun das Land durch Los an die Stämme Israels (13–21). Zuletzt führte er in Sichem einen Landtag (s.a. → Jakob) durch und rief noch einmal die ganze Geschichte des Volkes mit Gott in Erinnerung. Er verpflichtete das Volk auf Gott und mahnte es, ihm treu zu dienen und legte ihm „Gesetze und Rechte" für ihr Zusammenleben vor. Josua starb mit 110 Jahren.

◆ Das Buch Josua will die Eroberung Palästinas durch die israelitischen Stämme schildern. Theologisch ist es das besondere Anliegen des Buches, Gottes Hilfe bei der Inbesitznahme des Landes aufzuzeigen. Historisch ging diese seit dem 14. Jh. v. Chr. in verschiedenen Einwanderungsschüben vor sich und verlief zunächst durchaus friedlich. Zu kriegerischen Entwicklungen kam es im Zuge der weiteren Expansion und der Konfrontation mit den existierenden Städten des Landes. Diese kriegerische Erinnerung bestimmte vorwiegend das historische Gedächtnis des Volkes Israel.
Das Josuabuch zählt mit zum deuteronomistischen Geschichtswerk (→ Bibel). Als abschließender Teil der in den 5 Bücher Mose erzählten Geschichte wird manchmal auch vom Hexateuch (= Sechsbuch) (statt Pentateuch = Fünfbuch) gesprochen (G. von Rad).

Beute (vgl. → Saul) Auch er bietet nicht die gesamte Beute Gott als Opfer dar, sondern verzehrt etwas davon. Dadurch zieht er sich Samuels und Gottes Zorn zu.

Als Einzelfigur wurde Josua selten dargestellt. So gibt es auch keinen feststehenden Typus. Die Mosaiken der Szenenfolge zu Josua in Santa Maria Maggiore (2. Hälfte des 5. Jhs., Rom) zeigen ihn als jugendlichen Krieger. Lorenzo Ghiberti schilderte die Szenen auf der Paradiestür (1425–1452, Baptisterium, Florenz), Benozzo Gozzoli schuf dazu Fresken (1468–85, Pisa, Camposanto) und im Vatikan kann man die Jordanüberquerung, den Fall Jerichos, die Schlacht bei Gibeon und die Verteilung des Landes sehen.
John Martin stellte Josua als Feldherrn ins Zentrum einer gewaltigen Felsenlandschaft unter dramatischem Himmel (Douglas/Isle of Man, Manx Museum).

♫ Händels Oratorium „Josua“ (1747) wird als Ganzes kaum aufgeführt und, laut Konzertführer, ohne textliche Überarbeitung auch schwer in die heutige Zeit zu überführen sein. Zu martialisch folge der Text des Thomas Morell den vielen Eroberungszügen. Im zweiten Akt hat Händel den Fall der Stadt Jericho mit viel Blech und Pauken hörbar gemacht und mit seinem wirkungsstarken Chorgesang „Ehre sei Gott“ bejubelt.
Bekannt ist das amerikanische Spiritual „Josua fit the battle of Jericho“.

Richter Debora, Gideon und Jefta

Barak – Sisera – Jael – Jabin (König von Kanaan) – Jefta – Jeftas Tochter – Lappidot

(Ri 1–11)

Nach der Landnahme des „Gelobten Landes“ unter * Josua ist das Leben Jahrhunderte lang geprägt von den Versuchen der besiegten Völker sich zu erheben und von Feldzügen unter den Richtern Israels, um die errungene Vorherrschaft im Land aufrecht zu erhalten. Das richterliche Amt wurde in der Kultgemeinschaft der 12 Stämme abwechselnd von einem Vertreter der Stämme ausgeübt. Die geschilderten Vorgänge handeln in der Zeit zwischen der Einwanderung der Israeliten in Palästina um 1200 v.Chr. und der Entstehung des israelitischen Königtums um 1000 v.Chr.

(2–3) Nach Josuas Tod fiel das Volk von Gott ab und begann dem Baal zu dienen. Gott zürnte deswegen und schickte ihm zur Strafe viele Feinde. Aber das Volk widersetzte sich wieder und wieder den Richtern und den Gesetzen und diente den heidnischen Gottheiten. Aus Zorn ließ Gott noch allerlei feindliche Völker übrig, um Israel zu prüfen, darunter die Philister. Letztlich fiel das Volk zwanzig Jahre lang unter die Herrschaft Jabins, des Königs von Kanaan und seines Feldhauptmanns Sisera. Zu dieser Zeit war die Prophetin Debora, die Frau Lappidots, Richterin in Israel.

Debora

(4,1–16) Debora saß unter der Palme und forderte Barak, einen Mann aus Kedesch, auf zu ihr zu kommen. Im Namen Gottes solle er mit 10.000 Mann auf den Berg Tabor ziehen. Dort wolle sie ihm Sisera, den Feldhauptmann des Jabin, zuführen. Den Ruhm werde er allerdings nicht alleine haben, da Sisera „in eines Weibes Hand“ gegeben werde (4,9). In der folgenden Schlacht wurde Siseras Heer völlig aufgerieben und der Geschlagene floh zu Fuß in das Zelt Jaels, der Frau des befreundeten Königs der Keniter. Er bat sie um Schutz, den sie ihm vorgeblich gewährte. Sie reichte ihm Milch und er bat sie, seinen Schlaf zu bewachen. Stattdessen schlug sie ihm im Schlaf einen Pflock durch die Schläfe. Dem nachgeeilten Barak zeigte sie den getöteten Sisera voller Stolz. Nach der Befreiung vom Joch des König Jabins sang Debora ihr Siegeslied. Und das Land hatte Ruhe vierzig Jahre (5,31).

Gideon

(6) Aber wieder fiel das Volk von Gott ab und wurde zur Strafe von den Midianitern geknechtet. Da wurde Gideon zum Richter der Israeliten berufen. Eines Tages drosch Gideon Weizen. Da erschien ihm ein Engel, der ihn berief, das Volk von der Herrschaft der Midianiter zu befreien. Dem ungläubigen Gideon bewies der Engel seine Göttlichkeit durch ein Wunder und verzehrte die Opfergabe Gideons augenblicklich mit Feuer. In derselben Nacht riss Gideon die Tempel Baals und der Aschera ein. So nannten sie ihn Jerubaal (= der gegen den Baal kämpft). Noch immer im Zweifel, ob er das Volk siegreich führen werde, gab ihm Gott auf sein Verlangen hin immer mehr Zeichen. Eines Nachts legte er ein Widderfell aus, ein Vlies, das morgens voll Tau war, während die Tenne trocken blieb, am nächsten Morgen verhielt es sich genau umgekehrt (36 ff).
Gideon schlug dann das weit überlegene Heer „wie Sand am Ufer des Meeres“ mit nur dreihundert Männern bei einem Überraschungsangriff. Gott hatte ihn nämlich

aufgefordert, seine Männer durch ein Auswahlverfahren zu reduzieren: Wer das Wasser wie ein Hund lecke, solle zu den Rettern gehören. Gott wollte nämlich nicht, dass die hochmütigen Menschen später glaubten, sie hätten aus eigener Kraft gesiegt und dass sie Gottes Hilfe vergäßen (7,22). Nur dreihundert Mann stürzten Posaunen blasend in das Lager des Feindes, zerschlugen die Tonkrüge, die sie in der linken Hand trugen (7,20), und zerstieben das feindliche Heer.

Jefta

(10,17–40) Wieder waren die Israeliten abgefallen und Israel wurde von den Ammonitern geplagt. Da wurde Jefta, ein streitbarer Mann, der als Sohn einer Hure von seinen ehelichen Halbbrüdern ausgestoßen worden war, vom Volk zurückgerufen, um zu helfen. Und Jefta gelobte Gott, wenn er ihm die Ammoniter in die Hände gäbe, wolle er im Gegenzug das, was ihm als erstes bei seiner Rückkehr entgegenkomme, Gott zum Brandopfer geben. Es war sein einziges Kind, seine Tochter. Zwei Monate beweinte sie ihr Schicksal in den Bergen, dann wurde sie geopfert.

◆ Das Buch der Richter beginnt in 2,6. Denn in der widersprüchlichen, zusammenfassenden Erzählung des Richterbuches ist es Juda, der Sohn → Jakobs, der nach dem Tode Josuas weitere Kämpfe erfolgreich anleitet. Das Richterbuch behandelt die Zeit, in der die Generation, die die Erinnerung an die „heilsgeschichtliche“ Landnahme erlebt hatte, längst gestorben war, und die neue, Gott ungehorsame Generation von Feinden bedrängt wurde. Die Richter sind von Gott gesandt und stellen jeweils Gehorsam und Friede wieder her. Nach dem Tode eines Richters beginnt das Elend von neuem. (Richter Otniel, Ehud und Schangar sind die Vorgänger von Debora.) Die Israeliten sündigen immer wieder. Immer wieder fällt das Volk wieder vom rechten Glauben ab und wendet sich den alt eingesessenen Gottheiten der kanaanäischen Bevölkerung zu. Die Bedrohung und Unterdrückung durch die Nachbarvölker wird als Strafe Gottes für den Abfall von Gott dargestellt. Die Erzählungen lassen außer Zweifel, dass mit den Richtern nicht Träger rechtlicher Überlieferung gemeint sind, sondern charismatische Führer. Sie sorgten faktisch dafür, dass die einzelnen Ortsgemeinschaften das Verständnis für ihre Überlieferungen nicht verloren. Die Erzählungen sind im Stile deftiger Heldensagen dargeboten. Die auch uns nicht zuletzt durch diese lebendigen Erzählungen heute noch bekannten Richter sind Debora, Gideon, → Simson und → Samuel.

Baal (= Herr, Besitzer) kanaanitische Stadtgottheit, wird in der Bibel zum Götzennamen schlechthin. Baal war ein Himmels- oder Wettergott und wurde in Verbindung mit Fruchtbarkeitsgöttinnen wie Astarte und Aschera, seiner Gattin, verehrt. Der Kult der beiden weiblichen Gottheiten war mit sexuellen Ausschweifungen verbunden. Die Götter verkörperten die Mächte der Fruchtbarkeit selbst und wurden durch Riten und magische Praktiken beeinflusst (s.a. → Elia und Elisa).

Gideonbund Eine gemeinnützige Organisation, 1899 gegründet und seit Mitte der 1950er Jahre auch in Deutschland tätig, versorgt die Öffentlichkeit mit Bibeln. Vor allem in Hotels liegen die Bibeln aus. Das Symbol des Bundes ist die Amphore.

Debora

Debora sieht man in mittelalterlichen Bibelillustrationen. Gezeigt wird die kämpferische Debora, wie sie mit dem

Schwert in den Kampf zieht. Im Ulmer Münster ist sie im Südportal zu sehen. Das Attribut der Debora ist ein Schwert oder ein Spieß. Sie wird aber – als Vorläuferin der Maria – höchst selten dargestellt.

Gideon

Gideon wird fast immer als Ritter mit Helm und Fell und mit seinem Attribut, dem zerbrochenen Krug, der Amphore, dargestellt. Als Einzelfigur steht Gideon in der Reihe der Patriarchen des Alten Testaments (Ende 13. Jh., Portalarchivolten, Freiburg, Münster), vor allem aber an den Marienportalen der französischen Kathedralen (Amiens, Laon). Das Vlieswunder wurde im Mittelalter ein beliebtes Mariensymbol. Der von Künstlern dargestellte Besuch des Engels bei Gideon ist der Verkündigung an Maria nicht unähnlich gekennzeichnet. Ebenso wurde das Vlies-Wunder häufig für die Verkündigung an Maria bzw. die Geburt Christi dargestellt – in der byzantinischen Buchmalerei bereits seit dem 12. Jh.: Gideon steht oder kniet vor dem ausgebreiteten Vlies, auf das der Himmelstau fällt oder auf das der Engel zeigt, der in der Tauwolke sichtbar wird (15. Jh., Altar des Jan van Eyck, Ypern). In der Malerei des 17. und 18. Jhs. werden folgende Szenen aus dem Leben Gideons zu Motiven: „Das Opfer Gideons“, z. B. als Gemälde und Radierung von Ferdinand Bol im 17. Jh. und die Auswahl der 300 Krieger, die Gideon aus dem Jordan trinken lässt, von Johann Heinrich Schönfeldt (1643, Wien, Kunsthistorisches Museum).

Jefta

Der Jeftastoff fand im Barock großes Interesse, da der Opfertod der Tochter Jeftas mit jenem Christi verglichen wurde. Aus der griechischen Mythologie kennen wir die Opferung der Iphigenie oder die Aussetzung der Andro-

meda auf dem Felsen zur Besänftigung des alles verschlingenden Meerungeheuers.
Das Motiv der Opferung des ersten Lebendigen, das dem Heimkehrenden entgegenkommt, ist ein verbreitetes Sagen- und Märchenmotiv (z. B. „Die Schöne und das Tier“). Osnabrück kam auf diese Weise zum Löwenpudel. Eigentlich wollte Kaiser Karl das erste Wesen, das ihm die Furt durchquerend entgegenkäme, erschlagen lassen. Doch ein Pudel lief dem Sachsenkönig voraus!
Bertolt Brecht nannte sein frühes Stück über einen unersättlichen Menschen von anarchischer Asozialität, der fraß, soff, hurte und mordete, „Baal“ (1923).

♫ Ildebrando Pizetti (1880–1968) schrieb die Oper „Debora und Jael“ (1922). Georg Friedrich Händel hat zu drei Stoffen aus dem Richterbuch Oratorien geschrieben. Debora (1733), → Samson (1741) und „Jephta“ (1751). Als Klagemotiv bot sich der Jeftastoff an. Händel ließ aber das grausame Schicksal der Tochter Jeftas durch einen Engel aufheben und sie als Gottgeweihte weiterleben.

Simson

Manoach, sein Vater – seine Frau – Delila

(Ri 13–16)

Simson, Richter Israels, wurde zum Sinnbild übermenschlicher Kraft und zum lebendigen Beispiel des in Sünde verstrickten und weiblicher Verführungskunst erlegenen Mannes.

Simsons Geburt

(13) Lange schon wurde das Land Kanaan von den Philistern beherrscht. In dieser Zeit erschien Manoach aus dem Hause Dan ein Engel, der ihm verkündete, dass seine Frau nach langer Kinderlosigkeit einen Sohn zur Welt bringen werde. Der Engel Gottes befahl der Mutter, diesem Knaben niemals die Haare zu schneiden, denn er werde ein von Gott Geweihter sein, übermenschliche Kräfte haben und die Israeliten von den Philistern befreien (13,5). Die Eltern nannten den Knaben Simson.
Als junger Mann wollte Simson ein Mädchen aus dem Volk der Philister heiraten. Auf dem Weg zu seiner Hochzeit fand er den Kadaver eines Löwen, den er kurz zuvor ohne jede Waffe erschlagen hatte. Ein Bienenschwarm hatte sich dort niedergelassen und Simson aß von dem Honig. Auf seiner siebentägigen Hochzeit wurde Simson dann von dreißig misstrauischen Männern bewacht. Darüber verärgert gab er den Philistern ein Rätsel auf: „Speise ging aus vom Fresser und Süßigkeit vom Starken“ (14,14).
Da die Philister die Antwort nicht wussten, bedrängten sie die junge Ehefrau, die Lösung aus Simson herauszulocken. Sie schaffte es und die jungen Philister boten ihm die Lösung: „Was ist süßer denn Honig? Was ist stärker

denn der Löwe?" Zornig über den Verrat ging Simson ins Nachbardorf und tötete dort dreißig Philister.
Da seine Frau in der Zwischenzeit einem anderen Mann gegeben worden war, fing Simson dreißig Füchse, band sie paarweise an den Schwänzen zusammen und befestigte zwischen ihren Pfoten brennende Fackeln. Dann jagte er sie über die Kornfelder, bis die gesamte Ernte verbrannt war (15,4 ff). Aus Rache verbrannten nun die Philister das Haus seiner ehemaligen Frau mit allen Bewohnern. Um die Philister nicht noch ärger zu provozieren, wollten seine Leute Simson gefesselt den Philistern ausliefern. Aber Simson zersprengte die neuen Taue wie Fäden. Dann erschlug er tausend Philister mit den Kinnbacken eines Esels (15,15). In Gaza wollte man ihn fangen, aber er hob um Mitternacht das verschlossene Stadttor aus seinen Angeln, trug es auf einen Berg bei Hebron und zerschmetterte es. Simson blieb stark und unbesiegbar, wie es der Engel vor seiner Geburt verkündet hatte.

Simson und Delila

(16,4–31) Eines Tages verliebte sich Simson erneut in eine Frau aus dem Volke der Philister, sie hieß Delila. Diese aber ließ sich von den Philistern bestechen und war bereit, für die Summe von „1100 Silberlingen" herauszufinden, woher die außergewöhnlichen Kräfte und die Unverletzbarkeit Simsons stammten. Immer wieder bedrängte Delila ihn, bis er ihr sein ganzes Herz auftat: „Es ist nie ein Schermesser auf mein Haupt gekommen; denn ich bin ein Geweihter Gottes vom Mutterleibe an. Wenn ich geschoren würde, so wiche meine Kraft von mir, so dass ich schwach würde und wie alle anderen Menschen" (16,17).
Als Simson schlief, rief Delila die Philister herbei, die ihm seine sieben langen Locken abschnitten. Dann fesselten

sie ihn, stachen ihm die Augen aus und warfen ihn in Gaza in den Kerker.
Um ihm zu höhnen und ihn zu verspotten, ließen sie den Erblindeten auf ein großes Fest holen. Simson ließ sich an die Mittelpfeiler des Saales führen, rief Gott um Kraft für seine Rache an und drückte dann die gewaltigen Mittelsäulen des Feindespalastes auseinander. Das Dach stürzte ein, erschlug alle Gäste im Saal und riss dreitausend Männer und Frauen, die vom Dach aus den Possen zusehen wollten, in den Tod. Simson starb mit den Philistern in den Trümmern des Palastes und wurde später von seinen Stammesbrüdern in der Gruft seines Vaters Manoach beigesetzt.

◆ Simson (der „Sonnengeborene") ist ein Held der Richterzeit aus dem Stamme Dan. Allerdings ist Simson kein Richter gewesen wie etwa Debora und Barak, Gideon oder Jefta. Sein Leben verbrachte er nicht in Israel, sondern im Lande der Philister. Die Geburtsgeschichte Simsons ähnelt der → Samuels, „der von Gott Erbetene", und die Ankündigung seiner Geburt der Verkündigung des Engels an Maria (Lk 1,31).
Als „Heros" ist er nicht wahrer Gott, sondern ein göttlicher Mann. Selbst sein Tod birgt eine heroische Tat: Die Zahl derer, die er mit in den Tod reißt, ist größer als die Zahl derer, die er zu Lebzeiten tötete. Im Mythos des Simson spiegelt sich der Heraklesmythos. Wie Herakles die Kraft und Macht seines göttlichen Vaters Zeus benötigt, so braucht auch Simson seinen Gott. Typologisch ist Simson in der christlichen Überlieferung das Beispiel für einen Mann, der sich der Wollust ergibt und dafür gestraft wird. Seine Schwäche für heidnische Frauen bringt ihn vom vorgezeichneten Weg ab (s.a. → Salomo) Delila ist der Inbegriff der Verführerin und wird zur Hure.
Der Kampf Simsons gegen die Philister wird nachgerade

das Symbol für die Rivalität zwischen den Eroberern und seine Heldentaten führen uns bis nach Gaza (Tor nach Ägypten). Gaza, im Süden des Gelobten Landes, 4 km von der Küste gelegen, ist seit der Antike bekannt und war als Station an der Via Maris, die Mesopotamien mit Ägypten verband, von jeher Schauplatz von Invasionen.

Philister Das Volk der Philister (Pelischtim), mit denen die Israeliten immer wieder im Kampf lagen, gab später der gesamten Landschaft den Namen: Palästina (= Philisterland). So war nach römischem und altchristlichem Sprachbrauch die Bezeichnung der Landschaft des alten Kanaan, das das südliche Drittel Syriens etwa vom Südende des Libanon bis südlich des Toten Meeres umfasste.
Das Volk der Philister stammte ursprünglich aus Kleinasien oder Kreta und war ebenfalls im 13. Jh. v. Chr. in dieses Gebiet eingewandert. Die Städte der Philister waren Aschod, Aschkelon, Ekron, Gat und Gaza. Immer wieder lagen sie in Kämpfen mit den Israeliten und stießen zeitweise bis ins judäische Gebirgsland vor.
In der Karikatur des 19. Jhs. war Simson und sein Kampf gegen die Philister ein ausgesprochen beliebtes Thema. Die Philister repräsentierten hier gemeinhin den Kleinbürger und Spießer.

Haare Bei vielen Völkern galt das Haar als Träger körperlicher, oft geheimer Kräfte, denn es wächst immer wieder nach. Das Ergreifen des Haares symbolisiert die Unterwerfung des ganzen Menschen. So kann die Kopfrasur der ägyptischen Priester als Sinnbild ihrer Unterwerfung unter die göttliche Macht verstanden werden. Auch das „Haaropfer“ der Griechen bei Aufnahme in die Bürgerschaft kann so erklärt werden oder die Tonsur der Mönche als Zeichen ihrer Hingabe und Buße. Die Einwohner Israels trugen langes Haar als Zeichen des freien Menschen.

Kahlköpfigkeit galt als Schande. Zur Trauer schor man sich das Haar und den Bart. Bei den Germanen und im christlichen Mittelalter hatte das Haareschneiden rechtlichen Symbolwert und galt als Entehrung des Verbrechers. Dem der Kollaboration mit dem Feind Bezichtigten wurden in vielen Gesellschaften die Haare geschoren, ebenso den Gefangenen. Absaloms schöne Haare – Zeichen seines Aufruhrs gegen den Vater – werden ihm zum Verhängnis (s.a. → David).
Auch in Märchen der Gebrüder Grimm hat das Haar eine besondere Bedeutung, u.a. in „Des Teufels drei goldene Haare"; in „Rapunzel" wird der Zopf abgeschnitten.
Ausdrücke wie „Haare auf den Zähnen haben" (= Haare als Zeichen der Männlichkeit und Kraft), „Haare lassen" (= mit Schaden davon gekommen), „kein gutes Haar an jmd. lassen" (= jmd. schlecht machen/seinen guten Ruf nehmen) zeugen noch von dem ursprünglichen Bedeutungszusammenhang des Haares.

Simson Suhl Die unter Mopedfreunden bekannteste Zweiradmarke der DDR, die heute noch besteht, hieß Simson. Die verschiedenen Modelle wurde in Suhl produziert.

Samson-Tabak Geziert von einem Löwenkopf ist dies eine beliebte Tabakmarke Jugendlicher.

Man verglich die Taten des Simson oft mit denen des antiken Helden Herakles. Als Einzelfigur ist Simson meist als Löwenbezwinger oder im Kampf gegen die Philister dargestellt. Letzteres bezeugen zahlreiche Beispiele in der Elfenbein-Plastik des Barock. Viele Löwenkampfszenen in der Bauplastik des 12. und 13. Jhs. werden als Simson-Szenen gedeutet. Oft wurden ihm als Attribut die Torflügel Gazas oder eine zerbrochene Säule beigegeben. Häufig sind die Heldentaten Simsons auch neben den Taten Davids dargestellt. Beliebt ist das Thema „Simson" auch im

16. und 17. Jahrhundert, u. a. bei Lucas Cranach d. Ä. (Weimar, Schlossmuseum und 1529, New York, Metropolitan Museum), der die scheinbare Idylle der Szene zeigt: Simson schläft in Delilas Schoß.
„Simson erschlägt mit dem Kinnbacken eines Esels tausend Philister" – dies finden wir u. a. bei Jacopo Bassano (um 1537/40, Dresden, Gemäldegalerie).
In der deutschen Grafik der Dürerzeit war es u. a. Albrecht Altdorfer, der in einer Federzeichnung Simsons Kampf mit dem Löwen wiedergab. In winzigen Kupferstichen (nur 4,1 × 3,5 cm) zeigte Altdorfer die Szenen „Simson trägt die Tore von Gaza" oder „Simson und Delila". Die scheinbare Liebesidylle zwischen Simson und Delila, die uns auf einer anderen Zeichnung Altdorfers begegnet, will in Wahrheit vor der „Weibermacht" und den „Weiberlisten" warnen. Moralisierend führt der Künstler das Beispiel eines berühmten „Minnesklaven" vor (Berlin, Kupferstichkabinett). Im Gemälde „Der siegreiche Samson" (um 1610, Bologna, Pinacoteca) legte Guido Reni die Betonung auf die physische Schönheit und die energievolle Kraft des Helden, der über die erschlagenen Philister triumphiert.
Szenen aus dem Leben des Simson haben vor allem den holländischen Maler, Zeichner und Radierer Rembrandt Harmensz van Rijn inspiriert. „Das Brandopfer des Manoah" zeigt die beiden hochbetagten Eheleute, die soeben von einem Engel erfahren haben, dass ihnen ein Sohn geboren wird (1641, Dresden, Gemäldegalerie). Die Treue in der Wiedergabe orientalischer Bräuche lobten schon Rembrandts Zeitgenossen bei dem Gemälde „Simson, der an der Hochzeitstafel Rätsel aufgibt (1638, Dresden, Gemäldegalerie). Das Bild „Simson und Delila" (1628, Berlin, Gemäldegalerie) zeigt den wehrlosen Simson im Schoß der Frau. Ein dramatisches Schauspiel der Emotionen zeigt Rembrandts Gemälde „Die Blendung Simsons" (1636,

Frankfurt a. M., Städel). Rembrandt zeigt den Moment, als die Philister sich aus dem Hinterhalt auf den wehrlosen Simson stürzen, während Delila mit einer Schere und den Locken Simsons den Ort des Grauens fluchtartig verlässt. Das Licht, das von links durch einen geöffneten Vorhang einfällt, stellt die grausame Blendung grell heraus.

„Delila", die Simson im Schlaf die Locken abschneidet, malte Max Liebermann (1902, Frankfurt a. M., Städel). Das höchst expressive Gemälde von Lovis Corinth „Der geblendete Simson" (1912, Berlin, Alte Nationalgalerie) zeigt den geschundenen Menschen Simson, der sich, wiedererstarkt, den Bildrahmen sprengend, auf den Betrachter zubewegt.

Seit Augustinus gilt Simson als Präfiguration Christi. Es gibt die Parallele der wunderbaren Geburt, der Verkündigung durch einen Engel und des Opfertodes. Andererseits war Simson der Beweis dafür, dass der Mann der Sünde, in Gestalt einer dämonischen Verführerin, erliegen wird. Dies wurde besonders in den Moralsatiren des späten Mittelalters zitiert, am bekanntesten ist hier das „Narrenschiff" von Sebastian Brant (1494). Szenen um den Verrat Delilas an Simson erscheinen vielfach in der Reihe der symbolischen Darstellungen von „Weibermacht" oder „Weiberlist" des ausgehenden Mittelalters. 1534 verfasste Hans Sachs ein Spruchgedicht mit dem Titel „Die vier treffliche menner sampt ander vilen, so durch frawenlieb betrogen sind und noch betrogen werden". Drei der von Sachs ausgewählten Paare sind biblischen Ursprungs: Simson wird gezeigt, wie er sich von Delila die Haare schneiden lässt, → David beobachtet Batseba beim Bade und → Salomo lässt sich von heidnischen Frauen zum Götzendienst verführen. Die vier von Hans Sachs versammelten Paare wurden von Hans Burgkmair und Lucas van Leyden im frühen 16. Jh. (letzere in Berlin, Kupferstichkabinett) zu einem Bilderzyklus vereint. Im Meisterlied des Hans Sachs „Simson mit seinem untrewen Weib“ (1547) zeichnete er Delila als Verführerin, der die Männer auf den „Leim gehen“ im Stile des Fastnachtsspiels nach. In John Miltons Drama „Samson Agonistes“ (1671) verübt Delila den Verrat aus patriotischen Gründen und versucht sich mit dem Geliebten zu versöhnen.

Georg Friedrich Händels „Samson“ (1741) fußt auf der Tragödie Miltons. Opernhaft greifbar werden die Figuren überragt von der Leidensgestalt des Samson. Die Oper von Camille Saint-Saens, „Samson und Dalila“ (1877), Text Ferdinand Lemaire, bringt menschliche Leidenschaften auf die Bühne: Der willenlose Samson ist der dämonisch-arglistigen Dalila verfallen. Die englische Band „Middle of the Road“ war in den frühen siebziger Jahren mit ihrem Song „Samson and Delila“ in den Charts.

Die früheste Simsonverfilmung stammt aus Österreich (1923) von Alexander Korda. Der Film „Samson und Delila“ (1949, USA) von Cecil B. De Mille ist ein „Hollywoodschinken“ über den kraftvollen Helden. „Samson“ (1961, Polen) von Andrej Wajda dagegen erzählt die Geschichte des Juden Jakob Gold aus dem Warschauer Getto, in dessen Schicksal sich das des biblischen Samson seltsam zu wiederholen scheint.

Rut

Noomi – Elimelech – Machlon – Kiljon, die Söhne – Orpa – Boas – Obed

(Rut 1–4)

Das Buch Rut hat nur 4 Kapitel. Im christlichen Kanon gehört es zu den Geschichtsbüchern, in der hebräischen Bibel wird es zu den „Schriften" gerechnet (→ Bibel). Das Buch erzählt in volkstümlicher Form eine in der Richterzeit spielende Geschichte.

(1–4) Eine große Hungersnot war in Bethlehem ausgebrochen und Elimelech und seine Frau Noomi zogen mit ihren beiden Söhnen Machlon und Kiljon in das Land der Moabiter, wo es genug Nahrung gab. Sie blieben in der Fremde und ihre Söhne heirateten: Machlon nahm Rut zur Frau, Kiljon heiratete Orpa. Als Elimelech starb und kurz darauf auch die beiden Söhne, wollte Noomi in ihre Heimat zurückkehren.
Ihre beiden kinderlosen Schwiegertöchter wollten mit ihr gehen, aber Noomi drang in sie, sie nicht zu begleiten. Denn ihr Los sei bitter. Orpa kehrte zurück in ihrer Heimat, aber Rut weigerte sich, Noomi zu verlassen: „Wo du hingehst, da will auch ich hingehen; wo du bleibst, da bleibe ich auch. Dein Volk ist mein Volk, und dein Gott ist mein Gott" (1,16).

Beide kamen nach Bethlehem. Rut ging dort auf die Felder, um die Ähren aufzulesen, die die Schnitter liegen gelassen hatten. Die Felder gehörten dem reichen, älteren Bauern Boas, mit dem Noomi verwandt war. Boas hatte von der Treue Ruts gegenüber Noomi gehört, begegnete ihr mit Achtung und Herzlichkeit und sorgte dafür, dass es ihr und Noomi an nichts mangelte. Als Rut ihrer Schwiegermutter erzählte, wie gütig Boas zu ihnen sei, riet diese ihr, sich ihm in der Nacht zu Füßen zu legen, um so eine Entscheidung zu bewirken, ob er sie heiraten würde, denn er sei der *Löser.* Boas erkannte ihre Liebe. Nachdem er einen anderen, dem das Löserrecht vor ihm zustand, bewegt hatte zu verzichten, nahm Boas Rut zur Frau. Den Knaben Obed, den Rut bald gebar, legte sie ihrer Schwiegermutter in den Schoß, so dass es auch der Sohn Noomis wurde. Obed aber wurde der Vater Isais, der Vater des zukünftigen Königs → David.

◆ Das Buch Rut, das in der vorköniglichen Richterzeit spielt, eingeordnet zwischen dem Buch der Richter und den Büchern Samuel, die auch die Geschichte Davids erzählen, ist von der Anlage her eine klassische Novelle, deren mythischer Charakter durch detaillierte Milieuschilderungen fast verdeckt wird. Durch eine wunderbare Fügung Gottes erhält auch die kinderlose Noomi noch ein Kind. Indem sie das Kind auf ihren Schoß nimmt, wird es ihr eigenes Kind. Auch Herakles konnte erst zum Olympier werden, nachdem er durch die gespreizten Beine der Hera gekrochen war. Mit der mythologischen Form des Adoptionsaktes werden die Voraussetzungen dafür geschaffen, dass die Geschichte den Davidstammbaum an sich ziehen konnte. Der Adoptionsakt macht aus Menschen (Herakles) Götter und aus Moabitern, den Erzfeinden Israels, Israeliten, denn nach geltendem Recht wäre Obed Moabiter gewesen. Der heilsgeschichtliche Zusammenhang, in den diese Novelle eingefügt ist, umgreift auch den Stammbaum Jesu, vgl. Mt 1,5: „Salma zeugte Boas von der Rahab. Boas zeugte Obed von der Ruth. Obed zeugte Jesse.“

Moab Gebirgsland östlich vom Toten Meer.

Moabit Der Berliner Stadtteil Moabit kam wahrscheinlich durch die bibelfesten Hugenotten zu seinem Namen. Die dort vom preußischen König im 17. und 18. Jh. angesiedelten französischen Flüchtlinge nannten das Land „Terre de Moab" und blickten auf die Residenzstadt Berlin, wie einst die in Moab aufgenommenen Israeliten in das „Gelobte Land".

Boas heißt die zweite Säule am Jerusalemer Tempel, den König Salomo erbaute, der damit den Stammvater Davids ehrte (1 Kön 7,21; 2 Chr 3,17). Die andere Säule hieß Jachin.

Wo du hingehst, da will auch ich hingehen Dieser Satz, der von einer Frau zu ihrer Schwiegermutter gesagt wurde, ist heute vielleicht einer der beliebtesten Trausprüche geworden. Bertolt Brecht zitiert ihn in seiner Dreigroschenoper (1928) als höhnische Entlarvung verkitschter Trivialträume seiner Polly.

Löser/Leviratsehe Löser war der Mensch, der das Eigentum der Sippe „auslöst". Eine kinderlose Witwe konnte durch einen Verwandten durch Heirat von der Kinderlosigkeit „erlöst" werden.

Das Buch Rut erscheint bereits in Bibelillustrationen des 12. bis 14. Jahrhunderts (Bibel von Admont, 12. Jh.; Queen Mary's Psalter, um 1310, London, British Museum) sowie in der Malerei und Graphik des 16. und 17. Jahrhunderts. Nicholas Poussin schuf einen Zyklus der vier Jahreszeiten und thematisierte in diesem Spätwerk „Der Sommer oder Ruth und Boas" (o. J., Paris, Louvre). Bevorzugt wählten die Maler die Szene, die Rut beim Ährenlesen auf den Feldern Boas zeigt, so Hans Holbein d.J. und Rem-

brandt in einer schönen Federzeichnung. Die Eheschließung von Rut und Boas hielt Rembrandt in seinem Gemälde „Jüdische Hochzeit“ (Amsterdam, Rijksmuseum) fest; das gleiche Thema findet sich auf dem Gemälde von Jan Victors (1640, Frankfurt am Main, Städel).
Marc Chagall zeigt in seinem graphischen Zyklus zum Alten Testament eine Reihe von Motiven des Buches Rut: „Die Ähren lesende Rut bei Boas“, „Noomi und ihre Schwiegertöchter“, „Rut bei der Ernte“, „Rut auf dem Felde“ und „Rut zu Füßen des Boas“.
Im Zusammenhang mit Julius Schnorr von Carolsfeld Arbeit für die „Bilderbibel“ mit etwa 240 Grafiken entstand u.a. auch das Gemälde „Ruth auf dem Acker von Boas“ (1828, London, National Gallery), das die erste Begegnung zwischen Rut und Boas thematisiert.

Für Goethe ist das Buch Rut ein Werk, „welches bei seinem hohen Zweck, einem König von Israel (David) anständige, interessante Voreltern zu verschaffen“, zugleich auch als „das lieblichste kleine Ganze betrachtet werden kann, das uns episch und idyllisch überliefert worden ist.“ So schrieb er in seinen Noten und Abhandlungen zum besseren Verständnis des „Westöstlichen Diwans“. Emile Zola spielte in seinem Roman „Doktor Pascal“ (1893) auf die Geschichte von Rut und Boas an. Doktor Pascal, der 60jährige Mann, Idealtypus des Wissenschaftlers, und seine 24jährige intelligente und attraktive Nichte haben ein Liebesverhältnis.

Samuel Wesley (1766–1837), englischer Komponist und Organist, schrieb sehr viel Kirchenmusik und komponierte auch ein Oratorium zu Rut. César Franck (1822–1890) komponierte als junger Mann ebenfalls ein Oratorium „Ruth“ (1843–47).

Samuel

Hanna – Eli

(1 Samuel 1–8)

Samuel wurde als Priester der Nachfolger Elis und der letzte Richter Israels. Er salbte die ersten beiden Könige, → Saul und → David. Die beiden Bücher Samuel behandeln die Geschichte Israels von der Entstehung des Königtums bis zur Festigung des geeinten Reiches von Juda und Israel unter David.

(1–3) Samuel ist der Sohn der Hanna. Lange kinderlos flehte sie Gott im Heiligtum Silo um einen Sohn an. Gott erbarmte sich ihres Kummers und schenkte ihr Samuel, „den von Gott Erbetenen". Aus Dankbarkeit gab sie ihren Sohn als Diener zurück in die Dienste des Heiligtums zum Priester und Richter Eli. Dort wurde er von Gott zu seinem Propheten berufen. Dreimal rief Gott ihn bei seinem Namen und Samuel antwortete ihm: „Rede, denn dein Knecht hört" (3,10). Und Samuel offenbarte Eli auf dessen Drängen, dass er sein Nachfolger werden würde.

(4) Wieder wurde das Volk Israel von den Philistern in einem Kampf geschlagen. So holten sie die Bundeslade unter Jauchzen aus dem Heiligum Silo, damit sie siegen würden. Aber Israel erlitt erneut eine verheerende Niederlage und die Philister erbeuteten sogar die Bundeslade (4,11). Als Eli die Nachricht von der verlorenen Lade erhielt, fiel er rückwärts vom Stuhl und starb. Aber die Lade brachte den Philistern kein Glück. Im Gegenteil: Verderben und die Beulenpest geißelten das Land der Philister. Sieben Monate brachte die Lade Gottes Kata-

strophen und Tod, dann schickten die Philister die unheilvolle Beute mit einem Sühneopfer zurück.

(7) Samuel wurde Richter und richtete Israel sein Leben lang. Als er alt geworden war, bestimmt er seine Söhne zu Richtern. Aber das Volk Israels verlangte von Samuel, einen König über sie einzusetzen, „wie es alle Heiden haben" (8,5). Gott entkräftete Samuels Bedenken, „denn sie haben nicht dich, sondern mich verworfen" (8,7) und forderte ihn auf, Israel einen König zu suchen, das Volk aber gleichzeitig zu warnen, dass ein weltlicher König von ihnen weitgehende Dienste und den Zehnten verlangen werde. Samuel fügte sich dem Druck des Volkes und salbte erst → Saul und später, nachdem Gott Saul hatte fallen lassen, den jungen → David zum König.

◆ Die Person Samuels und seine Richterzeit ist verbunden mit dem Kampf gegen die Philister (s.a. → Simson und Delila) und der Errichtung des Königtums. Während der Richterzeit Samuels gelang es den Israeliten, sich erfolgreich gegen die immer wieder in ihr Land eindringenden Philister zu behaupten. Gegen dieses Volk, ursprünglich aus Kreta oder Illyrien eingewandert, lag Israel in der Frühzeit zwischen 1200–1012 immer wieder im Krieg.
Samuel ist wie eine mythische Gestalt gekennzeichnet. Seine wunderbare Geburtsgeschichte hebt ihn wie einen Heros heraus aus der Reihe der Richter. Seine überragende Bedeutung als gerechter Richter, Prophet und Priester führte dazu, dass unter seinem Namen die Königsgeschichten von Saul und David erzählt werden (1. und 2. Buch Samuel).
Mythologisch ist Samuel etwa dem griechischen Theseus, gesetzestreuer Herrscher, der die zwölf attischen Kultgemeinden verband, vergleichbar.

Salbung Das Begießen und Einreiben des Kopfes und des Körpers mit Olivenöl war ursprünglich ein Zeichen der Lebensfreude. Als religiöser Akt wurden gottgeweihte Gegenstände und Personen durch Priester und Propheten gesalbt. Bei der Salbung wurde eine Mischung aus Olivenöl und anderen wohlriechenden Ölen eingerieben. Der Gesalbte stand nun unter dem Schutz der Gottheit. In Israel wurde diese Sonderstellung mitunter sogar als Unantastbarkeit verstanden – ein Fürst „von Gottes Gnaden". Der Hintergrund der Königssalbung könnte sein, dass dadurch ein Vasallenverhältnis hergestellt wurde, d. h. der König ist von Gott als dem höchsten König mit Macht versehen. Er ist der Gesalbte des Herrn (1 Sam 24,7).

Zusammen mit Saul wurde Samuel bereits in der frühchristlichen Kunst dargestellt. Als Einzelfigur, meist den Kopf mit einem Tuch bedeckt und mit einem Salbhorn oder einem Opfertier, erscheint er im Mittelalter unter den Repräsentanten des Alten Testaments vor allem in der französischen Kathedralplastik (Kathedrale von Chartres, Kathedrale von Reims).

Die **Schrecken der Bundeslade** in der Hand Nicht-Befugter greift der Abenteuerfilm „Jäger des verlorenen Schatzes" aus dem Jahre 1981 auf. Nationalsozialisten, Ausbund der Ignoranz und Boshaftigkeit, wollen sich in den Besitz der Bundeslade bringen, die in einem ägyptischen Grab gefunden wird, und werden beim Öffnen durch den gleißenden Lichtschein, der der Lade entweicht, atomisiert.
Das Gleiche geschieht dem Protagonisten Quinten des Romans „Die Entdeckung des Himmels" (1993) von Harry Mulisch. Er verglüht, als er die in Rom wieder gefundenen Tafeln an ihren Platz auf den Jerusalemer Tempelberg

zurückbringt im gleißenden Licht der frei gewordenen Buchstaben. Das Buch von Mulisch ist 2002 von Jeroen Krabbé verfilmt worden (s.a. → Mose).

Saul

Jonatan – Samuel – Agag, König der Amalekiter

(1 Sam 9–15)

Saul war um die Mitte des 11. Jahrhunderts v. Chr. der erste König Israels. Die letzten Jahre seiner Regierung waren überschattet von seiner Rivalität mit dem jungen Heerführer → David, der Sauls Nachfolger wurde. Sauls Aufstieg und sein Fall sind im 1. Buch Samuel 9–15 aufgezeichnet. Der Aufstieg Davids ist mit seiner Geschichte verwoben.

(9) Saul, ein schöner und junger Mann vom Stamme Benjamin, überragte seine Mitmenschen um Haupteslänge. Auf der Suche nach verlorenen Eselinnen seines Vaters kam er zu → Samuel, dem Propheten und Richter Israels. Von ihm erhoffte er sich Hilfe und Rat, um die Tiere wiederzufinden. Gott jedoch hatte Samuel die Ankunft Sauls angekündigt und ihn geheißen, diesen zum König zu salben, damit er Israel vor dem Angriff der Philister errette. Als Samuel Saul erblickte, erkannte er durch Gottes Hilfe, dass dieser Knabe der zukünftige König war. Er lud ihn in sein Haus und behandelte Saul wie einen hoch geehrten Gast. Um seine Esel möge er sich nicht sorgen, sagte er ihm, diese seien schon gefunden. Saul jedoch wunderte sich, denn er gehöre doch zum kleinsten der israelitischen Stämme, zudem sei seine Familie arm und unbedeutend.

(10) Am nächsten Tag begleitete Samuel Saul vor die Tore der Stadt. Dort nahm er einen Krug mit Öl, salbte Saul und sprach: „Siehe der Herr hat dich zum Fürsten über sein Erbteil gesalbt“ (10,1). Und damit Saul sehe, dass Samuel die Wahrheit gesagt habe, wolle er ihm ein

Zeichen geben. Unterwegs sollten ihm zwei Männer begegnen, die ihm mitteilen würden, dass seine Esel gefunden seien. Danach würden ihm drei Männer entgegen kommen, die ihm Brot anböten. Alles, was Samuel vorher gesagt hatte, traf ein. Da wusste Saul, dass Gott ihn zum König machen wollte, aber er erzählte niemandem davon (10,16).
Da das Volk einen König haben wollte, berief Samuel die zwölf Stämme Israels. Alle wollten ihren ersten König sehen, und sie kamen zu Tausenden. Das Los wurde geworfen und es fiel auf den Stamm Benjamin und Saul. Doch der hatte sich versteckt und musste erst vom Volk gesucht und geholt werden (10,23).

(12) Samuel legte sein Richteramt nieder, denn nun hatte das Volk einen König. Noch einmal rief er Volk und König eindringlich auf, Gott zu dienen und nicht falschen Götzen zu folgen.

(13–14) Sauls Sieg über die Ammoniter hatte sein Königtum gefestigt. Denn es hatte Widerstand gegen ihn gegeben. In einem Feldzug gegen die Philister versuchte Jonatan, der Sohn Sauls, einen Überrumpelungsangriff, während sein Vater noch abwartend zögerte. Saul griff erst später ein in die letztlich siegreiche Schlacht.
Als das Volk im Verlauf der Kämpfe in eine Notlage geriet, verbot Saul allen bei Androhung des Fluchs, bis zum Abend zu essen. Aber Jonatan, der das nicht gehört hatte, naschte vom fließenden Honig aus den Waben auf dem Feld und seine Augen strahlten (14,27). Er warf seinem Vater vor, dem Volk Unglück zu bringen. Der Sieg über die Philister wäre noch großartiger ausgefallen, hätte sein Vater nicht dieses Verbot ausgesprochen.
Gott blieb an diesem Tag stumm, als Saul ihm Fragen stellte. Durch Los fand der König heraus, dass sein Sohn

Jonatan vom Honig gekostet und sich schuldig gemacht hatte. Das Volk bat aber um Jonatans Leben, denn er hatte ihnen zum Sieg über die Philister verholfen.

(15) In vielen Schlachten hatte Saul die Philister zurückgedrängt. Nun überbrachte ihm Samuel die Botschaft Gottes, gegen die Amalekiter zu Felde zu ziehen und sie zu vernichten. Er solle den Bann vollstrecken und alle töten, Mensch und Vieh. Doch Saul hielt sich nicht an diese Weisung. Er tötete die kranken und schwachen Tiere, schonte jedoch die gesunden, um ein Opfermahl zu halten. In Erwartung eines Lösegelds ließ er auch Agag, den König der Amalekiter, am Leben. Er nahm den besiegten König, das beste Vieh und die wertvollste Habe als Beute mit sich.
Gott zürnte über Sauls Ungehorsam und es reute ihn, dass er Saul zum König gemacht hatte (15,11). Samuel stellte Saul zur Rede: „Warum hast du nicht gehorcht der Stimme des Herrn, sondern hast dich zum Raub gewandt und übel gehandelt vor den Augen des Herrn?“ (15,19). Als Saul sich rechtfertigte, er habe das Vieh Gott opfern wollen, entgegnete ihm Samuel: „Gehorsam ist besser als Opfer, und Aufmerken besser als das Fett von Widdern“ (15,22). Weil Saul den Herrn verworfen habe, so habe der Herr auch ihn verworfen und entziehe ihm das Königtum. Samuel ließ sich von Saul, der seine Sünde eingestand, nicht mehr umstimmen (15,26). „Fürwahr, bitter ist der Tod“ (15,32), sprach Agag, bevor er von Samuel vor Sauls Augen eigenhändig in Stücke gehauen wurde. Samuel verließ Saul, und er sah ihn nie wieder.

◆ Saul war der erste König Israels und lebte etwa um 1000 v. Chr. Ranke nennt Saul „die erste tragische Gestalt der Welthistorie“. Er ist in mehrere Konflikte verstrickt. Sein

Förderer und Widersacher Samuel, der Richter, droht ihm mit Entzug der Hilfe Gottes und spricht aus, dass der König zukünftig von Gott verlassen sein wird. Die Auseinandersetzungen Sauls mit seinem Sohn Jonatan, Lichtgestalt, Haudegen und beliebt beim Volk, scheinen wie die drohenden, ersten Anzeichen seines Scheiterns. Der endgültige Verlust der Hilfe Gottes führt Saul zu unglücklichen politischen und strategischen Entscheidungen und in tiefe Depressionen. Vom Unglück verfolgt versucht der schwermütige König beim Harfespiel Davids sein Unglück zu vergessen (s.a. → David)

Esel (Saul sucht die Eselinnen seines Vaters) Eselsohren auf einem Rohrzepter waren das Symbol der herrschenden Götter Ägyptens. Ihnen galt der Esel als dämonisches Tier. Der böse ägyptische Gott Set hatte Eselsgestalt. Den Indern ist er als triebhaftes Tier Symbol der Unkeuschheit. Schließlich gehörten die Esel auch zum bacchischen Zug und ein Esel war das Reittier des Gottes Dionysos, der der Legende nach zudem zwei Esel unter die Sterne setzte. Auf Eseln zu reiten war ein Zeichen von Vornehmheit. Auch Jesus zieht auf einem Esel in Jerusalem ein. Der Esel ist ein wichtiges Tier für die Messiasweissagung (vgl. Sach 9,9). Dass der Esel, als unvernünftige Kreatur, Gott näher sein kann als der Mensch, zeigt die Geschichte von Bileam (s.a. → Mose).

Salbung Saul (= der Gesalbte) (s. → Samuel)

Bann bedeutete, dass die gesamte Kriegsbeute dem menschlichen Gebrauch und der menschlichen Verfügung entzogen war. Im strengsten Fall wurde alles Lebendige zerstört.

Sauls Attribut ist der Speer. Allerdings ist er in der bildenden Kunst als Einzelfigur kaum anzutreffen. Meist ist er in Verbindung mit David gesehen worden. Der große, bildfüllende König Saul Rembrandts (1636, Den Haag, Mauritshuis) brütet dumpf und trocknet sich die Augen mit einem dunklen Vorhang, gerührt vom Spiel des jungen David. Den Selbstmord Sauls inszenierte Pieter Breughel der Ältere (1526, Wien, Kunsthistorisches Museum) als Massenszene in gewaltiger Felslandschaft. Über dem wogenden Schlachtfeld stürzt sich der König in sein Schwert.

Ab dem späten Mittelalter fasste man Saul entsprechend der kirchlichen Lehrmeinung als den für die Sünde des Ungehorsams mit Wahnsinn und Untergang Bestraften auf; die Sympathien galten dem vermeintlich frommen David. So sehen es z. B. Hans Sachs: „Tragedi König Sauls mit Verfolgung Davids" (1557) und Wolfgang Schmeltzl. Im Barock wurde Saul zum Vertreter des typischen Tyrannen, der aus Hochmut nicht nur gegen Gott frevelt, sondern auch sein Volk durch Kriege ins Unglück stürzt (J. Chr. von Grimmelshausen, „Ratio Status", 1670).
Der Franzose Jean de La Taille wich mit seinem Stück „Saul der Wütende" (1562) von der biblischen Quelle ab und zeigte die menschliche Tragik des Königs. Einen weiteren neuen Akzent gab Voltaire der Geschichte um Saul (1763) in einem vom Hass gegen die Kirche diktierten Drama, in dem Saul ein Opfer der Priesterherrschaft wird. Diese Verarbeitung des biblischen Stoffes zeigte seine Wirkung in dem für die Folgezeit bedeutendsten Saul-Drama, einer psychologischen Studie: Die Tragödie „Saul" von Vittorio Alfieri (1782) greift in fünf Akten die biblischen Episoden aus dem Leben Sauls auf. Der Höhepunkt liegt im psychologischen Drama des Saul, des verworfenen Königs, der vergebens um Gott ringt und so im Wahnsinn endet. Robert Browning (1812–1889), der berühmte engli-

sche Dichter, verfasste eine dramatische Verserzählung über Saul.
Das Gedicht von George Gordon Lord Byron „Sauls Gesang vor seiner letzten Schlacht“ entstand 1815 im Rahmen seines Gedichtzyklus der „Hebräischen Melodien“ und demonstriert im tragischen Schicksal Sauls den Fall des Tyrannen und den menschlichen Sündenfall.
André Gide schildert in seinem Roman „Saul“ (1903) den Aufstieg Davids und den Niedergang Sauls. Die Selbstverstrickungen Sauls machen die tiefen Seelenkonflikte des alternden Königs deutlich, deren Gründe Gide in der hemmungslosen Leidenschaft des Königs für David sah.

♫ Georg Friedrich Händels Oratorium „Saul“ (1738) thematisiert den tragischen Saul, der gegen den jungen David wütet, und macht dessen seelische Ambivalenz und Leiden hörbar. Hermann Reutter komponierte (1928/ Neufassung 1947) eine einaktige Kammeroper „Saul“.

David

Isai, Davids Vater – → Samuel – → Saul – Jonatan, Sauls Sohn – Michal und Merab, Sauls Töchter, – Goliat, der Philister – Philisterkönig Achisch – Absalom, Amnon, Tamar, Davids Kinder – Abigail, Batseba, Davids Frauen – Nabal – Isch Boschet, König über Israel – Abner, sein Heerführer – Joab, Davids Heerführer – Nathan, der Prophet – Mefi-Boschet – Uria

(1 Sam 16–31; 2 Sam 1–24)

David war israelitischer König von ca. 1004/03–965/64 v.Chr. Zwischen 1004–998 war er siebeneinhalb Jahre König von Juda in Hebron, ab 997 bis 965 herrschte er 33 Jahre von Jerusalem aus über ganz Israel. David hatte Juda und Israel zu einem Reich vereint und diesem weitere Teile hinzugefügt: Jerusalem als Residenz, die ostjordanischen Staaten und einen Teil der phönizischen Küste. Das daraus entstandene Großreich „vom Strom bis an den Bach von Ägypten" überdauerte zwei Menschenalter bis zur Teilung des Reiches 926 v.Chr.

David und Saul

(16) David, jüngster der acht Söhne des Isai, wurde von Samuel auf Gottes Geheiß gesucht und schon als junger Knabe gesalbt. Denn Gott hatte König → Saul als König verstoßen, weil dieser ihm nicht mehr diente. Von Gottes Geist verlassen und von einem „bösen Geist" geplagt, war Saul in Schwermut verfallen. In David fand man einen aufmunternden Harfespieler für den kranken König. Mit seinem Spiel vertrieb dieser Knabe „mit schönen Augen und von guter Gestalt" (16,13) die Schwermut des Königs und machte dessen Herz leicht.

David und Goliat

(17) Während David am Hofe Sauls lebte, hütete er weiterhin die Schafe seines Vaters. Als das Land erneut von den Philistern bedroht wurde, boten diese statt einer Schlacht einen Zweikampf mit dem Riesen Goliat an. Alle verweigerten sich aus Angst. Nur David scheute den Kampf nicht. Derjenige, der den Riesen erschlage, solle die Tochter des Königs Saul zur Frau erhalten (17,25). Davids Gottvertrauen, mit dem er dem ungleichen Kampf entgegen sah, hielten alle anderen für Hochmut. Auch Goliat verhöhnte den jungen David. Der aber nahm nur eine Schleuder und fünf Kieselsteine. Getroffen von einem Kieselstein stürzte der Riese, und David enthauptete ihn mit dessen eigenem Schwert. Die Philister flohen entsetzt.

David und Jonatan

(18) David war Jonatan, dem Sohn Sauls, in tiefer Freundschaft verbunden. Ihre Herzen gehörten zusammen und Jonatan hatte David lieb wie sein eigenes Herz. David wurde nun zum Waffenträger Sauls und hatte auf dem Schlachtfeld großen Erfolg. Das Volk ehrte ihn. Aus Dankbarkeit besangen sie seine Erfolge „Saul hat tausend erschlagen, aber David zehntausend!“ (18,7). Das ergrimmte Saul, und von nun an war er voll Eifersucht und Misstrauen gegen David. In einem Anfall von Raserei versuchte er David mit seiner Lanze an die Wand zu spießen. Saul spürte, dass Gott von ihm gewichen war. Immer wieder schickte er David in den Krieg gegen die Philister und dessen Erfolge ließen ihn grauen. Das Volk Israel aber liebte David immer mehr.

Saul hatte David nach dem Kampf gegen Goliat nicht wie versprochen seine älteste Tochter Merab zur Frau gegeben. So versuchte Saul David erneut in den Tod zu schicken und versprach ihm als Belohnung nach dem Krieg

Michal, seine andere Tochter. Bescheiden lehnte David ab. Aber wieder war er im Kampf erfolgreich und er bekam Michal, die ihn liebte, zur Frau. Davids Erfolg aber wurden Saul immer unheimlicher.

Jonatan rettet David

(19) Sauls Sohn Jonatan und Michal schützten Davids Leben vor den Nachstellungen Sauls. Denn immer wieder verfiel Saul in Wahn und wollte David in seiner Raserei mit der Lanze töten. Weil Jonatan David liebte, warnte er ihn vor der Mordlust seines Vaters. So zürnte Saul seinem eigenen Sohn. Solange David lebe, werde er nicht König, versuchte er Jonatan vergeblich gegen David aufzuhetzen.

Davids Flucht

(21) Schließlich floh David vor den Nachstellungen des Königs mit Hilfe Jonatans und holte sich das Schwert des Riesen Goliats zu seinem Schutz. König Achisch von der Philisterstadt Gat nahm ihn auf. David mimte dort den Wahnsinnigen, um den Nachstellungen seiner Verfolger zu entgehen (22). Schließlich sammelte er um sich eine Streitschar von Männern, die auch in Not waren. Saul nahm Rache an denen, die ihm halfen und tötete sie. Gott aber schützte David.

Saul verfolgt David

(24) Bei der Verfolgung Davids kam Saul eines Tages in eine Höhle, in deren Dunkelheit sich David versteckt hielt. Dem schlafenden Saul schnitt David einen Rockzipfel ab und gab sich danach zu erkennen. „Ich habe mich nicht an dir versündigt, aber du jagst mir nach, um mir das Leben zu nehmen" (24,12). Saul weinte und es reute ihn, was er tat. Da er wusste, dass David König werden würde, bat er ihn, Sauls Geschlecht nach der

Machtübernahme nicht auszurotten. David schwor dies.
(26) Doch Sauls Zerknirschung hielt nicht lange an. Mit neuem Zorn verfolgte er David. Und David verschonte Saul zum zweiten Mal. Als er Saul und seine Mannen wieder in tiefem Schlaf liegend fand, ließ er ihnen das Leben. Zum Beweis seiner Ergebenheit zeigte er ihnen die Spieße, die er ihnen entwendete und abermals reute es Saul tief.

David und Abigail

(25) Auf seinen Streifzügen wurde Davids Bitte um Gastfreundschaft von dem reichen, boshaften Nabal (= der Tor) abgewiesen. Seine Frau, die schöne und kluge Abigail, brachte David daraufhin viel Brot und Wein, um ihr Haus vor seiner Rache zu schützen. Dann kehrte sie zurück in ihr Haus zu ihrem betrunkenen Mann, dessen Herz schlagartig versteinerte, als er hörte, was sie getan hatte. Nach Nabals Tod nahm David die schöne Abigail zur Frau.

David bei den Philistern

(27) Um Saul nicht in die Hände zu fallen, floh David schließlich erneut zum größten Feind, den Philistern, und kämpfte mit diesen gemeinsam. Er täuschte ihnen vor, gegen Juda zu ziehen, derweil er eigentlich Kriegszüge in Ägypten unternahm. So wurde David zum Leibwächter des Königs Achisch. Als der große Kampf gegen Israel bevorstand, wurde David jedoch zurückgeschickt, da die Philister an seiner Loyalität zweifelten und Verrat fürchteten.
(29) Als David in die Stadt Ziklag, die ihm vom Philisterkönig gegeben worden war, zurückkehrte, hatten die Amalekiter die Stadt gebrandschatzt und alle Frauen, Söhne und Töchter geraubt. Auf Gottes Geheiß jagte

David ihnen nach und holte sich Besitz, Frauen und Kinder zurück. David teilte mit allen, auch mit denen die nicht am Kampf teilgenommen hatten, die gemachte Beute und erhob dies zum Rechtsgrundsatz.
(28;31) In diesem Kampf gegen die Philister fanden Saul und seine drei Söhne den Tod. Voller Not hatte König Saul vor der Schlacht durch die Totenbeschwörerin von En-Dor den toten Samuel rufen lassen. Doch der wiederholte nur, dass Gott von ihm gewichen sei und er und seine Söhne schon morgen sterben würden. Jonatan und zwei Brüder wurden erschlagen, Saul stürzte sich schwer verwundet in sein eigenes Schwert.

Davids Königszeit

(2 Samuel 1–24)
(1–3) David trauerte um Saul und Jonatan und sang ein Klagelied. Dann zog er mit seinen Frauen und seinem Gefolge nach Juda und wurde in Hebron von den Männern Judas zum König gesalbt. Aber nicht alle Nachkommen Sauls waren tot. Ein Sohn Sauls, Isch-Boschet, wurde zum König von Israel „gewählt". Daraufhin kam es zu einem langen Bruderkrieg zwischen Juda und Israel, bis Abner, ein Gefolgsmann des Isch-Boschet, zu David überlief und damit die Vereinigung der beiden Königreiche einleitete. Ohne Davids Wissen tötete Joab, Davids Waffenträger, Abner, um seinen Bruder zu rächen, der von Abner im Kampf getötet worden war.
(5) Später wurde auch Isch-Boschet in seinem Bett ermordet.
David trauerte öffentlich und wurde dann König über ganz Israel. Insgesamt regierte er 40 Jahre. Nachdem er bereits siebeneinhalb Jahre König von Juda war, übernahm er mit 30 Jahren die Herrschaft über ganz Israel und herrschte in → Jerusalem, das er eroberte (5,6 ff) weitere 33 Jahre über das ganze Land.

Er sicherte seine Herrschaft, nahm sich viele Frauen und zeugte viele Söhne und Töchter.

David holt die Bundeslade nach Jerusalem

(6) Unter Jauchzen und Trompetenschall ließ David die Bundeslade von Baala in Juda nach Jerusalem holen. „Und David tanzte mit aller Macht vor dem Herrn her und war umgürtet mit einen leinenen Priesterschurz" (6,14). Michal, die Tochter Sauls, jedoch verachtete David für seinen Tanz und verhöhnte ihn. Zur Strafe sollte sie bis zu ihrem Tod kein Kind haben.

(7–9) Gott verhieß David (7,5 ff) durch den Propheten Nathan eine friedvolle Regierungszeit, die Zukunft seines Geschlechtes, ewiges Königtum und immerwährende Gnade. Und David war in der Tat in allen Kämpfen erfolgreich und schuf im Lande Recht und Gerechtigkeit. Er straffte die Verwaltung des Staates und holte zuletzt Mefi-Boschet, den lahmen Sohn seines Freundes Jonatan, in sein Haus an seinen Tisch.

David und Batseba

(11) Eines Tages beobachtete David vom Dach des Königshauses, wie die schöne Batseba, Gemahlin des Uria, sich wusch. Er ließ sie holen, schlief mit ihr und sie wurde schwanger. Uria, von David aus dem Heerlager zurückzitiert, verweigerte ihr jedoch den von David erhofften Beischlaf und lagerte als „braver Soldat" bei den anderen Kriegsleuten. So ließ David Uria mit einem Brief an die Front zurückkehren, der Joab, seinen Heerführer, aufforderte, ihn dort in den Kampf zu stellen, „wo es am härtesten ist" (11,15). Uria fiel, und David nahm Batseba zur Frau. Gott aber missfiel die Tat.
(12) Nathan, der Prophet, hielt David eine Strafrede in Form des Beispiels vom reichen Mann, der dem armen

alles nahm. Gott drohte David mit Unheil, verschonte aber sein Leben. Doch Batsebas Kind starb. David litt, fastete und tröstete Batseba. Dann zeugte er mit ihr → Salomo, den „von Gott Geliebten“, den er von Nathan erziehen ließ.

Amnons Schandtat

(13) Unter den vielen Kindern Davids waren auch Amnon, der Erstgeborene, und der schöne Absalom mit dem schweren, langen Haar. Amnon begehrte seine Halbschwester Tamar, die anziehende Schwester des Absalom. Er stellte sich krank, und als sie ihn pflegen wollte, vergewaltigte er sie. Anschließend warf er Tamar aus dem Haus. Einsam und wahnsinnig flüchtete sie in ihrer Not zu Absalom, der um die Tat wusste. Dieser hasste Amnon deswegen, doch sein Vater David tat Amnon nichts, da er der Erstgeborene war.

Absalom

(13,23 ff) Zwei Jahre später rächte Absalom die Vergewaltigung seiner Schwester und erschlug den betrunkenen Amnon bei einem Gastmahl, zu dem er seine Brüder und Halbbrüder geladen hatte. Seine Geschwister flohen. Voll Trauer um seinen erstgeborenen Sohn Amnon hegte David tiefen Groll gegen Absalom.
So floh Absalom, doch Davids Herz hing an ihm. Nach Joabs Fürsprache ließ er ihn zwar wieder zurückholen, gewährte ihm aber keinen Blick (14,14). Erst nach über zwei Jahren verzieh er ihm und gab ihm den Versöhnungskuss.

Absaloms Aufruhr

(15) Absalom war durch den Tod des Amnon nun auch der älteste Sohn. Er machte sich daran, den Einfluss des schon vom Alter gezeichneten Vaters zu schwächen.

Durch eitle Intrigen erwarb er sich die Gunst des Volkes: Er erhob sich zu dessen angeblichem Fürsprecher bei Rechtsstreitigkeiten, da beim König niemand Gehör finde. „So stahl Absalom das Herz der Männer Israels" (15,6). Hinter dem Rücken seines Vaters ließ er sich huldigen. Schließlich putschte Absalom, ließ sich zum König ausrufen und zog in Jerusalem ein.
David musste aus der Stadt Jerusalem fliehen. Die Bundeslade ließ er aber zurück, da er zuversichtlich hoffte, durch Gottes Gnade zurückzukehren. Am Jordan erfuhr er von Absaloms Angriffsplan auf ihn. Unter seinem Getreuen Joab wurden die Kampfvorbereitungen getroffen. David aber ließen sie zurück, damit er ihnen von der Stadt aus, in der sie lagerten, helfen könne. Der König bat seine Krieger: „Verfahrt mir schonend mit meinem Sohn Absalom" (18,5). Und der grausame Kampf fraß viele Tausend Menschenleben. Absalom musste fliehen und blieb mit seinem schönen Haar in einer Eiche hängen. Hilflos zappelnd fand er den Tod von Joabs Hand, der ihm drei Stäbe durchs Herz bohrte. Als David vom Tode Absaloms erfuhr, weinte und klagte er: „Mein Sohn Absalom! Wollte Gott, ich wäre für dich gestorben! O Absalom, mein Sohn, mein Sohn" (19,1). Das Volk Israels holte David als König zurück nach Jerusalem.

◆ David, jüngster der acht (nach 1 Chr 2,13–15 jüngster der sieben) Söhne von Isai, (hebr. = der Geliebte), Hirtenjunge aus Bethlehem, war der bedeutendste altisraelitische König. Das unter ihm vereinte Großreich konnte nach dem Zerfall nie wieder errichtet werden. David ist eine beeindruckende Gestalt im Alten Testament, menschlich in seinen Schwächen, seinem Kummer, seiner Großzügigkeit und Liebe, königlich als Herrscher, Feldherr und Vereiniger des Reiches. Und David war ein Künstler. Auf Grund seiner Leichenlieder auf Saul, Jonatan und Abner (2 Sam 1,

17ff; 3,33) schrieb die spätere Zeit, auch wenn das nicht stimmen mag, David die Mehrzahl der → Psalmen zu.
David hinterließ zahlreiche Spuren in Dichtung, bildender Kunst, Philosophie, Politik und Theologie der abendländischen Kultur. Er wurde oft zur Idealgestalt des göttlich legitimierten Herrschers, zum Prototyp des idealen Königs und Vorbild ganzer Generationen byzantinischer und deutscher Kaiser und Könige stilisiert. Sie beriefen sich auf den bewaffneten David, um ihren Herrschaftsanspruch zu legitimieren, „in Stellvertretung Gottes" Politik zu betreiben. An David mussten sich die weltlichen Herrscher des Mittelalters messen. David wurde zu einer mythisch-überhöhten Gestalt. In Israel und dem Judentum galt die Regierungszeit Davids als goldenes Zeitalter. Mit der Figur Davids wurde der Messias verbunden.
Der Islam übernahm aus der Antike Überlieferungen zu David und Salomo, wie in einigen Suren des Koran zu lesen ist (z. B. Sure 21,78). Der Koran schrieb David u. a. die Fähigkeit zu, Verteidigungswaffen herzustellen, Salomo wurde Macht über Dämonen gegeben.
Die Geschichten um David gleichen Heroensagen der griechischen Mythologie. Schon in den ersten nachchristlichen Jahrhunderten wurden Parallelen zwischen David und dem Sänger Orpheus gezogen. Die griechische Auffassung von der heilenden Wirkung der Musik fand ihren Ausdruck im Mythos um den Hirtensänger Orpheus, dem die Tiere lauschten und der sogar die Pforten der Unterwelt überwand.
Ebenso zeigt sich die Nähe zu den Mythen um Perseus, Sohn des Zeus und der Danaë, der als Gründer der Stadt Mykene auf der Peloponnes gilt, und der Nationalheros dieser griechischen Landschaft ist. Wie David Goliat erschlug, enthauptete Perseus die gefürchtete Gorgo Medusa.

Riesen In vielen Märchen wird immer wieder im Gleichnis vom jüngsten Sohn, der mutig hinauszieht und das Böse besiegt und dafür reichlich belohnt wird, die Geschichte um David und Goliath adaptiert (z. B. „Das Tapfere Schneiderlein", das den Riesen erschlägt, Gebrüder Grimm.)

Wurzel Jesse ist eine Ableitung aus Isai, des Vaters Davids. In der Vulgata heißt Isai Jesse. „Es ist ein Ros' entsprungen ... von Jesse war die Art", sagt ein Weihnachtslied. Johann Sebastian Bach komponierte das Lied: „Die süße Wurzel Jesse." Die Darstellungen des Stammbaums Jesu, als Nachfolger Davids (= Wurzel Jesse) waren im Mittelalter beliebte Motive der Glasmalerei (Fenster in der Kathedrale von Chartres).

Davidsbündler Robert Schumann und ein Kreis romantischer Musiker nannten sich „Davidsbündler" und erhoben David zur Leitfigur von Kunst und Kultur.

Uriasbrief nennt man, nach dem unglückseligen Urias, einen Brief, der dem Überbringer Unheil bringt.

Davidsstern, (Davidschild) oder auch Hexagramm ist ein Symbol in Form eines Sechssterns, gebildet durch zwei übereinander liegende oder zwei in sich verschlungene Dreiecke als Sinnbild der Durchdringung der sichtbaren und der unsichtbaren Welt. Im Judentum ist der Stern bezeugt seit dem 7. Jh. v. Chr. Ein allgemeines Glaubenssymbol ist der Davidsstern seit dem 18. Jh., die Verbreitung seiner Darstellung auf Kultgeräten (Toraaufsatz, Sabbatlampen) begann im ausgehenden 18. Jh. Seit jeher war der Davidstern das Symbol des Zionismus, daher auch „Zionsstern" genannt. Nach dem ersten Zionisten-Kongress 1897 in Basel wurde er weltweit zum Kampf- und Hoffnungszeichen.

Im „Dritten Reich" wurde der Davidsstern laut Polizei-

verordnung des Reichsministers vom 1. September 1941 Zwangskennzeichen („Judenstern“) aller, die nach nationalsozialistischem Gesetz als Juden bezeichnet wurden. Jeder Jude vom sechsten Lebensjahr an hatte einen gelben Stern als Aufnäher an der Brust zu tragen (s. „Selbstbildnis mit Judenpaß“ (1943) von Felix Nussbaum, in Auschwitz ermordet, Osnabrück, Nussbaummuseum). Der sechszackige Davidstern ist stets das Hoffnungszeichen der Juden geblieben. Als blauer Stern auf weißem Grund befindet er sich seit 1948 auf der Staatsflagge Israels.
Als „Stein der Weisen“ gelangte der Davidstern in die christliche Alchimie und Theosophie, als theosophisches Zeichen wird er noch heute benutzt.
Zu den häufigsten Symbolen, mit denen noch heute immer wieder jüdische Friedhöfe geschändet werden, gehören neben dem Hakenkreuz und den Sieg-Runen der Davidstern.

Davidsstadt Jerusalem wird als Davidsstadt bezeichnet.

David und Jonatan gelten als Musterbeispiel einer unverbrüchlichen Männerfreundschaft. Die Hauptfigur in Astrid Lindgrens Buch „Brüder Löwenherz“ heißt Jonatan. Auch hier geht es um Freundschaft und Tod.

Kreti und pleti ist zur stehenden Redewendung geworden für „irgendwer“ bzw. „hergelaufenes Pack“. Kreter und Pleter waren Söldner Davids (Kreter und Philister) aus dem ägäischen Raum, die David im Kampf gegen Absalom zur Seite standen. (1 Sam 30,14)

In der christlichen Kunst wurde David als Prototyp Christi verehrt. Davids Triumph galt als Triumph Christi über den Satan. So schrieb Augustinus: „In der Gestalt Christi erscheint David, wie Goliath in der Gestalt des Teufels: und wie David Goliath niedergestreckt hat, ist es

Christus, der den Teufel besiegte“ (Enarrationes I in Psalmum 33.4). Eine Reliefdarstellung an der Holztür von San Ambrosio in Mailand zeigt dieses Bild. Als Vorfahre Christi erschien David, oft gekrönt, mitunter mit der Harfe, in der Kathedralplastik und dann in Darstellungen der Wurzel Jesse. Davids Salbung und sein Königtum boten weitere Motive, die besonders für die byzantinischen Kaiser bedeutsam wurden. Seit etwa dem 4. Jh. n. Chr. gab es ganze Davidzyklen.

Als königlicher Sänger und Dichter der Psalmen, meist eine Harfe spielend, findet er sich in der Buchmalerei, vor allem in Psalterillustrationen des frühen Mittelalters. Auf zahlreichen Flugblättern und Holzschnitten der europäischen Grafik finden sich Daviddarstellungen seit dem 14. Jh. im Zusammenhang mit der bildlichen Wiedergabe allegorischer Helden. Seit dem 16. Jahrhundert gilt David als Schutzpatron der Meistersinger.

Die bekannteste Geschichte „David gegen Goliat“ hat bis in unsere Gegenwart hinein sprichwörtlichen Charakter gewonnen.

In der Kunst der Renaissance begegnen wir der Gestalt Davids vorrangig als jugendlichem Hirten und Bezwinger des Riesen Goliat. Im Florenz der Renaissance erhielt der Sieger über Goliat als Sinngestalt der Freiheit ausgesprochen politische Bedeutung: Lorenzo Ghiberti „David besiegt Goliath“, Bronzerelief an der Tür des Baptisteriums in Florenz, um 1440; Donatello „David“, Bronzestatue (um 1433–1443, Florenz, Museo Nazionale del Bargello); Andrea del Verrocchio, „David“, Bronzestatue (um 1472–1475, Florenz, Museo Nazionale del Bargello).

Am berühmtesten ist wohl Michelangelo Buonarottis Statue des David. Ursprünglich war sie nicht für die Piazza Signoria gedacht (erst 1504 hier aufgestellt), sondern für den Dom in Florenz vorgesehen. Sie befindet sich heute in Florenz, in der Galleria dell’Accademia.

In der Kunst des Barock ragt neben Gian Lorenzo Bernini mit der Marmorskulptur „David“ (1623–1624, Rom, Galleria Borghese) vor allem Caravaggio mit drei beeindruckenden Gemälden heraus, die den Knaben David mit dem abgeschlagenen Haupt Goliats zeigen (um 1600, Madrid, Prado; um 1607, Wien, Kunsthistorisches Museum; um 1610, Rom, Galleria Borghese). Auch Orazio Gentileschi, der Schüler Caravaggios, zeigt den sinnierenden David über dem Haupte des Riesen (1610, Berlin, Gemäldegalerie). Johann Heinrich Schönfeld, „Der Triumphzug Davids“ (1640/42, Karlsruhe, Staatliche Kunsthalle), inszeniert einen prunkvollen Festzug. David sitzt auf einem Pferd, flankiert von zwei Soldaten, die Helm und Rüstung des Goliat tragen, während David auf seinem Pferd dessen Haupt triumphal auf seinem Schwert präsentiert.

Auch die Gestalt Batsebas, Mutter des zukünftigen Königs Salomo, inspirierte die Maler immer wieder. Noch recht keusch zeigt Cranach d. Ä. (1526, Berlin, Gemäldegalerie) die angezogene Batseba. Rembrandt hat das Thema schuldhafter Verstrickungen des Königs mehrfach gestaltet, zum Beispiel im Gemälde „Bathseba im Bade“ (1654, Paris, Louvre), in dem die Frau des Feldherren Urias in ihrer tiefen Verwirrung und Einsamkeit das Bild beherrscht. Für Peter Paul Rubens ging es in „Bathseba am Springbrunnen“ (um 1635, Dresden, Gemäldegalerie) in erster Linie darum, die Schönheit und die verführerische Macht ihres Körpers darzustellen. Jacopo Amigoni (1682–1752) hatte eine besondere Vorliebe für alle Nackten der Bibel und widmete sich auch der Batseba (Berlin, Gemäldegalerie). Ebenso zeigt Ricci eine von vielen Grazien umringte Nackte (1720, Berlin, Staatliche Museen). Ganz anders das Bild der Artemesia Gentelschi – sie malte das Motiv zweimal –, in einer Version die Verwundbarkeit der zarten Batseba ins Bild bannt (um 1630, Ohio, Columbo Museum of Art).

Rembrandts ergreifendes Bild „Die Versöhnung Davids

mit Absalom“ (1642, Petersburg, Eremitage) zeigt den schönen, in Gold gekleideten Absalom an der Brust des traurigen Vaters, während sich im Hintergrund unter bedrohlich verdüstertem, wie von Rauchzeichen verfinstertem Himmel der Tempel Jerusalems erhebt. Im Dom von Siena gibt es ein Bodenmosaik mit dem im Baum hängenden Absalom.

Marc Chagall wählte für seine fantasievollen druckgrafischen Zyklen zum Alten Testament neben der Figur Davids als Sänger und Harfenspieler den „Triumph Davids über Goliath“, „Siegesfreude bei der Rückkehr Davids“, „David wird von Michal gerettet“, „Abigail wird die Frau Davids“ sowie „David beweint seinen Sohn Absalom“.

Im Mittelalter zählte David als seherischer Sänger zu den Propheten, so taucht er vor allem in den Prophetenspielen Frankreichs und Deutschlands auf. Durch die Reformation wurde er besonders als vorbildlicher König, als Einheit von weltlichem Herrscher und geistlichem Oberhirten, herausgestellt. Der katholische Dichter Wolfgang Schmeltzl schrieb viele biblische Dramen, darunter auch „Ein schön tröstliche Hystoria von dem Jüngling David und dem mutwilligen Goliath“ aus dem Jahre 1545. In seiner volkssprachigen Komödie wird der Kampf Davids gegen Goliat als zeitgenössische Auseinandersetzung des Christentums gegen die Türken allegorisiert.

Eine Flut von David-Dramen setzte etwa in den vierziger Jahren des 16. Jhs. ein, bevorzugtes Thema blieb Davids Kampf gegen Goliat. Hans Sachs thematisierte den Konflikt zwischen Saul und David u. a. 1557 in „Die Verfolgung König Davids von dem König Saul“. Überdies war für Hans Sachs die Geschichte um David und Batseba von Interesse (Comedi David Bathseba, 1556). Pedro Calderón de la Barca schrieb um 1650 das Stück „Los cabellos de Absalón“.

Bemerkenswert ist der dreiteilige Barockroman von G. Ch. Lehms „Die unglückselige Prinzessin Michal und der verfolgte David“ (1707), „Des Israelischen Printzens Absalons und seiner Prinzessin Schwester Thamar Staats-, Lebens- und Heldengeschichte“ (1710) sowie „Der weise König Salomo“ (1711).

Lion Feuchtwanger schrieb kleinere Stücke zu biblischen Themen, u. a. „Das Weib des Urias“ (1905/06) und „König Saul“ (1911). Reinhard Johannes Sorges Drama „König David“ (1916) rollt die Stationen von Davids Leben von der Salbung bis zum Tode auf. Ricardo Bacchelli „Der Sohn des Lais“ (1945) schrieb eine „Tragödie des kleinen Mannes“. Nachdem David in Ungnade gefallen war, gab Saul Michal dem Sohn des Lais zur Frau. Als König forderte David sie zurück vom weinenden Paltiel (vgl. 2 Sam 3,15 f).

Das Batseba-Motiv findet sich seit der zweiten Hälfte des 19. Jhs. vorrangig als Thema erotischer Verfehlungen, z. B. bei E. v. Hartmann „David und Bathseba“ (1871). Lindgren Torgnys Roman „Bathseba“ (1984) folgt weitgehend dem AT und stellt basale Fragen des Lebens: Wer ist der Herr – er, der voll unbeherrschter Leidenschaft ist oder sie?

Peter Shaffers „Jonadab“ (1984) behandelt die Vergewalti-gung der Tamar durch ihren Bruder Amnon. Tamars Gestaltung weicht von der biblischen Vorlage ab. Erst Spielball im Machtspiel der Männer agiert sie später mit in einer zerstörten und gestörten Welt.

Der Roman William Faulkners „Absalom, Absalom“ (1936) greift die Probleme des amerikanischen Südens im Bürgerkrieg auf und behandelt die Unfähigkeit der weißen Amerikaner, Schwarze als gleichwertige Menschen anzusehen. Ein modernes israelisches Stück von I. Aliraz „Rebell und König“ (1968) stellt den Vater-Sohn-Konflikt zwischen David und Absalom in den Mittelpunkt.

Stefan Heym gelang mit „Der König David Bericht" (1972, DDR) vor allem auch in Westdeutschland (BRD) der Durchbruch, weil sein Buch als Auseinandersetzung mit der DDR verstanden wurde. Heym thematisierte mittel des biblischen Motivs das Verhältnis von Geist und Macht. König Salomo gibt dem Historiker Ethan den Auftrag, die historische Wahrheit über seinen Vater David herauszufinden, da Salomo seine göttliche Erwähltheit beweisen möchte, um seine Herrschaft zu legitimieren. Das ambivalente Ergebnis des Berichtes – David war Werkzeug Samuels gegen Saul – wird von den Herrschenden verschwiegen. Heyms Entlarvung eines zum Despoten verkommenen Staatsgründers wurde auch auf die Sowjetunion unter Stalin bezogen. André Gides Roman „Saul" behandelt das Verhältnis von Saul und David (s. → Saul).

♫ Arthur Honnegger (1892–1955) schuf mit „König David" einen symphonischen Psalm, René Morax (Text), den „Psaume symphonique en trois parties", der 1921 uraufgeführt wurde. David Milhauds Auftragsoper „David" wurde 1955 in der Mailänder Scala uraufgeführt aus Anlass der dreitausendsten Wiederkehr des Jahres, in dem Jerusalem Hauptstadt des Königreichs Israel wurde. Sie erzählt die Geschichte vom ersten Besuch des Propheten Samuel bis zur Salbung des Salomos.

🎬 „König David" (1985, USA) mit Richard Gere in der Hauptrolle (Regie Bruce Beresford) erzählt die Lebensgeschichte in amerikanischer Manier. Der gute David kämpft mit dem bösen König Saul usw.

Salomo

Adonia, sein Bruder – Haggit – Batseba, seine Mutter – Nathan – David – Tochter des Pharao – zwei Huren – Königin von Saba – Rehabeam, sein Sohn

(1 Kön 1–11)

Die glanzvolle Zeit des Königs Salomo leitet die beiden Königsbücher der Bibel ein, die im Wesentlichen die geschichtliche Periode von ca. 970 v.Chr. bis 560 v.Chr. umfassen. Der Regierungszeit Salomos im ersten Teil (1 Kön 3–11) folgt der Zerfall des Reiches und der Personalunion nach dem Tode Salomos (926 v.Chr.), die Geschichte der Könige und die Kämpfe der beiden Teilreiche (1 Kön 12–2 Kön 17) bis zum Untergang Israels und im dritten Teil (2 Kön 18–25) schließt sich die Geschichte Judas bis zur Babylonischen Gefangenschaft von 586 v.Chr. an.

(1 Kön 1) Adonia, Sohn Davids und der Haggit, der nach dem Tode seiner älteren Brüder Amnon und Absalom (s. → David) der nächstgeborene Thronanwärter war, versuchte sich noch zu Lebzeiten Davids zum König ausrufen zu lassen. Batseba, die Mutter Salomos, ging daraufhin, unterstützt vom Propheten Nathan, zu dem alten, kranken David und erinnerte diesen an seinen Schwur, dass nach ihm Salomo Anspruch auf den Thron habe. Und David sorgte dafür, dass sein und Batsebas Sohn zum König gesalbt wurde (1,39). So bestieg Salomo schon zu Lebzeiten König Davids den Thron.
(2) Nachdem er seine Herrschaft gefestigt hatte, heiratete er die Tochter des Pharao aus Ägypten (3,1).

(3) Als Salomo König wurde, bat er Gott um ein weises und verständiges Herz, um sein Land regieren zu kön-

nen. Gott schenkte ihm, da er nur an sein Volk und nicht an sich selbst gedacht hatte, dazu auch Reichtum und ein langes Leben. Unter Salomos weiser Regierung wurde das Land reich und mächtig (3,11). Einmal kamen zwei Huren zu Salomo, die um ein Kind stritten, denn beide behaupteten, es sei ihres und das Kind der anderen sei gestorben. Als Salomo befahl, das Kind mit einem Schwert teilen zu lassen, entbrannte das Herz der richtigen Mutter in Liebe, und sie verzichtete. Salomo erkannte in ihr die wirkliche Mutter und übergab ihr den Säugling. Ganz Israel hörte von dem weisen Urteil und liebte und achtete den König.

(4–5) Salomo verbesserte die Verwaltung seines Landes, kümmerte sich um die Landwirtschaft und den Weinanbau, unterstützte die Künste und die Wissenschaft. Er ließ Eisen- und Kupferbergwerke anlegen, baute die Schifffahrt aus und betrieb mit vielen Völkern Handel. Sein Volk lebte in Frieden, Sicherheit und Reichtum. Er führte ein großes Hoflager, besaß viertausend Gespanne Rosse für seine Kriegswagen und zwölftausend Reitpferde. Salomo herrschte über alle Königreiche zwischen Euphrat und dem Land der Philister und hielt Frieden mit allen Völkern. „Und er dichtete dreitausend Sprüche und tausendunddfünf Lieder“ (5,12).

Der Bau des Tempels

(6) Salomo baute für Gott in Jerusalem das schönste und prächtigste Haus des gesamten Königreiches, das aus kostbarem Gestein bestand, das aus den Felsen des Gebirges geschlagen wurde. Sieben Jahre dauerte es, bis der Bau fertig war, für den der König Tausende Menschen aus allen Teilen des Landes zur Arbeit verpflichtete, die begabtesten Künstler, Architekten und Bildhauer nach Jerusalem holte. Im Allerheiligsten des

Tempel stand die Bundeslade, in der die beiden steinernen Tafeln mit den zehn Geboten aufbewahrt wurden. Gott warnte Salomo jedoch, dass er das Land zerstören, den Tempel einreißen und Unheil über das Volk bringen werde, sollte sich das Volk und sein König von ihm abwenden und seine Gebote missachten (9,7 f).

Die Königin von Saba

(10) Von Salomos Weisheit und dem Reichtum, den das Land unter seiner Regentschaft erreicht hatte, sprachen alle Völker. Auch die Königin von Saba hatte von dem barmherzigen, gerechten und klugen Staatsmann gehört und kam, ihn zu besuchen. Die Königin, selbst sehr klug, stellte seine Weisheit mit vielen Rätseln und Fragen auf die Probe und wurde nicht enttäuscht. Salomo beschenkte sie reichlich, wie auch sie dem König zahlreiche kostbare Geschenke gebracht hatte.

Salomos heidnische Frauen

(11) Salomo liebte die Frauen, vor allem heidnische Frauen. Siebenhundert Hauptfrauen und dreihundert Nebenfrauen hatte er und „seine Frauen verleiteten sein Herz“ (11,3). An seinem Hofe lebten die jungen Prinzessinnen aus fernen Ländern, denen er außerhalb Jerusalems kleine Tempel erbauen ließ, damit sie hier ihre eigenen Gottheiten und Götzen anbeten konnten. Er ließ sich sogar dazu verführen, diese heidnischen Tempel selbst zu besuchen und den fremden Göttern zu opfern.
(11, 14 ff) Gott sah mit Zorn, dass Salomo sich von ihm abwandte und strafte ihn. Als er starb, wurde sein Sohn Rehabeam nur noch König über einen kleinen Teil des Landes, das große Reich Israel zerfiel in die beiden Reiche Juda und Israel.

◆ Der Name Salomo bedeutet eigentlich Schalomo, der „Friedreiche", seine Weisheit und gerechte Urteilskraft finden im sprichwörtlich gewordenen „Salomonischen Urteil" (s. u.) bis heute ihren Ausdruck. Die militärischen und politischen Erfolge Davids, von seinem Sohn Salomo fortgeführt, stehen für das große Zeitalter des Königreichs Israel. Nach dem Tode Salomos 926 v. Chr. zerfiel das Reich in zwei Staaten: im Süden Juda mit Jerusalem als Hauptstadt und im Norden Israel, das zwar reicher, politisch jedoch höchst instabil war. Es musste Ende des 8. Jhs. zunächst die assyrische, dann die babylonische Hoheit akzeptieren. Das Reich Juda hielt sich bis zur endgültigen Eroberung Jerusalems durch Nebukadnezar 587 v. Chr.
In der christlichen Deutung gilt Salomo als Sinnbild ewiger Weisheit, er erscheint daher mit David und Ezechiel zusammen auf der ottonischen deutschen Reichskrone. Vor allem im Mittelalter wurde er als Prototyp Christi angesehen und dementsprechend häufig dargestellt. Salomo gilt im Islam als Prophet.

Salomonsiegel oder auch Davidstern (s. a. → David) ist ein Hexagramm. Außerdem bezeichnet es ein Liliengewächs (Polygonatum odoratum, dt. Weißwurz, falsches Maiglöckchen), das in temperierten Gebieten der Nordhalbkugel wächst.

Salomon-Inseln sind eine von Mendaña de Neyra 1567 entdeckte Inselgruppe, die Mendaña für das sagenhafte Ofir König Salomons hielt. Aus Ofir (1 Kön 10,11) ließ Salomo zu Schiff Edelsteine und Gold holen.

Salomonisches Urteil Das Motiv der beiden um ein Kind streitenden Frauen ist ein uraltes Märchenmotiv. Dass die beiden streitenden Frauen Dirnen sind, ist allerdings nur im AT so. Das weise Verfahren, um der Wahrheit auf die

Spur zu kommen und eine gute Lösung zu finden, bedeutet auch immer, dass diese Entscheidung über das rechtsverbindliche Normengefüge hinausweist.

Die **Säulen Salomos** stehen in Timna am Roten Meer in Israel.

Gärten des König Salomo Sie werden im Hohelied (s. a. → Psalmen und andere poetische Texte) beschrieben. Angeblich barg das kleine Dorf Artas, nahe der Straße von → Hebron nach Bethlehem, diesen Garten.

Teiche Salomos fingen Regen- und Quellwasser auf, um Jerusalem mit Wasser zu versorgen.

Königin von Saba Saba war ein südarabischer Staat, der vor allem durch seinen Handel berühmt war. Nachkommen der Gefolgsleute von Salomo und der Königin von Saba sind nach der Überlieferung die Äthiopier, die sich seit dem 6. Jh. n. Chr. zum Evangelium bekennen. Sie sind Monophysiten und haben in Jerusalem bei der Grabeskirche und in Bethlehem eigene Kapellen. Möglicherweise ist Sanaa, die heutige Hauptstadt des Jemen, mit seinen zum Weltkulturerbe gehörenden mehrstöckigen Lehmhäusern, das biblische Saba. Umgangssprachlich mokiert man sich über herausgeputzte, blasiert wirkende Menschen, sie kämen daher „wie die Königin von Saba“.

Als Einzelfigur unter den königlichen Vorfahren steht Salomo meist neben David oder der Königin von Saba (um 1230, Goldene Pforte in Freiberg Saale; Portale der Kathedralen von Chartres und Amiens). Am Mittelpfeiler des Südportals des Straßburger Münsters symbolisiert Salomo als Rex iustus (= gerechter König), thronend mit dem Richtschwert, das Jüngste Gericht. Der in der Bibel (1 Sam 10, 11–20; 2 Chrn 17–19) beschriebene Stufenthron Salomos mit den Löwen wurde als Sinnbild der Macht und

Weisheit an mittelalterlichen Herrschersitzen nachgebildet, z. B. St. Edward's Chair, London, Westminster Abbey. Als Psalmist wird Salomo im 9. Jh. häufig auf Elfenbeindeckeln von Psaltersammlungen dargestellt.
Wichtiges Motiv aus dem Zyklus um Salomo ist die Darstellung seiner Weisheit. Schon die Handschriften aus dem 9. Jahrhundert zeugen davon. Eine Marmorgruppe davon steht im Dogenpalast, Venedig. Aus dem 15. Jh. haben wir Bilder von Raffael und Rubens. Goevert Flincks Gemälde zeigt den knienden Salomo, dem die „Göttliche Weisheit" offenbart wird (1685, Amsterdam, Königl. Palais). Besonders oft wird das „Salomonische Urteil" – beliebt in Rathäusern und Gerichtsgebäuden als sogenanntes Gerechtigkeitsbild – künstlerisch umgesetzt. So die Fresken von M. Willmann, (1664, Wroclaw, Rathaus).
Ebenso oft fand der Besuch der Königin von Saba – vorrangig in der Renaissance und im Barock – Einzug in die Kunst. Claude Lorrains zeigt die Einschiffung der Königin auf einem Gemälde (1648, London, National Gallery). Überwiegend wird jedoch der Empfang des Gastes mit seinem großen Gefolge in einer reichen Palastarchitektur dargestellt: Paradiestür von Lorenzo Ghiberti (1425/52, Florenz, Baptisterium) und die Fresken Raffaels (1517–1519, Loggien des Vatikans). Tintorettos figurenreiches Gemälde „Der Besuch der Königin von Saba bei Salomo" (um 1546, Greenville, Bob Jones University) erweckt mit seinem Blick über den weiten Palasthof durch Gartentor und Laubengang, mit seinen fantastischen Kostümen und den ziselierten Requisiten den Eindruck einer Theateraufführung.
Legenden des Mittelalters verbanden den Besuch der Königin mit der Geschichte des heiligen Kreuzes: Ein als Steg über einen Fluss gelegtes Brett, das vom Lebensbaum über Adams Grab stammte, wurde von der Königin von Saba prophetisch als das Holz erkannt, aus dem das Kreuz

Christi gezimmert werden sollte. Aus diesem Grunde wurde der Besuch der Königin von Saba auch in den Zyklen der Kreuzeslegende aufgenommen, wie in den Fresken von Piero della Francesca in Arezzo (um 1452/59, S. Francesco) (s. a. → Adam und Eva).
Salomos „Götzendienst“ und Umgang mit den heidnischen Frauen wurde ein beliebtes Thema der Grafik der Dürerzeit (Lucas van Leyden, Albrecht Altdorfer, Georg Pencz). Emil Nolde zeigt in seiner Grafik „Salomo und seine Frauen“ (1911, Berlin, Kupferstichkabinett) den weisen König umgeben von nackten, lüsternen Frauen – für ihn Ausdruck der Kehrseite des Lebens voller Schmutz und verkommener Moral, wie sie ihm im Berlin der Jahrhundertwende begegnete.

📚 Salomo gilt als Verfasser einiger biblischen Bücher des Alten Testaments, des Kohelet der Hebräischen Bibel und einiger Psalmen, Oden und Predigten. Mit ihm verbinden sich die Schriften „Psalmen Salomos“ (1. Jh. v. Chr.), „Weisheit Salomos“ (1. Jh. v. Chr.), „Oden Salomos“ (2. Jh. n. Chr.). Das „Testament Salomos“, eine ursprünglich jüdische Legendensammlung aus dem 3./4. Jh. nach Chr., später christlich überarbeitet, birgt als zentrales Thema die Macht Salomos, die er dank eines ihm vom Erzengel Michael übergebenen Zauberringes über die Dämonen hat.
Der Portugiese Eugénio de Castro schrieb „Belkiss, Königin von Saba, Axum und Hijmar“ (1894). Die Königin Belkiss ist besessen davon, sich Salomo hinzugeben. Die symbolische Prosa de Castros will die Unvereinbarkeit von Traum und Wirklichkeit zeigen. Ernst Hardt, vergessener deutscher Lyriker und Dramatiker, schrieb ein Bühnenstück „König Salomo“ (1915).
Das Theaterstück „Der kaukasische Kreidekreis“ von Bertolt Brecht (1944/45) basiert zwar auf einer chinesischen Legende, beinhaltet jedoch gleichwohl das Motiv des salo-

monischen Urteils. Hier lässt allerdings die liebende Ziehmutter das Kind los, während die geldgierige biologische Mutter das Kind aus dem Kreis ziehen und ihm wehtun will.
Henry Rider Haggards kolonialistischer Abenteuerroman „König Salomos Schatzkammer“ (1885) spielt in Afrika: im Zentrum des Geschehens steht eine Schatzkarte, in der die Diamantenminen Königs Salomo verzeichnet sein sollen

Das Buch von Henry Rider Haggard „König Salomos Diamanten“ wurde dreimal verfilmt: 1937, 1950 und 1958.
In „Salomo und die Königin von Saba“ von King Vidor (1959, USA) spielte Yul Brunner die Hauptrolle.

♫ Georg Friedrich Händels Oratorium „Salomo“ (Text: Thomas Morell) wurde 1748 uraufgeführt. Das Werk wurde Anfang des 20 Jh. für den modernen Konzertgebrauch neu eingerichtet und seitdem oft aufgeführt. Die Tempelweihe, das salomonische Urteil und die Königin von Saba beherrschen die drei Teile des Chorwerkes. Ottorino Respighi schrieb das Ballett „Belkis, Königin von Saba“ (1932).

Elia und Elisa

König Ahab – Königin Isebel – Baal – Naeman, ein Feldhauptmann – König Jehu

(1 Kön 16,29–19; 2 Kön 1–8)

Die Erzählungen um Elia und Elisa sind in den Königsbüchern niedergelegt. Elia war der erste große Prophet Israels, der, von Gott gesandt, dessen Willen verkünden sollte. Er lebte im 9. Jh. v. Chr. zur Zeit der Herrschaft von König Ahab (871–852), etwa sechzig Jahre, nachdem das Reich in Juda und Israel auseinandergefallen war. Elisa war auserwählt, das Wirken des Propheten Elia fortzuführen.

Elia

(16) Ahab, König von Israel, missfiel Gott noch viel mehr als seine Vorgänger. Denn er heiratete Isebel, eine Königstochter aus dem heidnischen Sidon, errichtete Baal, dem Gott seiner Frau, einen Tempel und huldigte dem Götzen. Da drohte Elia dem Ahab: „So wahr der Herr, der Gott Israels, lebt, vor dem ich stehe: es soll diese Jahre weder Tau noch Regen kommen, ich sage es denn“ (17,1).

Elia wird gespeist

(17) Gott schickte Elia während der langen, schrecklichen Dürrezeit in die Berge an einen Bach, der Wasser führte und ließ ihn von Raben morgens und abends mit Brot und Fleisch versorgen. Als auch dieser Bach versiegte, befahl Gott Elia, zu einer Witwe ins Königreich Sidon zu gehen, die ihn weiter versorgen werde. Die Witwe war sehr arm, doch Gott ließ im Haus dieser Frau Mehl und Öl während der ganzen Dürrezeit nicht ausgehen. Aber der Sohn der Witwe starb. So fleht Elia zu Gott:

„Lass sein Leben in dieses Kind zurückkehren". Elia konnte der Mutter das Kind lebendig und gesund wiedergeben.

Das Feueropfer

(18) Als Elia nach drei Jahren zurückkehrte, um sich vor Ahab zu zeigen, befand sich das Land auf dem Höhepunkt der Hungersnot. Diesmal gehorchte der König dem Propheten. Wie Elia geboten hatte, ließ er das ganze Volk und alle heidnischen Priester, 450 des Baal und 400 der Aschera, (s. a. → Richter) auf dem Berg Karmel versammeln. Gott sollte urteilen: Die Baalpriester zelebrierten ein Opfer und auch Elia baute einen Altar, keiner aber durfte Feuer anzünden. Die ganze Nacht tanzten und flehten die heidnischen Priester, vergebens. Aber auf das Brandopfer Elias fiel Feuer vom Himmel und das Volk erkannte seinen wahren Gott (18,39). Elia tötete die heidnischen Priester an einem Bach und endlich kam der große Regen.

(19) Verfolgt von der Rache der Königin Isebel floh Elia in die Wüste und setzte sich unter einen Wacholder zum Sterben. Des Nachts wurde er von einem Engel gespeist, der ihn dann 40 Tage zum Berg Horeb führte. Hier erschien ihm Gott in einem sanften Wind und befahl ihm, den zukünftigen König Jehu von Israel und Elisa zu seinem eigenen Nachfolger als Prophet zu salben (19,16).

Elisa (2 Kön 1–6; 13)

Als Elisa auf dem Feld arbeitete, kam Elia und warf seinen Mantel über ihn. Daraufhin ließ Elisa alles stehen und liegen, folgte Elia nach und diente ihm (1 Kön 19,19). Als Gott Elia in den Himmel holen wollte, versuchte er sich immer wieder von Elisa zu trennen, aber der sagte nur: „Ich verlasse dich nicht" (2,4). So sah Eli-

sa, wie Elia in einem feurigen Wagen mit feurigen Rossen im Sturm gen Himmel fuhr (2,11). Er hob den Mantel Elias auf und ging als Nachfolger Elias zu den Propheten Jerichos.
Elisa vollbrachte viele Wunder. Er machte das verunreinigte Trinkwasser Jerichos wieder genießbar (2,22) und strafte die Knaben, die ihn als Kahlkopf verspotteten: Denn Gott ließ sie von zwei Bären auffressen (2,24). Den Truppen Israels, Judas und Edoms verschaffte er mitten in der Wüste Trinkwasser, als sie gemeinsam gegen Moab kämpften (3,20). Er heilte den aussätzigen Naeman, Feldhauptmann des Königs von Syrien. Und er verhalf einer armen Witwe zu einem Ölkrug, der niemals versiegte (4). Eine unfruchtbare Frau bekam durch seine Fürsprache einen Sohn und als dieser starb, erweckte Elisa ihn wieder zum Leben. Mit nur 20 Broten speiste er über hundert Menschen (6) und er ließ Eisen schwimmen.
Bei all diesen Wundertaten blieb er bescheiden und gehorsam gegenüber Gott. Er erfüllte Gottes Auftrag, den Hauptmann Jehu zum König von Israel zu salben.

◆ Der Name Elia bedeutet Elijahu, „mein Gott ist Jahwe“. Oft wird Elia mit Mose verglichen. Mit seiner Person verbinden sich verschiedene Vorstellungskreise: Er gilt als Tröster in der Not, Helfer der Frommen, Freund der Armen und Bedrängten, Fürsprecher vor Gott, als Warner vor Unrecht, Mahner der Sünder usw.
Die Eliageschichten erscheinen wie meisterhafte Legenden mit Zügen der Heldensagen. Doch der Zyklus der Erzählungen über den Charismatiker Elia überliefert scharfe Konturen dieses Mannes. So wirft er ganz entschieden die Frage auf, wer denn nun Gott in Israel ist. Die Vermischung der Israelstämme mit der alteingesessenen Bevölkerung hatte zum Rückfall in das Heidentum geführt.

Auch König Ahab und seine Frau Isebel feiern den phönizischen *Baal* (s. → Richter). Um den Gottesdienst wieder im Sinne Mose rein zu halten, entstand eine Bewegung, die eine weitgehende Absonderung von der Umwelt und ein Leben im Einklang mit den Geboten Gottes forderte. Wortführer der Bewegung waren nicht die Priester, sondern sie kamen aus der → Prophetenschaft, die dies als ihren besonderen Auftrag ansahen. Die Sprüche und Predigten der frühen Propheten wurden noch nicht schriftlich überliefert (so die von Samuel, Nathan, Prophet zur Zeit Sauls, und Elia). Als Vorbote des Messias hat Elia auch eine besondere Bedeutung in der jüdischen Sabbatliturgie der Juden. Die Tür bleibt für das Kommen Elias offen stehen und auf dem Tisch ist für den Propheten mit eingedeckt.
Die Elisaüberlieferung, getragen vom wunderbaren Geschehen, basiert auf typisch volkstümlichen Legenden. Hier werden Charisma und Wundertätigkeit ganz ausdrücklich gefeiert. Der Name Elisa bedeutet in etwa „Gott hilft". Er ist ein Wundertäter, der Regen spendet und politische Erfolge erreicht, Tote erweckt und Menschen vom Hunger befreit.

Wüste gilt als der Kulturwelt feindlicher und gottferner Raum. Die Wüste erscheint als Rückbildung gottgewollter Fruchtbarkeit. Der Zug durch die Wüste (2 Mose 15,22–19,2) wird zu einem Symbol der Prüfung und Reinigung. Wüste versinnbildlicht auch das ursprüngliche Chaos (Jer 4,27). Der in die Wüste zurückgezogene Heilige dagegen sieht die Schrecken der Wüste nicht, da er sich ganz der Einkehr hingibt (s. a. Bildungsschatz Bibel, NT, Johannes der Täufer).

Berg Mit dem Begriff verbinden sich drei symbolische Bedeutungen. Er ist Verbindung von Erde und Himmel, er verkörpert das Zentrum der Welt in kosmologischen Vorstellungen (als Nabel der Welt) und er kann als heiliger Berg mit dem Tempel gleichgestellt werden. Auf dem Berg Horeb empfing Mose die Gesetzestafeln (→ Mose) und hierhin zogen sich auch Elia und Elisa zurück.

Rabe Der kohlschwarze, krächzende Vogel war den alten Völkern unheimlich. Er schien um das Schicksal der Menschen zu wissen. Raben und Krähen galten als Unheilsverkünder. Raben waren die Begleiter des griechischen Licht- und Orakelgottes Apollo, der auch Todesgott, Gott der Weisheit, Gott der Erde und der Sonne war. Von Raben ernährt zu werden, bedeutet mythologisch, göttlichen Wesens zu sein. Die Himmelfahrt Elias (Flammenwagen, feurige Rosse = Apoll) ist daher Bestätigung seiner Göttlichkeit. Auch Noah sendet einen Raben aus, der aber nicht zurückkommt (→ Noah). Bei den Kirchenvätern wird der Rabe Symbol der Sünder. Das Grimmsche Märchen „Die sieben Raben" u. v. a. Märchen thematisieren den mythologisch konnotierten Vogel. Auch der Film „Die Vögel" von Alfred Hitchcock spielt mit der archaischen Furcht der Menschen vor diesen dunklen Vögeln.

Karmel/Karmeliten (Weingarten Gottes) ein höhlenreicher Berg, der bei Haifa mit 500 m das Mittelmeer überragt, ist mit der Gestalt des ersten der großen Propheten Israels, Elia, verbunden. Elia gilt als Stifter des Karmelordens. Die Karmeliten sind ein katholischer Bettelorden, erwachsen aus der Eremitengemeinschaft vom Berge Karmel in der Mitte des 12. Jh. Sie wurden von Theresa von Ávila im 16. Jh. reorganisiert. Auf dem Karmel steht auch ein Heiligtum der Bahai, ein goldener Tempel. Der Bahaismus ist eine aus dem Islam hervorgegangene Weltreligion mit ca. 6. Mio. Gläubigen.

Ahab ist uns durch Kapitän Ahab aus Moby Dick von Melville sehr vertraut geblieben. (s. u.).

Elisa-Quelle In der Nähe des antiken Jericho liegt die Elisa-Quelle. Der heute unter dem arabischen Namen Aines-Sultan („Sultansquelle") bekannte Brunnen wurde durch Elisa gereinigt, indem dieser Salz in das Wasser streute (2 Kön 2,19). Das hier an die Oberfläche tretende Grundwasser ist noch heute für die Landwirtschaft sehr wichtig.

Elia

galt als Prototyp Christi und der Mönche und wurde häufig im byzantinischen und russischen Kunstkreis dargestellt. Als Einzelfigur in der Reihe der Propheten erscheint Elia bärtig, gekleidet in einen langen Mantel. Meist sind ihm die Attribute Rabe, Flammenschwert und feuriger Wagen zugeordnet. In der abendländischen Kunst sind Zyklen, die das Leben und die Wunder des Propheten beschreiben, oft in Karmeliterklöstern anzutreffen, da er als Stifter des Karmel gilt. So auch auf dem Karmeliter-Altar in Siena von Pietro Lorenzetti (1329, Siena, Pinacoteca), der Elia mönchisch gewandet an dem legendären Eliasbrunnen auf dem Karmel zeigt. Auch N. Poussin befasste sich in einem Zyklus mit Elia (1635/40, Rom, S. Martino ai monti).
Am häufigsten wird die „Himmelfahrt" des Elia im feurigen Wagen dargestellt, besonders in der russischen Ikonenmalerei des 14. und 15. Jhs. Sie ist zugleich ein beliebtes Vorbild des AT für die Himmelfahrt Christi. Das „Gottesurteil am Berg Karmel", bei dem vom Himmel herabfallendes Feuer das Brandopfer entzündet, galt als Antityp zur Ausgießung des Heiligen Geistes (Pfingsten). In der niederländischen Malerei finden wir diese vielfigurige Szene häufig. An einer Decke der Scala di San Rocco in Venedig (1577/78) malte Tintoretto den schlafenden Elia auf den ein dynamischer Engel mit Brot herabfährt.

Elisa

Als Einzelfigur in der Reihe der Propheten ist Elisa meist kahlköpfig dargestellt in Anlehnung an die biblische Geschichte, in der ihn deswegen zwei Knaben verspotteten. Als Attribute sind ihm der zweiköpfige Adler oder die Taube zugeordnet als Zeichen der prophetischen Kraft seines Lehrers Elia. Ein Bär erinnert daran, dass dieser die spottenden Knaben zerriss. Den Fluch auf die spottenden Knaben zeichnete auch Rembrandt, ebenso greift ein Fresko von Tintoretto in Venedig, Scuola S. Rocco, diese Geschichte auf. Mitunter führt Elisa auch ein Beil bzw. ein Eisen mit sich, da er eisernes Gerät schwimmen lassen konnte. Sehr oft wird Elisa in der „Himmelfahrt" des Elia gezeigt.

Ahab, der israelitische König, der zum Götzendiener wurde, war das Vorbild für den Kapitän Ahab aus „Moby Dick" (1851) von Herman Melville. Melville nutzte die Bibel als schier unerschöpfliche Quelle für Namen und Leitmotive. Ismael, so heißt der Icherzähler, der sich auf dem Walfänger verdingt, dessen Kapitän Ahab als „großer, gottloser, gottähnlicher Mann" dem von Gott abgefallenen israelitischen König nachempfunden ist. Elia gibt dem Matrosen den Namen, der den durch menschliche Hybris und übersteigerten Individualismus am Rande des Wahns stehenden Kapitän vor dem Unheil warnt.

„Eli. Ein Mysterienspiel vom Leiden Israels" (1951) von Nelly Sachs hat folgenden Inhalt: Gruppiert um einen biblischen Brunnen treffen sich Überlebende der jüdischen Gemeinde einer polnischen Kleinstadt nach dem Martyrium. Michael sucht den Mörder des Hirtenjungen Eli, der seine Eltern verteidigen wollte. Angesichts des Gottesglanzes auf Michaels Stirn zerfällt der Mörder zu Staub.

„Der Eliastag" (1953), Roman der Tetralogie von Dimitar Talev, behandelt die historische Entwicklung Makedo-

niens. Am Eliastag – 2.8.1903 – erhoben sich die Makedonier gegen die Türken.
Der Protagonist von Robert Schneiders „Schlafes Bruder" (1992), der Organist Johannes Elias Alder, hat eine bemerkenswerte Gottesbegegnung.

♫ Zu den beachtenswertesten Werken, die das 19. Jh. hervorgebracht hat, gehört der „Elias" (1846) von Felix Mendelsohn-Bartholdy. Elia widersetzt sich dem Königspaar Ahab und Isebel und der Baalpriesterschaft. Die erzählenden Gesänge treten in diesem Oratorium völlig zurück. In hoher Dramatik, manchmal von der Bildhaftigkeit einer Opernszenerie, vollzieht sich die Handlung in Aussage und Wechselrede in vielen solistischen Duetten, Terzetten und Quartetten.

Ester

Ahasveros, Perserkönig – Waschti – Haman – Mordechai, ihr Onkel

(Est 1–10)

Das Esterbuch gehört zu den „Schriften“ der Hebräischen Bibel und spielt in persischer Umgebung. Das Buch geht auf kein historisches Zeugnis zurück.

Ester wird persische Königin

Der Perserkönig Ahasveros wollte sich unter allen schönen Jungfrauen eine neue Königin suchen. Denn Waschti, seine Frau, war unbotmäßig gewesen und er verstieß sie und erhob zum Gesetz, „dass ein jeder Mann der Herr in seinem Hause sei“ (1,22). So kam auch die Jüdin Ester in den Kreis der Auserwählten. Sie war die schöne und anmutige Nichte des Mordechai, der von Nebukadnezar in die Gefangenschaft geführt worden war und in Susa lebte. Aber sie sagten nichts von ihrer Herkunft (2,10). Alle Jungfrauen wurden dem König für eine Nacht zugeführt und dann als Nebenfrau nur noch auf sein Geheiß erneut vorgelassen. Als Ester zu ihm geführt wurde, verliebte sich der König Ahasver sofort, und „er setzte die königliche Krone auf ihr Haupt und machte sie zur Königin an Waschtis Statt“ (2,17).

Hamans Anschlag auf die Juden

Bald darauf gelang es Esters Onkel Mordechai, eine Verschwörung gegen den König aufzudecken. So konnte Ester das Leben und den Thron ihres Ehemannes retten. Der König ließ die Verschwörer töten und ernannte Haman zum Oberkämmerer, vor dem sich alle zu verbeugen hatten. Nur Mordechai beugte sein Knie nicht, weil er Jude war (3,2). Haman geriet darüber in einen solchen Zorn, dass er Befehl gab, man solle alle Juden im persischen Reich „vertilgen, töten und umbringen" (3,13) und zwar am 13. Tag des Monats, denn auf diesen Tag war das Los (Pur) gefallen. Ahasver, der nicht wusste, dass seine Frau ebenfalls Jüdin war, hatte ihm gewährt, mit den Juden zu tun, „was dir gefällt" (3,11).

Ester tritt für ihr Volk ein

(4) Der verzweifelte Mordechai bat Ester, die Königin, ihr Volk zu retten. Obwohl niemand ohne Aufforderung zum König gehen durfte, versprach Ester, ihr Leben zu riskieren und vor das Angesicht des Königs zu treten (4,16). So zog sie sich verführerisch an, ging zu Ahasver und „fand Gnade vor seinen Augen". Das halbe Königreich wolle er ihr geben. Sie jedoch bat ihn nur mit Haman am nächsten Tag zum Mahl.

Haman muss Mordechai ehren

In der Nacht vor dem Mahl erst wurde Ahasver zur Kenntnis gebracht, dass Mordechai, der Jude, sein Leben gerettet hatte. So befragte er Haman, wie der König einen Mann richtig ehren könne. Dieser, im Glauben, er selbst sei gemeint, schlug vor, den Mann auf des Königs Ross in königlichen Gewändern durch die Stadt führen zu lassen. Da befahl der König, genau so solle er Mordechai ehren. Hamans Zorn war grenzenlos.

(7) Dann kam der Abend des Mahls mit Ahasver und Haman, das Ester erbeten hatte. Als der König ein wenig Wein getrunken hatte, fragte er wieder: „Was begehrst du?" (7,2). „So gib mir mein Leben um meiner Bitte willen und mein Volk um meines Begehrens willen." Dann offenbarte sie dem König den geplanten Mord an ihrem Volk und der ergrimmte König ließ Haman an den Galgen hängen. Der Befehl zur Judenvernichtung war nicht

mehr rückgängig zu machen, weil er vom König gesiegelt war. Doch er erlaubte den Juden im ganzen Reich, dass sie sich gegen ihre Feinde verteidigen dürften.

Die Juden rächen sich

(9) Und die Juden rechneten an dem für ihre Vernichtung vorgesehenen Tag grausam mit ihren Feinden ab. „So schlugen die Juden alle ihre Feinde mit dem Schwert und töteten und brachten um und taten nach ihrem Gefallen“ (9,5). Dann feierten sie auf Weisung des einflussreich gewordenen Mordechais das Purimfest zum Zeichen des Sieges über ihre Feinde. Die Königin Ester aber machte diese Vorschrift ihres Onkels zum bleibenden Gesetz.

◆ Das Buch Ester, benannt nach seiner Heldin, gehört zu den „übrigen“ Schriften der Hebräischen Bibel. Es ist Festlegende des Purimfestes (Pur = Los) und Novelle über die Gefährdungen und Bewährungen des Diasporajudentums und wurde vermutlich im 3. oder 2. Jh. v. Chr. verfasst. Die Namen Ester und Mordechai reflektieren vermutlich die babylonischen Gottheiten Ischtar (Ester) oder Astarte (Fruchtbarkeitsgöttin und Göttin der Liebe) und (Mordechai) den Marduk (Schöpfer des babylonischen Universums (→ Schöpfung). Im Buch Ester findet Gott keine Erwähnung und so war es in seiner Zugehörigkeit zum Kanon des AT lange umstritten. Gott wirkt verborgen im höchst irdischen Geschehen.
Haman gilt bis in die Gegenwart als der Prototyp des Verfolgers des jüdischen Volkes. Der in dieser Legende geschilderte Racheausbruch der Juden, der jeglichen historischen Hintergrunds entbehrt, wurde ein bevorzugtes Beispiel der Nationalsozialisten und ihrer antisemitischen Propaganda, um das Bild des gefährlichen und rachsüchtigen Juden zu kolportieren.

Ahasver Der Name begegnet uns als „der ewige Jude". Es ist möglich, dass der Name Ahasver auch zurückgeht auf den persischen König Ahasveros. Jedoch ist der genaue Ursprung dieser antisemitischen Sagengestalt des „ewigen Juden" nicht bekannt. Wahrscheinlich basiert sie auf einer der seit dem 13. Jh. umlaufenden Legenden vom Cartafilus, dem Torhüter des Pilatus (s. Bildungsschatz Bibel, NT), und auf verschiedenen mittelalterlichen Legenden. Der Name Ahasver, der identisch ist mit dem persischen König im Esterbuch, weist auf christlichen Antisemitismus als Ursprungsort der Figur hin, der in zahlreichen Schriften und Karikaturen seit dem 17. Jahrhunderts kursierte. „Der ewige Jude", nationalsozialistischer Propaganda-Dokumentarfilm von 1940, machte Ahasveros zur antisemitischen Symbolgestalt schlechthin. Stefan Heyms „Ahasver" (1981) machte aus Ahasver eine rebellische, sozialkritische Figur. Es gibt zahlreiche Bearbeitungen des Ahasverstoffes (s. Bildungsschatz Bibel, NT).

Purim Das Purimfest war zunächst ein weltliches Fest, das noch heute im Judentum am 14. Adar (= zusätzlicher Schaltmonat des den Mondphasen folgenden, jüdischen Jahres) gefeiert wird. An diesem Tag wird das Buch Ester in der Synagoge gelesen. Das ausgesprochene Freudenfest ist heute vor allem ein Kinderfest, an dem sich die Kinder verkleiden. Einer der Höhepunkte ist die Wahl der Purim-Königin, die die Rolle der Ester übernimmt.

Ester wird stets jugendlich schön, in reicher Kleidung und mit einer Krone auf dem Kopf dargestellt. Als Einzelfigur erscheint sie in der Gruppe der drei Heldinnen des AT zusammen mit → Judith und Jael. In der christlichen Kunst treten Illustrationen zum Buch Ester seit dem 11. Jahrhundert auf. In der Renaissance wurden Szenen

aus ihrem Leben bevorzugt für Hochzeitstruhen gewählt, da man in ihrer Geschichte das Symbol der Frauentugend sah. Ester selbst galt als Sinnbild der Kirche (Ekklesia) und wurde damit auch zur Braut Christi. Die Typologie des hohen Mittelalters sah in ihr auch ein Vorbild der Maria.
Rembrandt wählte in „Haman in Ungnade" (um 1665, Petersburg, Eremitage) den Augenblick, der das Schicksal des Haman besiegelt. Der von Hochmut verblendete Haman erkennt sein Geschick: Ahasver gibt ihm den Befehl, Mordechai, den verhassten Juden, in ehrenvollem Triumphzug durch die Stadt zu führen. Aus dem Kreis um Rembrandt stammen die Bilder „Gastmahl des Ahasver" und „Ester mit ihrer Fürbitte vor Ahasver" (Hans Burgkmair d. Ä., 1518, München, Pinakothek). Auch Artemesia Gentileschi hielt den Moment fest, in dem Ester bei Ahasver „vorspricht". Erregt und aufgeplustert wirkt er, hingezogen zu der in müder Kraft sinkenden Frau (New York, Metropolitan Museum of Art).

Lope de Vega schrieb ein Ester-Drama (1610) in der Hochzeit der Inquisition. Frederigo della Valle traf mit seiner „Esther" (1627) den Zeitgeschmack und nutzte das Stück zur höfischen Kritik. Aus Frankreich sind allein fünf Ester-Versionen bekannt. Jean Racine schrieb besonders viele Bühnenstücke zu religiösen Themen. Seine „Esther. Tragödie nach der Heiligen Schrift gestaltet" (1689) zeigt eine sanfte, tugendhafte Frau, die zum Symbol der Frömmigkeit und Vaterlandsliebe wird.
Anders als die religiösen Urbilder von Vega und Racine ist die „Esther" (1829/63) von Franz Grillparzer. Er übernimmt den Handlungsablauf des biblischen Stoffes, profanisiert ihn aber. Esther ist nicht demütig, sondern kraftvoll und gewinnt den König durch ihre Offenheit.

♫ Händels Ester-Oratorium von 1720/32 bringt in sechs Szenen das dramatische Geschehen auf die Bühne. Die Instrumentaleinleitung des Oratoriums wird oft einzeln aufgeführt.
Letzter Film in der Reihe „Die Bibel – Das Alte Testament“ ist „Die Bibel – Esther“ (BRD, Italien, USA 1998).

Judit und Holofernes

Nebukadnezar – Jojakim

(Jdt 1–16)

Die Geschichte von Judith und Holofernes gehört nicht in den biblischen Kanon, sondern zu den Apokryphen (→ Bibel). Diese Erzählung hatte aber eine sehr weitreichende Wirkungsgeschichte. Die außergewöhnlich schöne und kluge Judith rettete ihr Volk durch den gezielten Einsatz ihrer Weiblichkeit mit einer ebenso mutigen wie erschreckenden Tat.

(2) Nebukadnezar, König von Assyrien, wollte „die ganze Erde unter seine Herrschaft" bringen (2,3). Sein Feldherr Holofernes sollte seine Weltherrschaftspläne durchsetzen und den Ländern, die ihm trotz Drohung den Tribut verweigerten, unterwerfen. „Du sollst kein Reich verschonen, und alle befestigten Städte sollst du mir unterwerfen." (2,6). Mit einem 120.000 Mann starken Heer brach Holofernes zu einem Rachefeldzug auf und hinterließ auf seinem Zug durch Mesopotamien bis in die Ebene von Damaskus eine Spur der Zerstörung. Obwohl sich alle Völker unterwarfen, schleifte er ihre Städte, vernichtete Ernten und vor allem ihre heiligen Haine. Denn Nebukadnezar wollte sich selbst als Gott verehren lassen. „Und das ganze Land fürchtete sich vor ihm" (2,18).

(4–7) Die Israeliten im Land Juda waren die Einzigen, die Widerstand leisteten. Aufgerufen von ihrem Priester Jojakim beteten und opferten sie mit „Asche auf dem Haupt", fasteten und befestigten aber zusätzlich die Dörfer gegen die erdrückende Übermacht der Assyrer. Holofernes ergrimmte über den Widerstandswillen des Volkes, das fest glaubte, dass – wenn sie im Glauben an Gott fest blieben –, sie der Unterstützung ihres Gottes sicher seien, wenn sie aber von ihm abfielen, mit Plagen und Kriegen überzogen würden. Holofernes belagerte daraufhin die Stadt Betulia und kappte den Zugang zum Wasser. Verzweifelt gab die dürstende Stadt Gott fünf Tage Frist, sie zu retten. Sonst wollte sie sich ergeben (7,24).

(8–16) Judit, eine junge schöne und reiche Witwe, von gutem Ruf und gottesfürchtig, zürnte über diesen Handel des Volkes mit Gott. „Wollt ihr dem Herrn nach eurem Gefallen Zeit und Tag bestimmen, wann er helfen soll?" (8,11) Sie bat um Gottes Beistand bei dem, was sie vorhatte. „Und der Herr machte ihre Schönheit so groß, dass sie allen unsagbar lieblich schien" (10,5). Als vermeintliche Überläuferin begab sie sich ins Lager des Holofernes, um ihm vorgeblich bei der Einnahme ihrer Stadt zu helfen, die ihr Gott verlassen habe. Holofernes, überwältigt von ihrer Erotik, nahm sie auf, und gewährte, ihr des Nachts außerhalb seines Lagers zu ihrem Gott zu beten. Nach vier Tagen jedoch konnte er seine Begierde nicht mehr zügeln. Judit willigte ein mit ihm zu essen und blieb endlich mit dem volltrunkenen Holofernes allein zurück. Sie ergriff seinen Schopf, betete und schnitt ihm den Kopf ab. Dann übergab sie das Haupt ihrer Magd und brachte es mit ihr gemeinsam in die Stadt Betulia. Auf Judits Rat wurden die führerlosen Assyrer überrumpelt und in die Flucht geschlagen. Das Freudenfest dauerte drei Monate und zu Judits Lebzeiten wagte niemand mehr, Israel anzugreifen.

◆ In legendärer Form erzählt das Buch Judit vom Widerstand gesetzestreuer Juden gegen die Assyrer. Diese Verknüpfung aus politischem Widerstand und erotischer Frau

wirkte besonders in Kunst und Literatur nach. Angesiedelt ist die Geschichte zur Zeit Jojakims (608–598 v. Chr.), verfasst wurde sie wahrscheinlich im 2. Jh. v. Chr.
Judit galt im Mittelalter als Verkörperung der Humilitas (= Demut) und Continentia (= Enthaltsamkeit). Holofernes dagegen als Verkörperung der Superbia (= Hochmut) und Luxuria (= Genusssucht). Ebenso wie die Darstellung der Tötung des Sisera durch Jael (s. → Richter) verstand man die Wiedergabe der Enthauptung des Holofernes durch Judit als den Sieg der Humilitas über die Superbia. Später deutete man Judits Sieg als den Sieg der Ecclesia über den Antichristen.

In frühchristlichen Mosaiken finden sich manchmal Judit und Ester gemeinsam. Seit der Renaissance wird Judit mit zwei Motiven zum Lieblingsthema: der Enthauptung und dem anschließenden Triumph, dies besonders im Barock.
Donatello schuf eine Bronze „Judith mit dem Kopf des Holofernes (um 1455–1460, Florenz, Piazza della Signoria). Er griff in dieser für den Medicipalast geschaffenen Bronzegruppe das mittelalterliche Thema „Sieger steht auf dem Besiegten“ auf. Auf Ghibertis Paradiestür in Florenz steht Judith beispielsweise neben David. Damit wird auf den Kampf Davids gegen den übermächtigen Goliat angespielt. Auch Michelangelo stellt Judit in den Zwickelfeldern (= die Bögen in den Raumecken) der Sixtina den anderen wunderbaren Errettern gegenüber: David, Ester und der Ehernen Schlange.
Die beiden kleinen Tafelbilder Botticellis, ursprünglich zu einem Diptychon (= zweiflügliger Altar) verbunden, zeigen zum einen „Die Entdeckung des toten Holofernes“ durch seine erschütterten Krieger, zum anderen „Die Rückkehr der Judith“, von ihrer Magd begleitet, die den Kopf des Holofernes trägt (um 1472, Florenz, Uffizien).

Francesco Solimena malte „Judith mit dem Haupt des Holofernes“ (1728–33, Wien, Kunsthistorisches Museum), wie sie es dem Volk präsentiert, während herabschwebende Putten einen Heiligenschein bringen.
Die Geschichte der Judit, die Holofernes enthauptet, wurde für die italienische Künstlerin Artemisia Gentileschi mehrfach Bildgegenstand. Im Gegensatz zu anderen Malern ist bei ihr jedoch die Gestalt der Judit nicht Symbol gefährlich aufreizender und unberechenbarer Weiblichkeit, sondern steht für Mut und Entschlossenheit. In einem Gemälde aus dem Jahre 1630 (Neapel, Galleria Nazionale; auch in Florenz, Uffizien) wählte sie den Höhepunkt des Geschehens: Judit ist im Begriff, Holofernes zu köpfen. Ihre junge Magd unterstützt sie dabei tatkräftig, in dem sie den sich wehrenden Mann festhält. Caravaggios Gemälde „Enthauptung des Holofernes“ (um 1607, Rom, Palazzo Barberini) ist ebenfalls ein Bild von erschreckender Schonungslosigkeit, dessen Realismus bereits die Zeitgenossen des Künstlers beeindruckte.
Judit, die „kastrierende Heldin“ – in dieser biblischen Figur vereinen sich Eros und Tod, ein Thema, das vor allem die Künstler nach 1900 faszinierte. Richard Strauss etwa bringt seine „Mykenische Herrscherin“ in der Oper „Elektra“ (1909) zur Aufführung; deren blutrünstige Klytämnestra ist ein ebenso gutes Beispiel der kastrierenden Frau.
Gustav Klimts Gemälde „Judith I“ und „Judith II (1901, Wien, Österreichische Galerie und 1909, Venedig, Galleria d'Arte Moderna) sind Verwirklichungen von Klimts Archetyp der Femme fatale. Seine Judit ist keine historische Heldin, sondern eine typische Zeitgenossin des Künstlers. Mit der Wahl des Judit-Themas fand Klimt ein eindringliches Symbol für den durch die Frau gestraften Mann, der mit dem Tod büßen muss.

Bereits Luther hatte auf die dramatische Verwendbarkeit des Stoffes hingewiesen. Erste Dramatisierungen erfolgten im 16. Jh. (Marko Marulic, 1501/1520; J. Greff, 1536; Hans Sachs, 1551 und 1554). Im 17. Jh. entstanden mehrere Opern, die das Judit-Thema aufgriffen. In Friedrich Hebbels Tragödie „Judith“ (1841/49) wird der Stoff psychologisch gedeutet. Nestroy seinerseits parodierte das Stück Hebbels in seinem Stück „Judith und Holofernes“ (1849) und nahm in seiner Travestie Bigotterie und Gesellschaft aufs Korn. Jean Giraudouxs Heldin „Judith“ (1932) vergisst ihre Sendung und tötet Holofernes aus Zärtlichkeit, um die Liebe, die sie für ihn empfindet, unversehrt zu bewahren. Girodouxs „Judith“ wurde der Blasphemie bezichtigt.
In der Tradition des Bauern- und Heimatromans steht „Judith Finsterwalderin“ (1916) von Peter Dörfler. Im 30jährigen Krieg rettet die schöne Judit ihr Dorf vor Franzosen. Als sie sich später gegen eine Vergewaltigung wehrt, stirbt *sie* an ihren Verletzungen.

Es gibt zahlreiche Opernbearbeitungen des Stoffes. Eine stark beachtete Oper war die von Arthur Honnegger (1925) mit Text von R. Morax. Weitere Werke gibt es von Alexander Serow (1863), George Chadwick (1900), A. Franz Doppler (1870), Max Ettinger (1921) und Lino Luzzato (1933).
Alessandro Scarlatti (1660–1725) schrieb zwei Versionen eines Oratoriums zum Thema Judit. Antonio Vivaldis Oratorium „Juditha triumphans“ (Die triumphierende Judith) wurde 1716 in Venedig uraufgeführt und hatte einen symbolischen Bezug auf die jüngsten Siege der Stadt über die Türken.

Propheten

Die Kultpropheten: Samuel – Nathan – Elia

Die großen Propheten: Jesaja – Jeremia – Ezechiel – Daniel

Die zwölf Propheten: Hosea – Joel – Amos – Obadja – Jona – Micha – Nahum – Habakuk – Zefanja – Haggai – Sacharja – Maleachi

In nahezu allen Religionen gibt es bestimmte Praktiken, sich die Zukunft zu erschließen – wie Leberschau, Inkubationstraum, Sterndeutung, Los, Orakel o. ä. Der Vermittler der göttlichen Absichten – sozusagen das Medium – musste sich durch eine Berufung legitimieren. Ein Zeichen der überpersönlichen Ergriffenheit war in Religionen häufig die Ekstase (vgl. 1 Sam 10, 5–16). Die unmittelbaren Vorgänger der israelitischen Schriftpropheten waren die „angestellten" Kult- und Hofpropheten (so Nathan, Prophet zur Zeit Sauls, 2 Sam 12). Die Propheten nahmen priesterliche und richterliche Funktionen wahr. Häufig kritisierten sie die praktische Politik. So stehen später im 8. Jh. → Elia und Elisa in völliger Opposition zum Königshaus. Die Sprüche und Predigten der frühen Propheten wurden noch nicht überliefert (Samuel, Nathan und Elia).

Die Prophetenbücher verkünden und kommentieren die Geschichte des jüdischen Glaubens, die seit dem Tod des Mose bis zur Rückkehr aus dem Babylonischen Exil vor 2500 Jahren überliefert ist. Es gibt die von der Hebräischen Bibel zu den Propheten gerechneten früheren Prophetenbücher (Josua, Richter, Samuel 1 und 2, Könige 1 und 2) und die späteren Prophetenbücher → Jesaja, → Jeremia und → Ezechiel. Die Hebräische Bibel nennt sie die *drei großen Propheten* und sie werden in der jüdischen Tradition fast so sehr verehrt wie das Gesetz, die Tora (→ Bibel). Die Lutherbibel zählt → Daniel zu den großen Propheten und stellt sein Buch hinter Ezechiel. Die Hebräische Bibel zählt Daniel zu den „übrigen", literarischen Schriften. In einer weiteren Gruppe werden zwölf kleinere Propheten zusammengefasst: Hosea, Joel, Amos, Obadja, Jona, Micha, Nahum, Habakuk, Zefanja, Haggai, Sacharja und Maleachi. Die Schriften dieser Propheten werden in der Hebräischen Bibel und im katholischen AT mit „Zwölfprophetenbuch" überschrieben.

Die großen Propheten Jesaja (8. Jh.) Jeremia (7. Jh.) und Ezechiel (6. Jh.) sind die wichtigsten. Zeitlich stehen die Prophetenbücher in ihrer Entstehung vor den mosaischen Gesetzesbüchern. Das Buch Daniel ist im 6 Jh. v. Chr. im Babylonischen Exil angesiedelt.
Der Hintergrund des Wirkens der Propheten ist die bedrohliche politische Lage in Israel und Juda, die Erinnerung an die glanzvolle Geschichte unter → David und → Salomo, die Bedrohung und das „Joch" fremder Mächte (→ Zeittafel). Die von Gott berufenen Propheten mahnten das Volk Abrahams, den geschlossenen Bund zu halten. Ihre prophetischen Texte wiesen auf den von Gott vorgesehenen Weg. Elia und Elisa griffen im 9. Jh. v. Chr. sogar vehement in die Politik ein, bis hin zur Salbung eines Gegenkönigs. Von diesen beiden Propheten weiß man, dass sich in ihrer Umgebung eine Art Schule ausbildete.
Die Propheten verkündeten eine drohende Zukunft und mahnten mit gewaltigen Worten ein gottgewolltes und sozial gerechtes Leben in der Gegenwart an. Die bevorstehende und hereinbrechende Katastrophe zeigten sie in visionären Bildern als die Folge staatlicher und menschlicher Verfehlungen und Übel. So brandmarkten sie das lasterhafte und gottentfernte Leben ihrer Zeitgenossen. Die historischen Figuren des Prophetenbuches sind nach neueren alttestamentlichen Forschungen immer weniger greifbar. So vermeiden Theologie und Predigt immer mehr

von den Propheten als Personen zu sprechen, sondern ziehen es vor, vom „Buch des X“ zu reden.

Propheten allgemein

Die Propheten stehen als Zeugen des Alten Bundes an den Kirchenportalen außen und an den Wänden der Kirchen innen. Die vier großen Propheten Jesaja, Jeremia, Ezechiel und Daniel treten häufig als Vierergruppe auf, seit dem 9. Jh. meist symbolisch den vier Evangelisten gegenübergestellt, später auch den vier römischen Kirchenvätern, den vier Paradiesströmen, den vier Kardinaltugenden oder den vier Jahreszeiten. Als Einzelfiguren begegnen sie uns vor allem im Rahmen der großen Portalprogramme der mittelalterlichen Kathedralen – dargestellt als würdige Männer in langen, zeitlosen Gewändern. Zu den Spruchbändern mit ihren Prophezeiungen treten mitunter individuelle Attribute. Monumental sind die Skulpturen des Claus Sluter mit ihren 3,60 Metern Höhe am Moses-Brunnen in Chartreuse de Champol, Dijon (1396–1404). Emil Noldes „Prophet“ (1912, New York, Museum of Modern Art) zeugt vom tiefen und erschreckenden Sehen des prophetischen Menschen.
Die imposante fünf Meter hohe Menora des Bildhauers Beno Elkan, 1956 von der britischen Regierung gestiftet, die vor dem Eingang der Knesset in Jerusalem steht, erinnert mit 29 Einzelmotiven in chronologischer Folge an die Geschichte Israels. Hier zeigte Elkan auch Jesajas Friedensvision sowie Jeremias und Ezechiels Auferstehungsvisionen.

Kennzeichen und Geschichten der zwölf „kleinen“ Propheten

Die zwölf kleinen Propheten entsprechen in der Zahl den zwölf Aposteln, denen sie oft gegenübergestellt sind oder die sie auf ihren Schultern tragen – Symbol dafür, wie das Neue Testament auf dem Alten Testament basiert. Treten sie alle zwölf gemeinsam auf, dann meist nur mit Spruchbändern, Büchern und Buchrollen in der Kathedralplastik seit dem 13. Jh. Als monumentale Steinfiguren an Kirchenportalen (Straßburger Münster), aber auch im Kircheninnenraum an Kanzeln (Dom und Baptisterium Pisa), sind sie miteinander disputierend dargestellt. So auch an den Chorschranken im Bamberger Dom, an Taufbecken und in der Glasmalerei. Die Propheten wurden auch in die Figuren-Programme der öffentlichen Profanbauten des Mittelalters übernommen. Als Vorbilder politischer Weisheit und als Rechtssymbol stehen sie auch in den Weltgerichtsportalen der Kathedralen. Vielfach wurden ihnen zwölf Sibyllen, die prophetischen Frauen des Altertums, gegenübergestellt. So verfuhr beispielsweise Michelangelo in seinen weltberühmten Deckengemälden der Sixtinischen Kapelle in Rom. In beeindruckender Lebendigkeit gibt er dort sieben sprachgewaltige Propheten wieder: Sacharja, Jesaja, Daniel, Jona (s. u.), Jeremia, Ezechiel und Joel.

Hosea Dieser Prophet trägt einen spitzen, roten Hut, mitunter ist ihm eine Frau beigegeben, da er in einer Zeit des sittlichen Verfalls und politischer und religiöser Wirren agierte und eine Ehe mit einer leichtfertigen Frau, namens Gomer, einging, die er trotz ihrer Untreue aus der Sklaverei loskaufte. Dies galt als prophetisches Bild dafür, dass Gott sein sündig gewordenes Volk erlösen würde. Hosea lebte zehn oder zwanzig Jahre nach Amos, im Angesicht der Bedrohung durch Assyrien. Wie Amos ist er ein wortgewaltiger Bußprediger, Rufer zur Umkehr und hielt Drohreden wider den veräußerlichten Kultus, bei dem der Widerspruch zwischen dem Gottesdienst und dem Prassen der Reichen, die die Armen ausbeuten, nicht mehr gesehen wird. Darum drohe das Gericht Gottes hereinzubrechen.

Joel Das im Buch Joel enthaltene Bild von der Heuschreckenplage wird als Vorausschau auf die Apokalypse gesehen. Zuweilen ist Joel mit einem Füllhorn gekennzeichnet („Ich will meinen Geist ausgießen …“ – Joel 3,1). Das Buch Joel ist zeitlich kaum einzuordnen, setzt die Deportation nach Babylon aber wohl voraus (4,2).

Amos war ein Hirte, Vieh- und Maulbeerenzüchter. Seine Attribute sind: Schafe, Hirtenstab, Fruchtkorb, Senkblei und Baum. Er wird auch in seinen Visionen als Hirte mit Lamm und Feigenbaum dargestellt. Amos lebte in der äußerlich relativ glücklichen Epoche Jerobeams II. um 770 v. Chr. Er trat im Nordreich in dessen letzter Blütezeit auf, vor dem bedrohlichen Schatten, den die Assyrer warfen. Er verband in seinen Schelt- und Drohreden scharfe Sozialkritik mit der außenpolitischen Bedrohung.

Obadja Sein Buch ist das kürzeste Prophetenbuch und eine scharfe Rede gegen Edom, den Nachbarstaat. Obadja lebte zur Zeit der Eroberung Judas. Im Eliazyklus (1 Kön 18,4) wird jedoch ein Obadja als Hofmeister Ahabs benannt (um 885 v. Chr.), der 100 Propheten rettete, indem er die vor dem Mordbefehl der Königin Isebel in Höhlen Geflohenen mit Brot und Wasser versorgte. Die beiden Figuren verschmolzen wohl in der mittelalterlichen Kunst. So sind die Attribute des Obadja Brot und Wasser.

Jona
Jona, der Prophet wider Willen, schiffte sich der Bibel zufolge in Jaffa ein, um vor dem Auftrag Gottes, die Stadt Ninive zur Buße zu rufen, zu fliehen. An Bord des Schiffes wurde er zur Besänftigung des von Gott gesandten Sturms ins Meer geworfen, von einem Wal verschluckt und schließlich wieder an Land gespieen. Während der

drei Tage und drei Nächte im Bauch des Wals hatte er Zeit genug, über den Gehorsam gegenüber Gott nachzudenken (Jon 5).

Den ausführlichsten Jona-Zyklus findet man auf einem Jona-Sarkophag (3. Jh. n. Chr. Rom, Lateran-Museum), allerdings sind Szenen aus seinem Leben – meist der Wurf ins Meer, Verschlingung und Ausspeiung durch den Wal – in der frühchristlichen Kunst auch in zahlreichen Katakomben wiedergegeben. In der Typologie des Mittelalters galt der vom Fisch verschlungene Jona als Vorbild der Grablegung Christi, seine Errettung als das der Auferstehung Christi. Michelangelo malte einen jugendlichen Jona vor einem großen Fischmaul an der Seite an die Decke der Sixtinischen Kapelle. Tintoretto bildet Jona gerade aus dem Bauch des Fisches steigend und dem Angesicht Gottes gegenüberstehend ab (1577/78 Scuola di San Rocco, Venedig). Bevor Melville den Walfänger in „Mobby Dick" (1851) in See stechen ließ (s.a. → Elia und Elisa) predigt der Pfarrer über den Propheten Jona.
„Jonas, der im Jahr 2000 25 Jahre alt sein wird" heißt ein Film von A. Tanner (1976, CH/F) und will „Gegenwart mit den Augen der Zukunft sehen". Seine acht kleinen Propheten sind die „Eltern" des kleinen Jonas.

Micha Micha ist ein Zeitgenosse des Jesaja (Ende des 8. Jh. v. Chr.) Manchmal ist ein Kind bei ihm, weil er weissagte, dass vom Ort Bethlehem das Heil ausgehe werde (Mi 5,1). Michas Drohsprüche und Sozialkritik galten den Reichen. Berühmt wurde Micha 4,3 (vgl. Jes 2,4): „Sie werden ihre Schwerter zu Pflugscharen und ihre Spieße zu Sicheln machen." Auf dieses Bibelzitat berief sich die westdeutsche Friedensbewegung. Ein Kunstwerk im Park des Hauptsitzes der UNO stellt es dar: Ein Schmied schmiedet aus Waffen eine Pflugschar. Die atheistische Sowjetunion macht das Kunstwerk der UNO 1959 zum Geschenk.

Nahum Der Zeitgenosse des Jeremia sagte als Trost für Israel den Untergang Ninives voraus. Daher ist ihm als Attribut ein gekrönter König, die Personifikation Ninives, unter seine Füße gegeben.

Habakuk Da ihn ein Engel an den Haaren vom Feld zur Löwengrube Daniels trug, um diesem Nahrung zu bringen, trägt er einen Essenstopf oder Krug als Attribut. Erst seit der Renaissance wird er individuell gekennzeichnet als ein von Bitterkeit geprägter Kahlkopf. Volkstümlich wird er in Italien „La Zuccone" – der „große Kürbis" genannt. Entstanden kurz vor 612 v. Chr. klagt das Buch Habakuk über soziale Missstände, Unrecht und Gewalt und erfleht von Gott richtendes Eingreifen gegen die Unterdrücker.

Zefanja Er trägt eine Laterne, da er Gottes Wort mit dem Satz, er wolle „Jerusalem mit der Lampe durchsuchen" (Zef 1,12), verkündigte. Er lebte zur Zeit des judäischen Königs Josia (639–609 v. Chr.).

Haggai rief um 520 v. Chr. zum Wiederaufbau des Tempels von Jerusalem auf, daher wird er oft beim Behauen eines Brettes gezeigt oder durch einen Geldbeutel gekennzeichnet.

Sacharja Dieser Prophet agierte z. Zt. des persischen Königs Darius und war Zeitgenosse Haggais. Er gilt, wie Jesaja, als Künder der jungfräulichen Geburt Christi. An der Kathedrale von Chartres sind ihm zwei geflügelte Frauen beigegeben, die eine dritte im Kessel tragen. Das bezieht sich auf seine Vision von der Gottlosigkeit, die von zwei geflügelten Frauen im Kessel getragen wird (Sach 5,5–11).

Maleachi Diesem erscheint ein Engel, den er als Attribut erhält, bezugnehmend auf seine Weissagung „Ich will meinen Engel senden (Mal 3,1). Maleachi ist anonym und bedeutet „Mein Bote“ und kennzeichnet den Autor des Buches aus der 1. Hälfte des 5. Jhs.

Jesaja

(Jes 1–66)

Die Wirksamkeit des sogenannten „ersten“ Jesaja fällt in die letzten Jahrzehnte des 8. Jhs. v. Chr. Die Gerichtsbotschaft des Jesaja liegt auf derselben Linie wie die des Amos: Nicht Opfer, sondern Gerechtigkeit! Sie schreckt auch vor Spott und Verhöhnung nicht zurück und ist in ihrer Sprachgewalt von oft zerschmetternder Wucht. Von Jesajas Wirken berichtet die Bibel im 2. Buch Könige (Kap. 18–20) sowie im Buch Jesaja, das vor allem seine prophetischen Texte enthält. Allerdings ist das 66 Kapitel starke Buch Jesaja, so ist historisch gesichert, nur bedingt dem berühmten Propheten Jesaja zuzurechnen (nur von Kapitel 1–35). Die Prophetenlegende 36–39 stammt aus 2 Könige 18. Die anderen Teile stammen von mindestens zwei weiteren Autoren, dem so genannten Deuterojesaja (= zweiter Jesaja) wurden die Sprüche des Kapitel 40–55 zugeordnet und einem Tritojesaja (= dritter Jesaja) der Rest zugeschrieben. Heute spricht man insgesamt eher von einer „Schule“ und ist hinsichtlich der Zuordnung zu Autoren recht skeptisch.
Unser Jesaja lebte in Jerusalem. Er wurde 736 v. Chr. berufen und wirkte als Politiker und Ratgeber der Könige von Juda, vor allem von König Ahas (741–725 v. Chr.). Zu seinen Lebzeiten wurde das syrisch-palästinensische Gebiet weitgehend von den Assyrern unterworfen. Er erlebte den Fall Samarias, der Hauptstadt des Nordreiches Israel, und die Verschleppung der dortigen Oberschicht.

Jesaja kritisierte die gesellschaftlichen Missstände seiner Zeit und brandmarkte die Zivilisationserscheinungen der jüdischen Gesellschaft. Er mahnte: „Wehe denen die des Morgens früh auf sind, dem Saufen nachzugehen, und sitzen bis in die Nacht, dass sie der Wein erhitzt" (Jes 5,11). Seine Sorge galt auch dem Verfall der Moral, vor allem der der Frauen: „Weil die Töchter Zions stolz sind und gehen mit aufgerecktem Halse, mit lüsternen Augen, trippeln daher und tänzeln und haben kostbare Schuhe an den Füßen" (Jes 5,16) und der „sodomitischen" Verkehrung der Sitten: „Wehe denen, die Böses gut und Gutes böse nennen, die aus Finsternis Licht und aus Licht Finsternis machen, die aus sauer süß und aus süß sauer machen" (Jes 5,20).

(Jes 6) Die Bedrohung der staatlichen Existenz Judas durch die Assyrer deutet Jesaja als Strafe Gottes. In seiner Berufungsvision erscheint ihm Gott auf seinem erhabenen Thron, um ihn die Seraphim, feurige Mischwesen, die wie geflügelte Schlangen aussahen, jedoch mit Gesichtern und Händen (Jes 6,2). Einer der Seraphim reinigt ihm die Zunge mit glühenden Kohlen und droht Verwüstung und Deportation an: „Bis die Städte wüst werden, ohne Einwohner. Denn der Herr wird die Menschen weit wegtun, so dass das Land sehr verlassen sein wird" (Jes 6,12).

Jesaja prophezeite also die Deportation der israelitischen Oberschicht im Jahre 722 v. Chr. Aber auch die heidnischen Völker würden zur Schlachtung dahingegeben werden (34,2). Trotzdem warnte Jesaja vor politischen Allianzen mit den Ägyptern und Syrern vor allem auch wegen ihrer Verderbtheit und forderte auf, Gottvertrauen gegen die Assyrer zu setzen. Neben den Unheilsankündigungen für Israel (1–12) und die fremden Völker (13–23) sprach er vom kosmischen Gericht (24,21; 27,1) und kündigte zukünftiges Heil für Israel an (24–39). Seine Vision gleicht einer utopischen Zeit, in der der Herrschaftsantritts Gottes als Freudenmahl auf dem Berg Zion begangen wird (24,23).

Weihnachten begegnet uns Jesaja, wenn zitiert wird: „Denn uns ist ein Kind geboren ...“ (9,5) und (aus 11,1) die messianische Verkündigung „Und es wird ein Reis hervorgehen aus dem Stamm Isais (s. a. → David) und ein Zweig aus seiner Wurzel Frucht bringen.“ Jesaja, der leidende Gottesknecht, ist Vorläufer und Interpretationsmuster der Jesus-Darstellung der Evangelisten. Das Bild, das sie von Jesus entwerfen, ist gespeist aus Jesaja. „Der Prophet“ von Emil Nolde (1912, New York, Museum of Modern Art) ist die Personifikation des leidenden Gottesknechtes.

Jesaja wird – wie alle Propheten – meist alt und mit langem Bart dargestellt. Michelangelo zeigt ihn an der Sixtinischen Kapellendecke jedoch bartlos. Oft hält er ein Schriftband in der Hand oder einen Ast, als Hinweis auf die Wurzel Isais (= Jesse). Deshalb wird er im Mittelalter fast ständiger Begleiter bei Mariendarstellungen, so an den Portalen der Kathedralen (z. B. Amiens, Chartes).
Berühmt ist das Verkündigungsbild des Isenheimer Altars von Matthias Grünewald (1513–15, Colmar). Der Prophet begleitet die Verkündigungsszene in der linken oberen Ecke und hält den Text seiner Prophezeiung.
Da Jesaja nach einer apokryphen Legende später von dem abtrünnigen König Manasse zersägt wurde, findet sich dieses Motiv ebenfalls häufig, so fast in allen Bibelillustrationen zu Beginn des Jesajabuches, aber auch in den Archivolten des Marienportals der Kathedrale von Chartes. Mit gespaltenem Kopf ist Jesaja am Portal Saint-Honoré der Kathedrale von Amiens dargestellt.
„Jesajas Vision von der Herrlichkeit Gottes“ setzte Matthaeus Merian in einem Kupferstich ins Bild.

♫ Der „Messias“ (1741) ist Georg Friedrich Händels bedeutendstes Oratorium. Berühmt ist der gewaltige Halleluja-Chor. Von Beginn an hat Händels „Messias“ alle Hörerschichten unmittelbar angesprochen. Den Text des dreiteiligen Werkes – Verheißung des Messias, Erdendasein, Verwirklichung des messianischen Gedankens – hatte sich Händel selbst zusammengestellt. Der erste Teil basiert auf Jesaja-Texten: „Tröstet Zion“, „Alle Tal macht hoch, die Herrlichkeit Gottes wird offenbart“ u. a.

Jeremia

(Jer 1–52)

Jeremia, geboren um 650 v. Chr., einer der großen Propheten im Alten Testament, wirkte über einen Zeitraum von 40 Jahren. Seine Berufung in das Prophetenamt (um 627 v. Chr.) kündigt die Stationen eines schweren, von Qualen, Verfolgungen und Leiden erfüllten Lebens an. Sein prophetisches Handeln spielte sich vor dem Hintergrund einer völligen Neuordnung der politischen Machtverhältnisse im vorderen Orient ab, in den Jahrzehnten, als das Reich Juda mit der Stadt Jerusalem unterging. Zu seinen Lebzeiten brach das Assyrische Großreich zusammen, das siegreiche neubabylonische Reich unter Nebukadnezar setzte sich gegen die ägyptischen Expansionsbestrebungen durch und machte Juda zu seinem Vasallenstaat. Nach dem Aufbegehren des Königs Jojakim erlebte Jeremias 598 v. Chr. die Belagerung und Eroberung Jerusalems und das 1. Exil der judäischen Oberschicht. Auch den Nachfolger Zedekia, der sich erneut mit ägyptischer Unterstützung gegen Nebukadnezar erheben wollte, warnte Jeremia vergeblich. 587 v. Chr. fiel Jerusalem nach eineinhalbjähriger Belagerung (Jer 39), Zedekia wurde geblendet und das lange Exil seines Volkes in Babylonien begann. Jeremia durfte in Jerusalem bleiben, starb aber später in Ägypten. Dorthin verschleppten ihn die Judäer, aus Angst vor der babylonischen Rache nach der Ermordung eines Statthalters Nebukadnezars.

In den politischen Ereignissen der Zeit sah Jeremia, wie 100 Jahre vor ihm schon → Jesaja, ein Strafgericht Gottes. Er klagte die religiöse und sittliche Verderbtheit seines Volkes an. Vor allem geißelte er die heidnischen Kultbräuche – besonders die Verehrung der Gottheiten Baal und Aschera (→ Richter) –, die sich unter dem Einfluss der assyrischen Herrschaft (Jer 1–6) wieder verbreitet hatten. Jeremias Zeitgenossen zeigten nicht viel Verständnis für seine scharfen Strafpredigten. Die Unbedingtheit, mit der er seinen prophetischen Auftrag erfüllte, machte ihn zum Gegenstand von Hass und Verfolgung. Nebukadnezar schien Jeremia von Gott gesandt, um das sündige Land zu züchtigen. Wegen seiner defätistischen Warnungen und seiner Ankündigung der Eroberung und Zerstörung Jerusalems durch Nebukadnezar wurde Jeremia wieder und wieder verfolgt und eingekerkert (Jer 37,11–16). Kurz vor dem Fall Jerusalems wurde er sogar in eine mit Schlamm gefüllte Zisterne geworfen, aber von Zedekia selbst vor dem Tod gerettet (38,4–16). Nach dem Fall Jerusalems forderte Jeremia – selbst in der Stadt zurückgeblieben – die Exilanten auf, die Träume auf baldige Rückkehr fahren zu lassen und sich auf ein langes Exil vorzubereiten (Jer 29).

Klagelieder Jeremia (Klgl 1–5)
Ich bin der Mann, der Elend sehen muss durch die Rute des Grimmes Gottes.
Er hat mich geführt und gehen lassen in die Finsternis und nicht ins Licht.
Er hat seine Hand gewendet gegen mich und erhebt sie gegen mich Tag für Tag.
... Und wenn ich auch schreie und rufe, so stopft er sich die Ohren zu vor meinem Gebet.
Er hat mich mit Bitterkeit gesättigt und mit Wermut getränkt.
(3,1–3,8,15)

Die Klagelieder Jeremias werden dem Propheten seit der Septuaginta, der griechischen Übersetzung des Alten Testaments, zugeschrieben. Diese wortgewaltigen Gedichte besingen und beweinen das Schicksal Judas und Jerusalems.

Jeremiade In dem Begriff „eine große Jeremiade anstimmen" findet sich heute noch die Erinnerung an den klagenden und anklagenden Jeremia.

Plastik

Das leidvolle Wissen um das bevorstehende Unheil und die Trauer darum sind die beiden Themen, mit denen die künstlerische Tradition Jeremia verbindet. Dargestellt wurde Jeremia meist als bärtiger, gramgebeugter Mann mittleren Alters. Im späteren Mittelalter erhält er einen Turban oder eine Mütze (Judenhut), gekleidet in einen togaähnlichen Umhang trägt er oft eine Schriftrolle oder ein Buch bei sich. Seine Attribute sind zudem oft ein eiserner Stab oder ein siedender Topf, die auf seine Visionen künftigen Unheils weisen.

Die früheste Darstellung des Jeremia findet man in der Synagoge von Dura-Europos (245/56 n.Chr., Syrien). In der Reihe der Propheten wurde Jeremia im Baptisterium in Ravenna dargestellt. Das Stuckrelief aus dem 5. Jh. zeigt ihn allerdings als jungen Mann. In den Mosaiken von S. Vitale steht er neben Jesaja. Im 12. Jahrhundert erscheint Jeremia auf dem Apsismosaik von S. Clemente zu Rom. Auch die Skulpturen der großen gotischen Kathedralen von Chartres und Amiens thematisieren das Leiden des Jeremia: Stilisiert als Passionstypos erhält er sogar ein Kreuz als Attribut. Am Moses-Brunnen des Claus Sluter (1396–1404, Dijon) trägt er als bartloser Mann mit Turban ein aufgeschlagenes Buch. Größte Popularität erreichte die nur mit einem Überwurf bekleidete, kraftvolle Gestalt der Statue Donatellos (1423/26) am Campanile des Doms zu Florenz.

Malerei
Jeremias Verzagtheit und Verzweiflung über das Schicksal Jerusalems wurde immer wieder Gegenstand der Malerei. Von Pietro Perugino (um 1500, Fresken zu Perugia) und Michelangelo (1508–12, Vatikan, Sixtinische Kapelle) wurde der gramvolle Jeremia zwischen Propheten und Sibyllen dargestellt. Rembrandt zeigt den trauernden Jeremia auf dem Bild „Jeremias beklagt die Zerstörung Jerusalems“ (1630, Amsterdam Rijksmuseum) im Vordergrund des Bildes, an eine Säule gelehnt. Eingerahmt von einem Torbogen schwebt im Hintergrund ein Wesen mit einer Fackel über der brennenden Stadt, in die bewaffnete Männer eindringen. Wie er aus der mit Schlamm gefüllten Grube gezogen wird, zeigt ein Gemälde von Salvatore Rosa (17. Jh., Chantilly, Mus. Condé).
Das Gemälde „Der Prophet Jeremias“ (1897, verschollen) wurde als eine der größten Leistungen des jüdischen Malers Lesser Ury beurteilt. Man sieht einen alten Mann, der grollend und zusammengekauert am Boden liegt. Er schaut in den tiefblauen Himmel, der erfüllt ist von hell leuchtenden Sternen. Der Maler sagte von sich selbst: „Wer mich kennt, weiß, wer hier am Boden liegt.“

Stefan Zweig wählte Jeremia zum Protagonisten seines pazifistischen Dramas „Jeremias“, das während des Ersten Weltkrieges 1917 in Zürich uraufgeführt wurde. J. Kateins verfasste eine Biographie „Jeremias: der Bericht vom Schicksal einer Idee“ (1937). Franz Werfels Roman „Höret die Stimme“, ebenfalls von 1937 (1950 in der Neuausgabe als „Jeremias: Höret die Stimme“), beschwört den leidvollen biblischen Mahner, um den Unverstand der Zeit zu brandmarken und auf die sich anbahnende Tragödie unseres Jahrhunderts hinzuweisen.

♫ Die Klagelieder und die einfache, gleichwohl plastische Sprache Jeremias haben über Jahrhunderte die Komponisten inspiriert. Auf gregorianische Melodien gesungen waren sie schon in alter Zeit Bestandteil der Karfreitagsliturgie. Um 1600 vertonte Cavalieri die Lamentationes und die in der katholischen Liturgie entsprechenden Responsorien (Antworten) auf neutestamentlicher Grundlage. Couperins intime Musik „Lesson de tenèbre" für Solisten und Generalbass wurde ausgesprochen erfolgreich im Frankreich Ludwig des XIV. Auch der protestantische Komponist Johann David Heinichen, Musiker am Hofe des zum Katholizismus konvertierten August dem Starken von Sachsen, komponierte 1724 Lamentationes. Berühmt wurden die „Lamentations of Jeremia" von Thomas Tallis zur Zeit Heinrich des VIII. 1768 komponierte Joseph Haydn seine Symphonie d-moll, der er selbst den Beinamen Lamentationes gab, eine Mischung aus sakraler und profaner Musik.

Im 20. Jh. fand die 12–Tontechnik neue expressive Möglichkeiten. Ernst Krenek schuf 1941 im Exil in den USA eine Version schwereloser Klänge, die von innerer Not getragen ist. Leonard Bernstein gab den Klageliedern in seiner „Jeremia-Symphonie" (1944) ein symphonisches Gewand verknüpft mit traditionellen Melodien.

1957/58 entstand „Threni et Lamentationes Jeremiae" von Igor Strawinsky, ein vierstimmiger Gesang. Israel Alter (1901–1979), in die USA emigriert, ließ in seiner Musik zu den Lamentationes (für Stimme und Klavier) neben der Verzweiflung auch Hoffnung hörbar werden. Kurt Weill vertonte 1923 mit sparsamsten Mitteln und großer Wirkung „Recordare nach Jeremias" für vierstimmigen gemischten Chor und zweistimmigen Knabenchor. Dieses Werk wurde erst 1971 uraufgeführt.

Ezechiel

(von Luther eingedeutscht als Hesekiel)

(Ez 1–48)

Ezechiel zählt zu den großen Propheten des Alten Testaments. Der Priestersohn Ezechiel (1,13) wurde 597 v. Chr. ins babylonische Exil deportiert, erlebte dort 593 v. Chr. seine Berufung und wirkte dann noch etwa 20 Jahre. Er hatte eine Art Führerschaft im Exil inne und weissagte, solange Jerusalem noch stand, nur Unheil. Als aber der Bote mit der Nachricht vom Fall Jerusalems zu ihm kam, schlug seine Verkündigung um (24, 26 f u. 33,21 f). Nun wurde er zum Heilspropheten.

Ezechiel war ein sehr bizarrer Prophet, einerseits voll priesterlichen Doktrinarismus, andererseits voll großer, freier, visionärer Kraft, sprachgewaltig mit Schwung und Pathos. Gelegentlich wurde er angewiesen, sich „stumm" zu stellen oder sich provozierend zu gebärden. Dann war er keines Wortes mächtig (3,25), verharrte er in völliger Starre (4,4–8). Mehrfach schwebte er durch die Luft. Auf Befehl Gottes verzehrte er die Buchrolle und nahm damit Gottes Wort im wahrsten Sinne völlig in sich auf. Sie ward ihm „süß wie Honig" (Ez 3,3). Diese Beschreibungen haben Ezechiel in der Neuzeit pathologische Diagnosen beschert. Manche Psychoanalytiker bezeichneten ihn gar als „psychotisch", – ohne dass die antike Anschauung berücksichtigt wurde, dass Zukunft und Vergangenheit im rituellen Vollzug erlebt werden kann.

Kein Prophet, so schrieb Eli Wiesel, hatte je die Gabe zu solchen Visionen, keine andere Vision war je so radikal. In seinen harten Worten erscheint Ezechiel erbarmungslos, ist er freundlich, quillt er über vor Großmut. Er schwingt zwischen der Schande der Sünde und dem Glanz der Erlösung hin und her – Ezechiel: der Mann der Extreme. Sein Radius reicht von der Ekstase des himmlischen Thronwagens bis zum Schrecken der vertrockneten Gebeine in der Wüste. Alles erinnert an „Sodom“ – physische und moralische Hurerei, soziale Dekadenz, intellektuelle Verkümmerung.

In seiner Berufungsvision erschienen ihm, begleitet von Sturmwind und Strahlenglanz, vier geflügelte Wesen, mit je einem Kopf, der an seinen vier Seiten mit Menschen-, Löwen-, Stier-, und Adlergesicht schaut (= die Symbole der Evangelisten, s. u.) Zwischen diesen Gesichtern loderte ein Funken sprühendes Feuer, neben ihnen bewegten sich vier von Edelsteinen funkelnde Räder. Auch seine Aufträge sind absonderlich. Er soll sein Brot auf Menschenkot backen (4,12–17), sein Haar in die Winde verstreuen (5,1–4). Eine andere Vision spricht von der Wiederbelebung der ausgetrockneten Gebeine, die sich wieder zusammensetzen und mit Fleisch umgeben. Gott deutete ihm die Vision: So werde Ezechiel das Haus Israel wieder lebendig machen, um es in sein Land zurück zu führen (37,1–14). In seiner Vision vom verschlossenen Tor des Jerusalemer Tempels wurde ihm deutlich, dass kein Mensch mehr durch diese Tür gehen dürfe, da Gott selbst dort hindurch gegangen sei (44,1–3).

Auch Ezechiel kündigte die Eroberung der Stadt Jerusalem 587 v. Chr. in Zeichenhandlungen (3,22–5,17) an. Heftig predigte er gegen die kultischen Verfehlungen in Jerusalem, geißelte Mord, Zinsvergehen, Unterdrückung der Schwachen und verurteilte die Anbetung fremder Götter. Die Schuld der Städte beschrieb er in höchst sexuellen Bildreden. Samaria und Jerusalem zeigen sich als hurende Schwestern Ohala und Ohaliba, „die nach ihren Brüsten greifen und ihren jungen Busen betasten ließen“ (23,2–3). Nach dem Fall der Stadt Jerusalem prophezeite er (40–48) – in einer Vision nach Jerusalem entrückt – den glanzvollen neuen Tempel.

In der Osternachtsliturgie der Orthodoxen Kirche hat die Totenfeldvision des Ezechiel als Prototyp der Auferstehung Jesu eine besondere Bedeutung.

Ezechiel – als Anführer der zwölf kleinen Propheten oder als Einzelfigur – wurde häufig in der Kathedralplastik dargestellt (Amiens, Kathedrale). Sein Attribut ist ein geflügeltes Doppelrad, das auf seine Berufungsvision (Ez 1) zurück geht. Ezechiel im Tal der Knochen – mit den auferweckten Gebeinen (37,11–11) – ist ein viel verwendetes Motiv. Es erschien früh auf frühchristlichen Sarkophagen, man findet die Szene auch bereits in den Fresken der Synagoge von Dura-Europos (um 245/56). Das Motiv der sich wiederbelebenden Gebeine und der sich öffnenden Gräber wurde später in Darstellungen des „Jüngsten Gerichts" übernommen, beispielsweise in den Fresken des Luca Signorelli (ab 1499, Orvieto, Dom) oder von Michelangelo im Wandgemälde in der Sixtinischen Kapelle. Auch Tintoretto setzte sie in den Deckengemälden „Die Vision des Ezechiel" bildlich um. Ezechiel sieht, wie sich unter der gebieterischen Geste Gottes ein menschliches Gerippe mit Fleisch überzieht (1577/78, Venedig, Scuola Grande di San Rocco). Die Wiederbelebung der Totengebeine ist auf der von B. Elkan gefertigten Menora (s. a. → Propheten), dem siebenarmigen Leuchter vor dem israelischen Parlament in Jerusalem, eindrucksvoll gezeigt.
Seine Vision vom verschlossenen Tor des Tempels (44,1–3) zählte im Mittelalter zu den beliebtesten Mariensymbolen. Verschiedene Einzelszenen zeigen das Verschlingen der Schriftrolle, die ihm ein Engel reicht (2,9–3,3), die Haarschur des Propheten (5,1–4) sowie vor allem die seit dem 5. Jh. in der Kunst nachweisbare „Berufungsvision" mit den vier geflügelten Lebewesen (Gemälde von Raffael, 1510, Florenz, Palazzo Pitti). In der christlichen Symbolik

wurden daraus die Sinnbilder der vier Evangelisten Matthäus, Markus, Lukas und Johannes.
William Blakes Aquarell „Ezekiel's Vision of the Whirl wind" (um 1805, Boston, Museum of Fine Arts) ist eine der größten Leistungen innerhalb der „apokalyptischen" Bilder Blakes. Die winzige Figur des Ezechiel, am unteren Bildrand wiedergegeben, vermittelt eine Vorstellung von der unermesslichen Kraft, mit der Ezechiel vom Wirbelsturm empor geschleudert wird.

♫

Friedrich Liszt verarbeitete das Motiv der Totengebeine in seiner Motette „Ossa arida" für Männerchor und Orgel, in der er die Musik des 20. Jh. in unaufgelösten Dissonanzen vorwegnahm.

Daniel

Nebukadnezar – Abed-Nego, Schadrach und Meschach – Susanna – zwei alte Richter – drei Männer – Belsazar – Darius

(Dan 1–12)

Daniel, sein Name bedeutet „Gott ist mein Richter", zählt bei den Juden nicht zu den Propheten, sondern gehört in die Welt der literarischen Fiktion der „übrigen Schriften". Angesiedelt ist sein Wirken zur Zeit des babylonischen Exils im 6. Jh. v. Chr., niedergelegt wahrscheinlich im 2. Jh. v. Chr. Die christliche Kanon zählt Daniel zu den der vier großen → Propheten des AT.

Daniels Erziehung am babylonischen Hof

(1) Daniel war schön, begabt, weise, klug und verständig. Er stammte aus einer vornehmen jüdischen Familie. In seiner Jugend wurde er aus seiner Heimat Judäa nach Babylon, in das Königreich des Nebukadnezar, verschleppt. Nach einer dreijährigen Ausbildung trat er in den Dienst des Königs. Daniel war ein gottesfürchtiger Mann. Er bewahrte seine jüdische Gesetzestreue und seinen Glauben und achtete stets darauf, dass er mit den Speisen und Getränken, die er bei Hofe zu sich nahm, nicht gegen die Gebote Gottes verstieß. Auch war er um vieles klüger und weiser als alle Gelehrten und Wahrsager im Reiche des Königs. Denn Gott hatte ihn gelehrt, jede Schrift zu verstehen, sich in den Künsten und Wissenschaften auszukennen und er „verstand sich auf Gesichte und Träume jeder Art" (1,17).

Daniel der Traumdeuter

(2) Einst hatte Nebukadnezar einen Traum und keiner seiner Berater und Weisen konnte ihn deuten. Verärgert

wollte er alle Weisen Babels umbringen lassen (2,12). Doch Daniel vermochte den Traum als Voraussage über die Entwicklung des neubabylonischen Reiches zu deuten: Der König hatte eine mächtige Statue gesehen aus Gold, Silber, Kupfer, Eisen und Ton, die durch einen Stein zertrümmert wurde. Die Bestandteile des Helden deutete Daniel als die Reiche, die König Nebukadnezar folgen sollten. Und alle würden kleiner sein und zerstört werden (Dan 2,31 ff). Danach, so prophezeite Daniel, werde Gott ein Königreich errichten – und jenes wird bestehen in Ewigkeit (2,44). Der König ehrte Daniel ob seiner Klugheit und erhob ihn zum Vorsteher aller Weisen Babylons.

Die drei Männer im Feuerofen

(3) Doch nur wenig später errichtete Nebukadnezar in Babylon eine Statue aus Gold und ordnete an, dass jeder diese Statue anbeten sollte. Aber die Juden knieten nicht nieder. So wurden drei Gefährten Daniels, Abed-Nego, Schadrach und Meschach zum Tode in einem Feuerofen verurteilt. Nebukadnezar sah mit eigenen Augen, dass die Flammen sie nicht verbrannten, denn ein Bote des Himmels hatte sich zu ihnen gesellt. Da erkannte der König die Macht ihres Gottes und ordnete an, dass niemand zukünftig die Juden und ihren Gott angreifen dürfe (3,28 f).

Nebukadnezars Wahnsinn

(4) Nach der im Buch Daniel erzählten Geschichte verfällt Nebukadnezar dem Wahn, wird aus der Gemeinschaft verstoßen, frisst Gras wie die Rinder und hat Klauen wie ein Adler. Zurückgekehrt aus der Vision bekennt er sich am Ende zum Gott Israels (4,33).

Belsazar folgte seinem Vater Nebukadnezar als König auf den Thron. In der Danielgeschichte wird Nebukadnezar zum Vater des Belsazars, der eigentlich nur Statthalter seines Vaters, des Königs Nabonid, war.

Belsazar

(5) Einst gab Belsazar ein großes Fest und er und seine Gäste tranken aus den goldenen Gefäßen, die aus dem Heiligen Tempel Jerusalems geraubt worden waren und frevelten Gott (5,4). Da schrieben im gleichen Augenblick Finger wie von einer Menschenhand die Worte: „Mene mene tekel u-parsin" auf die Wand gegenüber dem Leuchter (5,25). Niemand verstand diese Worte, doch der König zitterte. Leichenblass und voller Angst befragte er zuletzt Daniel und erfuhr die unheilvolle Deutung: Gott hat dein Königtum gezählt und beendet, dich gewogen und zu leicht befunden, dein Reich zerteilt und den Persern gegeben. Daniel wurde belohnt. „Aber in derselben Nacht wurde Belsazar getötet" (5,30).

Daniel in der Löwengrube

(6) König Darius, der Nachfolger, schätzte den weisen Daniel sehr und wollte ihn zum Fürsten über alle anderen Fürsten erheben. Da sie Daniel nichts anhaben konnten, versuchten Neider, Daniel durch ein heimtückisches Gesetz zu Fall zu bringen. Wer in den nächsten 30 Tagen von irgendeinem, außer vom König, etwas erbitten würde, solle den Löwen zum Fraß vorgeworfen werden (6,8). Unbeirrt verrichtete Daniel kniend am offenen Fenster weiter seine Gebete in Richtung Jerusalem. Gedrängt von den Neidern ließ der betrübte König Darius Daniel in die Grube zu den Löwen werfen. Doch am nächsten Morgen, als Darius angstvoll und hoffend zur Grube ging, war Daniel noch am Leben. Daniel blieb der oberste Beamte im Reich und die missgünstigen Neider

wurden mit Weib und Kind den Löwen zum Fraß vorgeworfen. Darius erließ, dass fortan jeder den Gott Daniels verehren solle, da dessen Macht unendlich sei.

Daniel der Visionär

(7) In seiner Vision von den vier Weltreichen und der Vision vom Reich des ewigen Menschensohnes sah er bizarre Fabeltiere, deren viertes, ein fantastisches, schreckliches Drachenungeheuer, alles auf der Erde zertrampelte. Auf einem feuerflammenden Throne saß einer, der „uralt“ war. Danach wurde Gericht gehalten. Nach der Thronvision erschien der „Menschensohn“.

(8) In einer anderen Vision erkannte Daniel den Kampf eines Widders mit zwei Hörnern (= persisches Reich), der von einem Ziegenbock (= Assur und Griechen), mit einem Horn zwischen den Augen, besiegt wurde. Aus dem einen Horn wurden vier und eines wuchs gewaltig bis an den Himmel. Das bedeutete ihm, dass die Endzeit auch das Ende eines gewaltigen und Verderben bringenden Reiches im Westen bringen werde.

Weitere Heldentaten Daniels

Um die Person des Daniel ranken sich zahlreiche Legenden. Sie gehören zu den Apokryphen (Stücke zum Buch Daniel). Bekannt ist die Drachenerzählung und die Geschichte der Priester des Baal, die des Nachts ihre Opfergaben selbst verspeisten. Daniel überführte sie mit Asche, die er vor dem Altar ausstreute, in der ihre Fußabdrücke deutlich vom nächtlichen Mahl zeugten. Die bekannteste Geschichte, die vor allem Maler immer wieder inspirierte, ist die von der schönen, keuschen Susanna:

Susanna war eine schöne und fromme Frau, die mit einem reichen Babylonier verheiratet war. Eines Tages wurde sie von zwei boshaften Richtern beim Bade beobachtet und bedrängt. Susanna weigerte sich, den beiden Alten zu Willen zu sein. Aus Groll darüber beschuldigten die beiden die Frau vor Gericht des Ehebruchs, indem sie vorgaben, sie habe eine Affäre mit einem jungen Mann. Susanna wurde zum Tode verurteilt. Doch Daniel rettete sie. Er überführte die beiden Alten bei einem zweiten Verhör des Meineides.

◆ Daniel der Prophet war zugleich Visionär, Gelehrter und Psychologe. Wie → Josef, Sohn Jakobs, besaß er ein besonderes Talent, Träume zu deuten und wie Josef genoss er auf Grund seines Charismas, seiner Weisheit und wegen seiner sich nur ihm enthüllenden Offenbarungen bei den heidnischen Königen höchste Ehren. Er kam 597 v.Chr., so das Buch Daniel, an den Hof des Königs Nebukadnezar, wo er als Traumdeuter und Prophet wichtige Ämter bekleidete.
Das Buch Daniel greift alte Erzähltraditionen auf. Daniel wird als vorzeitlichen Gestalt wie → Noah und → Hiob als Urbild eines Frommen, Weisen und Gerechten geschildert. Das Buch gehört – darin ein Vorläufer der Johannes-Offenbarung – zur „apokalyptischen“ Literatur, die das Weltgeschehen in seiner Gesamtheit thematisiert: Gottesreich und Weltreich werden einander gegenübergestellt, visionär werden die Reihenfolge der Weltzeitalter gesehen und die Geheimnisse des Weltendes erhellt.
Die Erzählungen um Daniel zeigen historische Unstimmigkeiten (Belsazar war nie König, Darius I. als Mederkönig ist fraglich, und Kyros ist zeitlich falsch eingeordnet). Aber das Buch will alles andere, als Historie dokumentieren. In der Figur des Daniel wird verdeutlicht, wie der Gott Israels die Geschicke der Weltreiche lenkt.
Die Vision in Daniel 7 und 8 wird in der Offenbarung des Johannes wieder aufgenommen (vor allem Offb 13). Sie wurde oft bezogen auf die untergegangenen Reiche der

Chaldäer (Babylonier), der Meder, der Perser und des Alexanders sowie seiner Nachfolger. Später hat man die Vision etwas anders verstanden: Das Reich der Meder und Perser wurde zusammengenommen, das vierte Reich wurde als das Römische gedeutet. Erstmalig wird hier in der Bibel der Entwurf der Weltgeschichte vorgetragen (Apokalyptik). Die auch in der Vision benannte Gestalt „wie eines Menschen Sohn" (7,13) wurde eine Chiffre für Jesus Christus im Neuen Testament.

Menetekel bedeutet heute „böses Vorzeichen".

Gewogen und zu leicht befunden Dieser fast sprichwörtliche Ausdruck geht zurück auf Daniels Übersetzung der unheimlichen Schrift an der Wand (5,25 ff).

Sprichwörtlicher Mut Oft wird dafür das Bild: „wie Daniel in der Löwengrube" herangezogen.

Als Einzelfigur in der Reihe der Propheten erscheint Daniel meist jugendlich-bartlos in kurzem Gewand (Goldene Pforte, um 1230, Freiberg/Saale). Daniels Attribute sind oft der zweigehörnte Widder seiner Vision und der spitze Judenhut; häufig hält Daniel jedoch nur ein Spruchband. Im 15. und 16. Jh. wurde Daniel Schutzpatron der Bergknappen und daher in ihrer Tracht mit Hammer und Erzstufe dargestellt. Michelangelo (Decke der Sixtina, Rom, Vatikan) stellt Daniel unter die Propheten, denen er Sibyllen zuordnet. Szenen aus seinem Leben gehören zu den ältesten Darstellungen christlicher Sepulkralkunst. Die farbenfrohen „drei Männer im Feuerofen" kann man in Rom bewundern auf einem Wandgemälde in der Priscillakatakombe (3. Jh. n. Chr.). Auch „Daniel in der Löwengrube" als Sinnbild der Auferstehung Christi ist ein häufiges Motiv in der bildenden Kunst. Peter Paul Rubens setzt

Daniel in großer Gelassenheit in die Grube (Washington, National Gallery). Eugène Delacroix hält in seinem Gemälde „Daniel in der Löwengrube“ (1853, Zürich, Sammlung Emil G. Bührle) den Moment fest, in dem der Engel dem Todgeweihten erscheint und ihm göttliche Kraft verleiht. Ein Gemälde aus der Schule Rembrandts (um 1650, Berlin, Gemäldegalerie) zeigt Daniels Vision vom Widder mit dem wunderbaren Gehörn, die ihm ein Engel deutet. Ein Bonbon für Toskanafahrer ist San Antimo (Basilika, 12. Jh.). Das Kapitellrelief der ältesten Säule der Basilika ziert die Geschichte von Daniel in der Löwengrube.

Susanna

Wegen ihres erotischen Charakters wurde die Badeszene der Susanna ein beliebtes Thema der Malerei des 16. und 17. Jahrhunderts. Albrecht Altdorfers Gemälde „Susanna im Bade“ (1526, München, Pinakothek) griff hier mit großem Sinn für Humor die Geschichte um Susanna auf. Sie diente dem Künstler als Vorwand für einen spektakulären architektonischen Hintergrund mit einem bis ins kleinste Detail ausgeführtem Bauwerk. Rembrandt gestaltete als dramatischen Höhepunkt der Handlung den Moment, als einer der Alten ihr Badetuch von hinten ergreift (1637, Den Haag, Mauritshuis; 1647, Berlin, Gemäldegalerie). Piazzetta (1683–1754), venezianischer Maler, zeigt die geifernden Alten vor einer sich erschreckt abwendenden Susanna (Florenz, Uffizien). Amigoni (1682–1752), Maler vieler Nackten aus dem AT, lässt seine entkleidete Susanna sich gegen die bereits zudringlichen Alten zur Wehr setzen (Berlin, Gemäldegalerie). Der Holländer Govaert Flinck zeigt die in ihrer Intimität schamlos beobachtete Susanna (1639, Berlin, Gemäldegalerie). Jacopo Tintoretto malte das Motiv mehrfach (1560, Wien, Kunsthistorisches Museum), ebenso Paolo Veronese (1580, Wien, Kunsthistorisches Museum, ebenfalls im Prado), der die Alten bereits attackieren lässt wie auch Peter Paul Rubens, der Susanna abgewendet (1635, München, Pinakothek) und angstvoll (1636, Rom, Villa Borghese) zeigt. Franz von Stuck schuf 1904 eine Susanna.

Belsazar

Thomas Müntzer stützte sich in seiner „Fürstenpredigt" (1524) auf das Buch Daniel, Kapitel 2, um die allgemeine Lage der Zeit zu beschreiben. Er nutzte das biblische Buch, um die Bevölkerung aufzurufen, der Sache Gottes zum Siege zu verhelfen.
Calderon de la Barca macht Belsatzar in dem Stück „Das Nachtmahl des Königs Balthasar" (1664) zum Gemahl der Weltlichkeit, der von Daniel gewarnt, dennoch nicht zur Selbstbesinnung zu bringen ist. Innerlich verbrennt Balthasar am Gift der Sünde, das ihm der Tod in einem Becher reicht.

Rembrandt malte in „Belsazars Fest" (nach 1635, London, National Gallery) den dramatischen Spannungseffekt, die jähe Gemütsbewegung des Königs, dem bei seinem frevelhaften Gelage die drohende Schrift erscheint, die das Urteil über ihn fällt – gewogen und zu leicht befunden.

Das Thema des Buches Daniel wurde von Geoffrey Chaucer im 14. Jh. in seinem Buch „The Monk's Tale" bearbeitet. In Annette von Droste-Hülshoffs Erzählung „Die Judenbuche" (1842) kann der Mörder Friedrich Mergel die hebräische Inschrift „Wenn du dich diesem Orte nahst, so wird es dir ergehen, wie du mir getan hast" nicht lesen und kehrt doch an den Ort seiner Tat zurück und erhängt sich an der Buche.
Die Ereignisse der Geschichte um Belsazar werden von Herodot und Xenophon bestätigt: Babylon wurde in der Tat während eines Festmahles eingenommen. Es folgte der

Perserkönig Dareios I. Belsazar war in der Dichtung stets eine wichtige Figur: So dichtete Heinrich Heine (1797–1856) in seiner schauerlichen Ballade: „Belsatzar ward aber in selbiger Nacht – von seinen Knechten umgebracht".
Arnold Ulitz' Roman „Ararat" (1920), zuzuordnen den Anfängen des Expressionismus, lehnte sich an die apokalyptischen Visionen des Daniel-Buches an. Der Roman, dessen Protagonist ein Soldat mit Namen Daniel ist, spielt zur Zeit der russischen Revolution und kritisiert den Nihilismus der Zeit mit der Verve biblischen Pathos.
„Das geschenkte Jahr" (1989) von Cristina Fernandéz Cubas versetzt die Leser in eine mythisch-traumhafte Atmosphäre. Der Protagonist strandet auf einer unwirtlichen Insel und findet bei einem stinkenden Schäfer eine Bibel. Angesichts der ökologischen Katastrophe gerät die Geschichte Daniels und des Widders in den Mittelpunkt dieser postmodernen Robinsonade.

♫ In „Nabucco", Oper von Guiseppe Verdi (1842), verfällt Nabucco (= Nebukadnezar) ebenfalls dem Wahn. Er verlangt als Gott angebetet zu werden und wird mit Wahnsinn geschlagen. Als er zum Gott der Juden um die Errettung seiner Tochter betet, gesundet er und gestattet den Hebräern die Rückkehr in die Heimat.
Gemeinsam mit dem jüdischen Musiker Isaac Nathan entstanden George Gordon Lord Byrons „Hebräische Melodien" (1815) mit 17 Gedichten biblischen Ursprungs, darunter auch seine „Vision of Belsazar".

Hiob

Seine Freunde Elifas, Bildad und Zofar – Satan und Gott

(Ijob 1–42)

Das Buch Hiob gehört zu den poetischen „Schriften" des AT. Die Geschichte stammt aus der Zeit nach dem Exil und ist wohl im 5.–3. Jh. v. Chr. entstanden. Die 42 Kapitel des Buches haben einen erzählerischen Rahmen, Einleitung und Schluss und einen Dialogteil, in dem in Rede und Gegenrede Hiob und seine Freunde argumentieren und schließlich Gott selbst zu Wort kommt.

(1) Hiob lebte einst im Lande Uz, war fromm und rechtschaffen, gottesfürchtig und mied das Böse. Er hatte sieben Söhne, drei Töchter, siebentausend Schafe, dreitausend Kamele, fünfhundert Rinder und fünfhundert Eselinnen. Hiob war reicher als alle, die im Lande lebten. Jeden Tag brachte er seinem Gott Opfer.
Eines Tages fragte Gott Satan: „Hast du Acht gehabt auf meinen Knecht Hiob?" Satan höhnte: „Meinst du, dass Hiob Gott umsonst fürchtet?" (1,9). Er sei doch von Gott geschützt. Da forderte Gott Satan auf, Hiob alles zu nehmen, nur ihm selbst sollte kein Leid geschehen. Hiob würde Satan doch widerstehen. Und Satan raubte ihm die Rinder, die Schafe und die Kamele. Alle seine Kinder starben in den Trümmern eines Hauses. Doch Hiob zürnte nicht: „Der Herr hat's gegeben, der Herr hat's genommen; der Name des Herrn sei gelobt" (1,21).
Satan schickte ihm darauf hin Geschwüre von der Fußsohle bis zum Scheitel. Hiob wurde von seiner Frau verstoßen. Da klagte Hiob: „Ausgelöscht sei der Tag, an dem ich geboren bin!" (3,2).
Seine drei Freunde Elifas, Bildad und Zofar erläutern

ihm in langen ausschweifenden Reden, dass nur er allein schuldig sei. Doch Hiob war sich keiner Schuld bewusst. Leidenschaftlich rief er: „Habe ich gesündigt? Warum machst du mich zum Ziel deiner Anläufe, dass ich mir selbst eine Last bin?“ (7,20f). Bildad fragte ihn, ob er Gott unterstelle, „dass Gott unrecht richtet?“ (8,3). Denn Gott verwerfe die Frommen nicht. Hiob will nicht mit Gott argumentieren. „Ich müsste um mein Recht flehen“ (9,15), aber er sieht keine Schuld bei sich. Aber ihn quälen Zweifel und Fragen: „Wo will man aber die Weisheit finden? Und wo ist die Stätte der Einsicht?“ (28,12).

Gott verließ Hiob nicht. Dreifach ging die Rede mit seinen Freunden hin und her. Als die Weisheit seiner drei Freunde erschöpft ist, spricht Gott selbst zu Hiob „aus dem Wettersturm“. Er verweist auf die Wunder der Schöpfung und die Regierung der Welt und schlägt den Vorwitz von Hiob: „Wer ist's, der den Ratschluss verdunkelt mit Worten ohne Verstand?“, „Wo warst du, als ich die Erde gründete? Sage mir's, wenn du so klug bist?“, „Weißt du, wer ihr das Maß gesetzt hat oder wer über sie die Richtschnur gezogen hat?“ (38, 2,4,5). Hiob begreift, wie kleinmütig jeder Versuch des Menschen ist, das Handeln Gottes in ein menschliches System einzuordnen. „Siehe, ich bin zu gering, was soll ich antworten? Ich will meine Hand auf meinen Mund legen. Einmal habe ich geredet und will nicht mehr antworten, ein zweites Mal geredet und will's nicht wieder tun“ (40,4,5). Hiob erkennt, dass Gott alles vermag. Nichts, was er sich vorgenommen habe, sei zu schwer. „Darum habe ich unweise geredet, was mir zu hoch ist und ich nicht verstehe. (...) Ich hatte von dir nur vom Hörensagen vernommen; aber nun hat mein Auge dich gesehen“ (42,3,5). Diese Erkenntnis brachte ihm sein Lebensglück wieder. Gott gab ihm seine Gesundheit und das Zweifache seines

Besitzes, seine Kinder, Brüder und Schwestern zurück „Und Hiob starb alt und lebenssatt“ (42,17).

◆ Das Buch Hiob zeigt einen vom „Schicksal“ in tiefstes Elend geworfenen Menschen, der keine Erklärung für sein Unglück finden kann. Durch einen Pakt und eine Wette zwischen Gott und Satan wird ein durch und durch rechtschaffener, frommer Mensch durch schier unerträgliche Leiden der Prüfung unterzogen, ob er auch „umsonst“, ohne eine Gegenleistung, an Gott festhalte. Das Buch Hiob greift damit große, immerwährende Menschheitsfragen auf: Lohnt es sich, das Gute zu tun – als Anfrage an menschliche Ethik – und die grundlegende Frage, wie und warum kann Gott, als Allmächtiger, es zulassen, dass Unglück, Elend und Qual auf Erden herrschen. Es ist die Frage nach dem Sinn des Leids in der Welt. Die Theologie beschäftigt sich mit diesen Fragen unter dem Stichwort Theodizee (s. u.).
Das Buch Hiob zeigt in langen Streitgesprächen zwischen Hiob und seinen Freunden, dass das Leid nicht zwangsläufig Strafe für Schuld ist und dass Menschen letztlich mit ihrem Verstand keine Erklärung für das Leid in der Welt finden werden. Die theologischen Deutungen des Hiobbuches reichten vom „stummen Dulder“ bis zum „Rebellen“ Hiob. Besondere Bedeutung hat das Hiobbuch in der jüdischen Rezeptionsgeschichte und in der theologischen Reflektion des Holocaust.

Hiobsbotschaft und „Hiobspost“ wurde sprichwörtlich für schlechte Nachrichten. Ebenso sprechen wir von „Hiobsgeduld“ und verwenden Hiob als Sinnbild für einen vom Schicksal geschlagenen Menschen.

Theodizee Ein theologischer Begriff, der die Frage meint: Wie kann Gottes Güte und Macht angesichts des Übels in der Welt gerechtfertigt werden? Diese Frage wird von der Theologie im Zusammenhang mit dem Buch Hiob erörtert.

Albrecht Dürers Altarbild „Der leidende Hiob" (um 1504, Frankfurt a. M., Städel) zeigt den von Aussatz befallenen Hiob, der von seiner Frau gepflegt wird. Die Figur des leidenden Hiob deutet erste Meditationen des Künstlers an, die in seinem wohl berühmtesten und rätselhaftesten Kupferstich „Melencolia" (1514) ihre Vollendung fanden, wie Hiobs typisches Aufstützen des Kopfes andeutet. 1825 veröffentlichte William Blake eine Ausgabe des Buches Hiob mit 18 Kupferstichen. Otto Dix setzt seinen „Hiob" (1946, Vaduz, Otto-Dix-Stiftung) in die Trümmer einer zerstörten Stadt, mit Schwären übersät.

An der Gestalt Hiob zeigt sich eine grundlegende menschliche Problematik, die in Goethes „Faust" ihren nachhaltigsten Widerhall fand. Die einleitenden Verse des Hiobbuches, in denen Satan mit Gott wettet, dass Hiob von Gott abfallen werde, finden ihre Neugestaltung beim „Prolog im Himmel" in Goethes Faust-Dichtung. Auch hier erhält Satan (Mephistopheles) von Gott die Erlaubnis, Dr. Faust von seinem Urquell abzuziehen und ihn seinen diabolischen Versuchungen auszusetzen.
Otto Kokoschkas Tragikomödie „Hiob" (1917 uraufgeführt) behandelt den Antagonismus der Geschlechter. Der mit seiner Frau geschlagene Hiob duldet, die Eva des Stücks bekennt sich zur freien Liebe. Die Auseinandersetzung von Mann und Frau ist als absurde Groteske aufgebaut. Genauso wie bei der Aufführung des Schauspiels „Der brennende Dornbusch" kam es zu einem Theaterskandal.

Mit der chassidischen, biblisch erzählten Parabel „Hiob“ griff Joseph Roth 1930 auf Elemente traditionellen Erzählens zurück. Den jüdischen Lehrer Mendel Singer, alltäglich und gottesfürchtig, trifft eine Reihe harter Schicksalsschläge: Er bekommt einen epileptischen Sohn, seine Kinder und Frau sterben, die Tochter wird wahnsinnig. Mendels Dulden wandelt sich in Zorn und Rebellion. Im Moment völliger Verzweiflung erfährt er die Gnade: Sein Sohn wird gesund und nimmt den alten Vater zu sich (1978 verfilmt).
Ernst Sommers „Revolte der Heiligen“ (1944) gilt den „Helden des Warschauer Gettos“. Sein Buch ist eine der ersten literarischen Reaktionen auf die Schreckensnachrichten über die Vernichtung der Juden. Sommer, als Jude 1938 nach London ins Exil gegangen, setzt sich auseinander mit der Haltung Hiobs: „Und wenn er mich auch erwürgt, ich will mich ihm dennoch ausliefern“. Das Buch hatte bis in die 1950-er Jahre zahlreiche Auflagen.
Elie Wiesel „Die Nacht“ (1958) beschreibt die frühen Erlebnisse des Friedensnobelpreisträgers (1986) in Auschwitz. Das Buch ist eine Selbstanalyse. Eliezer, der Autor, klagt wie Hiob seinen Gott an, dass Gott dieses Grauen zulassen kann. Der Titel „Die Nacht“ verweist auf die Gottesfinsternis, auf den abwesenden Gott.
C. G. Jungs religionspsychologisches Spätwerk „Antwort auf Hiob“ (1952) reflektiert die Entwicklung des menschlichen Gottesbildes in Korrespondenz mit der menschheitsgeschichtlichen Entwicklung der Seele. Gotterkenntnis wird ein Prozess menschlicher Selbstwerdung. Robert Gernhardt parodiert und profanisiert in „Das Buch Ewald“ aus dem Erzählband „Kippfigur“ (1986) die Hiobsgeschichte. Der Teufel und Gott wetten bei einem Trinkgelage, wer denn nun Recht hat.

♫ Der Komponist Ralph Vaughan Williams schuf das Maskenspiel „Job, A Masque for Dancing“ (1931).

Psalmen und andere poetische Texte

Psalmen – Sprichwörter – Prediger – Das Hohelied

Die Psalmen sind religiöse Lyrik. Es sind Klage-, Bitt-, Lob- und Danklieder. Aus ihnen sprechen Verzweiflung und Zuversicht, Gottesfurcht und Gottesfreude. Es sind Hymnen über die wunderbare Schöpfung und tiefe Klage über das abgründige Leid des einzelnen, einsamen Menschen.
Die Psalmen wurden → David zugeschrieben – so habe er die 5 Bücher der Psalmen überliefert, wie Mose den Pentateuch. Denn durch die unterschiedlichen Schlussformeln der einzelnen Psalmen teilt sich der gesamte Psalter von 150 Liedern in 5 Teile: 1–41; 42–72; 73–89; 90–106; 107–150. Doch ist der Psalter als Liedersammlung tatsächlich in vielen Jahrhunderten gesammelt und zusammengetragen worden (Endredaktion 3. Jh. v. Chr.). Auch außerhalb des Psalters gibt es Gesänge in der Bibel (Deboralied, Das Lied Mirjams etc.) Trotzdem werden David, denn er war der dichtende Sänger mit der Harfe, 73 Psalmen zugeschrieben.
Kennzeichen der hebräischen Poesie ist die Parallelisierung der Verse. Der Gedanke eines Verses wird mit anderen Worten im folgenden Vers wiederholt: „Wasche mich rein von meiner Missetat, und reinige mich von meiner Sünde“ (Ps 51,4). Dieses Stilmittel macht uns die Verse so eindringlich.
Seit dem frühen Christentum wurden die Psalmen auch auf Jesus bezogen und fanden so Einzug in den christlichen Gottesdienst.

Psalter ist ein Saiteninstrument, ähnlich einer Zither. Die Sammlung der Psalmen wird Psalter genannt. Denn sie wurden zum Saitenspiel (Psalter) gesungen.

Auf dem Gemälde „Die trauernden Juden im Exil" (1832, Köln, Wallraff-Richartz-Museum) von Eduard Bendemann, Vertreter der Düsseldorfer religiösen Historienmalerei, hat sich eine Gruppe von Juden am Ufer des Euphrat unter einer grünenden Weide niedergelassen in Trauer um die verlassene Heimat. Auf dem Originalrahmen des Bildes ließ der Maler die ersten Verse des 137. Psalms anbringen: „An den Wassern zu Babel saßen wir und weinten, wenn wir an Zion gedachten."

Die Kirche leistete natürlich den wichtigsten Beitrag zur lang anhaltenden Wirkungsgeschichte der Psalmen, da sie in ihrer Liturgie darauf zurückgriff. Der Gregorianische Choral entwickelte im frühen Mittelalter eine bestimmte musikalische Form für den Psalmvortrag (= Psalmodie). Die Renaissance interessierte sich vor allem für die gefühlsbetonten „Ich-Psalmen" als Grundlage mehrstimmiger Motetten: Orlando di Lasso (1532–1594), der belgische Orpheus, schrieb allein 1200 Motetten und vertonte unzählige Bußpsalmen. Giovanni Pierlugi da Palestrina (1525–1594) schrieb rund 950 religiöse Werke, darunter auch viele Psalmmusiken. Die Italiener Claudio Monteverdi (1567–1643) und Alessandro Scarlatti (1659–1725), der Niederländer Jan Pietersz Sweelinck (1562–1621), die Franzosen Jean-Baptiste Lully (1632–1687) und Jean-Philippe Rameau (1683–1764), der oft als Vater der schwedischen Musik bezeichnete Johan Helmich Roman (1694–1758) und die Deutschen Heinrich Schütz (1584–1672), Johann Adolf Schein (1586–1630), Dietrich Buxtehude (1637–1707) und Johann Sebastian Bach 1685–1750) – sie alle nahmen die Psalmen zur Grundlage von bis heute vorgetragenen vielstimmigen Chorwerken.
Besonders schön ist die Bachsche Kantate: „An den Wassern von Babylon saßen sie und weinten", Psalm 137. Auch George Gordon Lord Byron nahm sich später den

Psalm 137 zur Grundlage seiner gemeinsam mit dem jüdischen Musiker Isaac Nathan verfassten, „Hebräischen Melodien“ (1815) mit 17 Gedichten biblischen Ursprungs. Dieser Psalm wirkte sogar bis in die Popmusik: „At the River of Babylon“ hieß ein Song der Gruppe Boney M in den 1970er-Jahren.
Seit dem 19. Jahrhundert zogen die Psalmen in den Konzertsaal ein mit Brahms (1833–1897), Mendelssohn-Bartholdy (1809–1847), Reger (1873–1916) und Strawinsky (1882–1971). Johannes Brahms schrieb „Ein Deutsches Requiem“ (1869) für vierstimmigen gemischten Chor, Soli und Orchester. Er vertonte nach eigener Anschauung zusammengestellte biblische Texte (AT und NT). Felix Mendelssohn-Bartholdy vertonte die Psalmen 100, 91 und 43 für achtstimmigen Chor. Max Reger komponierte „Der 100. Psalm“ (1909) und 12 geistliche Lieder (1914) nach dem von W. Vesper herausgegebenen „Deutschen Psalter“. Igor Strawinskys „Symphonie de psaumes“ (Psalmensymphonie) (1930) für gemischten Chor und Orchester wählte Teilstücke aus den Psalmen 39 und 40 und den 150. Psalm aus.
Im 20. Jh. überschrieb Arthur Honnegger den dritten Satz seiner 3. Sinfonie, der „Liturgischen Sinfonie“ (1946), mit dem Psalmanfang des 130. Psalms „Aus der Tiefe rufe ich zu dir“. Arnold Schönberg „De profundis“ (op. 50b, 1950) vertonte ebenfalls das Bußgebet des 130. Psalms. Krzysztof Penderecki wählte „Aus den Psalmen Davids“ für ein Werk für 3 gemischte Chöre (1963). Ernst Pepping, führender Vertreter der Kirchenmusik des 20. Jhs., vertonte u. a. den Psalm 139 für Alt, gemischten Chor und Orchester (1963).

Der Psalter hat schon in vorchristlicher Zeit zur Nachdichtung angeregt. So wurden die Psalmen über die Jahrhunderte wieder und wieder neu übertragen oder in An-

lehnung an die Psalmen „neu gedichtet“ (im 4. Jh. Appolinarios). Es gab freie Nachschöpfungen im Mittelalter – im Rahmen der Marienverehrung – auch Übersetzungen; die frühesten stammen aus dem 11. Jh. Künstlerisch herausragend war die Übersetzung Martin Luthers. Er ging wie später Herder in „Vom Geist der Hebräischen Poesie (1782/83) vom hebräischen Urtext aus und nicht wie seine Vorgänger von der Vulgata (s.a. → Bibel). Für die reformierte Kirche wurde die Übersetzung von Clément Marot und Théodore Bèze, der so genannte Hugenottenpsalter, Grundlage.
Bis ins 20. Jh. befassten sich viele Dichter mit freien, angelehnten Verdeutschungen des Psalters, so Martin Opitz, Weckherlin, Klopstock. Herders Übertragung von 51 Psalmen ragt dabei heraus. Die letzte große Übersetzung leisteten Franz Rosenzweig und Martin Buber (1927) im Rahmen ihrer Übertragung der Hebräischen Bibel ins Deutsche.
Im 20. Jh. lehnten sich vor allem dezidierte Christen wie Gertrud von Le Fort in „Hymnen an die Kirche“ (1924) und Jochen Klepper im „Kyrie“ (1938) mit ihrer Dichtung an die Psalmen an. Arnold Sadler übertrug Psalmen unter dem Titel: „Die Menschen lügen alle“ und „Tohuwabohu. Heiliges und Profanes. Gelesen und wiedergegeben“ (2002). Paul Konrad Kurz (Hrsg.) stellte „Psalmen vom Expressionismus bis zur Gegenwart“ zusammen. Eine weitere Sammlung von ihm heißt „Höre Gott. Psalmen des Jahrhunderts“, (2002^3). Übrigens: Wichtiger Spross des Psalters ist das landessprachliche Kirchenlied. Es entstand in der Reformation und war die gereimte, singbare Zusammenfassung eines Psalms oder eines Psalmverses (z.B. „Ein feste Burg ist unser Gott“, Martin Luther).

Die Sprüche Salomos

Sprichwörter (Spr 1–31)

Diese Sammlung enthält weisheitliche Sprüche und Lehrreden. Traditionell werden die meisten als „Sprüche Salomos“ überliefert (1–9; 10,1–22,16; 25–29). Dies hat seine Ursache im stilisierten Bild des weisen Königs Salomo. Die Texte umfassen kurze Sprüche und längere Lehrdichtungen. Die Sprüche vermitteln eine Grundstruktur der Ethik, der zufolge die Taten der Menschen ihre Folgen in sich tragen. Eine gute Tat hat gute, eine schlechte Tat böse Folgen für den Handelnden, z. B. „Einer teilt reichlich aus und hat immer mehr; ein anderer kargt, wo er nicht soll, und wird doch ärmer“ (11,24).

Der Prediger Salomo

Kohelet (Pred 1–12)

Auch dieses Buch ist eine Sammlung von Sentenzen. Die Texte wurden ebenfalls Salomo zugeordnet auf Grund der ihm zugeschriebenen Weisheit. Sie stammen jedoch von einem unbekannten Weisheitslehrer. Der Verfasser philosophiert über Gottes Handeln. Der Mensch fühlt sich fremd in der Welt und kommt so zur Gottesfurcht. Der Verfasser spricht dafür, sich in die von Gott gegebenen Verhältnisse zu schicken und fordert zum Genuss auf.
„Denn wenn ein Mensch viele Jahre lebt, so sei er fröhlich in ihnen allen und denke an die finstern Tage, dass es viele sein werden; denn alles, was kommt, ist eitel“ (11,8). Berühmt sind die Zeilen aus Prediger 3,1 f: „Ein jegliches hat seine Zeit, und alles Vorhaben unter dem Himmel hat seine Stunde: geboren werden hat seine Zeit, sterben hat seine Zeit; pflanzen hat seine Zeit, ausreißen, was gepflanzt ist, hat seine Zeit“ .

Das Hohelied

Das Hohelied Salomos (Hld 1–8)

Das Hohelied ist eine Dichtung, in der zwei Liebende einander preisen. In Wechselrede sprechen sie miteinander, ohne sich direkt zu antworten. Sie suchen sich und sehnen sich nacheinander, sie preisen sich, finden und verlieren sich. Die bilderreiche, sinnliche Poesie fordert alle Sinne – Auge, Ohr, Geschmack-, Tast- und Geruchssinn.

„Von deinen Lippen meine Braut, träufelt Honigseim. Honig und Milch sind unter deiner Zunge (…) Du bist gewachsen wie ein Lustgarten von edlen Früchten, Zyperblumen mit Narden (…)
Steh auf, Nordwind, und komm, Südwind, und wehe durch meinen Garten, dass der Duft seiner Gewürze ströme" (4,13–16).

Bei diesen Texten handelt es sich um eine von einem Dichter bearbeitete Textsammlung verschiedenster Lieder zum Thema Liebe. → Salomo wurde wohl deshalb als Verfasser angesehen, da er mit seinen siebenhundert Haupt- und dreihundert Nebenfrauen als „Experte" in Sachen Liebe galt. Auf Grund dieser Zuschreibung wurde das Hohelied, obwohl weltlichen Ursprungs, in den Kanon der biblischen Texte aufgenommen. Das Hohelied gehört zu den Lehrbüchern. Nach der Kanonisierung wurde versucht, es „allegorisch" zu interpretieren als Text über die Beziehung von Gott und Israel – so von jüdischer Seite – und als Vereinigung von Christus und Kirche – so von Seiten der christlichen Theologie.

Die „Minnelieder Salomos zu Ehren seiner Geliebten" (1778), herausgegeben von Herder, sind Nachdichtungen eines unbekannten alemannischen Dichters.

Heilige Stätten

Jerusalem – Hebron

Jerusalem (Stadt des Friedens) ist bis in die Gegenwart heiliger Ort für drei große Weltreligionen und einer der bedeutendsten Wallfahrtsorte der Welt. Für die Juden ist die Stadt seit biblischer Zeit der religiöse Mittelpunkt des Judentums, für die Christen ist es ein Ort der „Heiligen Stätten", hier sind die wichtigsten Begebenheiten aus dem Leben Jesu angesiedelt. Auch für die islamische Welt ist Jerusalem neben Mekka und Medina eine heilige Stadt, „Al-Quds" („Das Heiligtum") genannt.
Die historischen Angaben der Bibel zu Jerusalem treffen im Allgemeinen zu. Jerusalem ist älter als die israelitische Geschichte. Dies geht aus den ägyptischen Amarna-Texten hervor, die für das 14. Jh. v.Chr. einen König Abdihipa von Urusalim nennen. Im 2. Jahrtausend v.Chr. bestand ein Stadtstaat der Jebusiter unter ägyptischem Einfluss.
Die jüdische Überlieferung identifiziert Jerusalem mit der Stadt Salem (Shalim), hier traf König Melchisedek Abraham und bot ihm Brot und Wein an (1 Mose 14,18).
König David eroberte die kanaanitische Stadt um 1000 v.Chr. von den Jebusitern und machte sie mitsamt der Burg Zion unter dem Namen „Yerushalayim" zur Hauptstadt des Königreiches (2 Sam 5, 6–12). „David eroberte die Burg Zion; das ist Davids Stadt" (2 Sam 5,7). Der Burghügel mit seinem alten Namen „Zion", den David zu einer Festung ausbaute, lag zunächst außerhalb der Stadt und wurde erst durch Stadterweiterungen Salomos, Davids Sohn und Nachfolger, in die Stadt eingeschlossen. Nach der Eroberung durch König David wurde Jerusalem – fortan häufig „Zion" genannt – zum politischen und kulturellen Mittelpunkt des Reiches.
Auf dem *Morija-Berg*, wo einst Abraham seinen Sohn

Isaak opfern wollte (1 Mose 22,2–13), wurde ein Altar für die Bundeslade errichtet. Durch die Überführung der Bundeslade in die Stadt festigte sich die Autorität Jerusalems stetig, sie wurde der von Gott für alle Zeiten auserwählte Ort (2 Sam 6). In der Folge auch als „Davidsstadt" bezeichnet wurde sie zur Hauptstadt der Reiche Judäa und Israel. Der Altar Davids befindet sich heute im Felsendom, dem Heiligtum des Islam.

Unter König Salomo wuchs die Stadt um ein großes kultisches Areal Richtung Norden und erhielt neue Befestigungen. Auf dem Berg Morija (Tempelberg) errichtete König Salomo den Königspalast und den Tempel Gottes. Dieser Tempel wurde zum Zentralheiligtum, in dem die Bundeslade aufbewahrt wurde. In 1 Kön 6 ist der Tempel detailliert beschrieben. Mit Salomos Tod im Jahr 931 v.Chr. trennte sich das Königreich Israel von der Dynastie Davids; Jerusalem war nun nur noch Hauptstadt des kleineren Reichs Judäa. 587 v.Chr. fiel die Stadt in die Hände von Nebukadnezar. Er ließ die Stadt plündern, zerstörte den heiligen Tempel und ließ die Bevölkerung ins „Babylonische Exil" führen.

Kyros, König von Persien, erlaubte nach dem Fall Babylons im Jahre 539 v.Chr. den Exilierten die Rückkehr in ihre Heimat. Aus dem babylonischen Tempelschatz durften sie alle Tempelgeräte mitnehmen, die Nebukadnezar hatte rauben lassen. Ein Teil der Verbannten kehrte nach Jerusalem zurück, baute etwa zwischen 520 und 516 v.Chr. den Tempel wieder auf und errichtete ab ca. 445 v.Chr. die Stadtmauern neu. Nach der Eroberung durch Alexander den Großen stand Jerusalem im 3. Jahrhundert v.Chr. zunächst unter ptolemäischer und später unter seleukidischer Herrschaft, griechische Siedler kamen in die Stadt. Antiochos IV. benannte Jerusalem in Antiochia um, plünderte 169 v.Chr. erneut den Tempel, der nach dem Aufstand der Makkabäer wieder hergestellt wurde. In der Fol-

ge des Aufstandes übernahmen die Hasmonäer die Herrschaft über Jerusalem, die sie bis 63 v. Chr., dem Jahr, als Pompeius in die Stadt einzog, bewahren konnten.
Die Stadt wurde erst wieder vergrößert, als Herodes der Große unter römischer Oberherrschaft König in Jerusalem war und sofort mit einem umfassenden Bauprogramm begonnen hatte. Um die Juden wohlgesonnen zu stimmen, ließ der König ihr Heiligtum, den Tempel, um 20 v. Chr. in nie zuvor gesehenem Glanz wieder aufbauen. Die berühmte Westmauer (unter den meisten Christen als „Klagemauer" bekannt) zu Füßen des Tempelberges, an der sich bis heute gläubige Juden aus der ganzen Welt zum Gebet einfinden, ist ein Relikt der gewaltigen Substruktionen.

Jerusalem als Frau Das Bild von Jerusalem als Frau ist besonders einprägsam in der Hymnen- und Lieddichtung verwendet worden, zum Beispiel in den so genannten „Klageliedern des → Jeremia", die aus verschiedenen Jahrhunderten v. Chr. stammen.

Zion Der Begriff Zion (1 Kön 8,1) hat eine eigene Wirkungsgeschichte bis hin zum modernen Zionismus, der kulturellen und politischen Bewegung, die seit der Mitte des 19. Jahrhunderts mit Moses Hess und Theodor Herzl um die kulturelle und nationale Einheit des Judentums bemüht war.

Felsendom Auf dem Berg Morija erhebt sich heute in Jerusalem der Felsendom auf dem Tempelplatz. Der Felsendom, arabisch Qubba el-Sakhra, Edelstein des heiligen Landes, wirft mit seiner goldenen Kuppel den Glanz über die Stadt. Der Felsen im Inneren des Doms galt der arabischen Geographie als Mittelpunkt der Welt. Auf diesem Felsen war Abraham bereit, Isaak zu opfern (1 Mose 22,2). Die Muslime erkennen hier den Abdruck des Fußes des Propheten Muhammad und den der Hand des Erzengels

Gabriel. Es ist auch der Ort, an dem der Rabbi Jesus aus Nazareth den damaligen Tempel säuberte.

Hebron
Hebron im Westjordanland, 30 km südlich von Jerusalem auf dem Hochland von Judäa gelegen, ist seit Jahrhunderten ein bedeutender Pilgerort für Juden, Christen und Muslime. Dem Alten Testament zufolge wurde Hebron von den Kanaanitern etwa 5500 v. Chr. auf dem Tel Rumeida errichtet. Der Name der Stadt soll von dem Wort „hever" (Bündnis) kommen. Der hebräische Name der Stadt ist Hevron.

Das Grab der Patriarchen Abraham war als Nomade durch das Gebiet um Hebron gezogen. Die Eiche von Mamre („Abrahamseiche"), ein Baum im Norden der Stadt Hebron, markiert den Ort, wo Abraham sein Lager errichtete und von Gott das Versprechen auf Nachkommen erhielt (1 Mose 17 u.18). Er kaufte ein Stück Land „mit der Höhle darin und mit allen Bäumen auf dem Acker umher" (1 Mose 23,17), die „Machpela-Höhle" jenseits des Tal Rumeida von den Hethitern, um hier seine Frau Sara zu begraben. Die in sechs Höhlen angelegte Begräbnisstätte diente der Überlieferung nach dem Patriarchen Abraham, seiner Frau Sara, Isaak und Jakob (1 Mose 49,31) sowie deren Frauen Rebekka und Lea als Familiengruft.
Bei der Eroberung Kanaans zerstörte Josua Hebron, Sitz des Amoriterkönigs Joham (Jos 10,36 f). David, Sohn des Isai aus Bethlehem, wurde in Hebron zum König gesalbt. „Und es kamen alle Ältesten in Israel zum König nach Hebron. Und der König schloss mit ihnen einen Bund in Hebron vor dem Herrn, und sie salbten David zum König über Israel" (2 Sam 5,3) und nahm hier für sieben Jahre und sechs Monate seinen Sitz (2 Sam 2,11), bevor er die Gesamtherrschaft erkämpfte und nach Jerusalem zog.

Während der Regierungszeit von Herodes wurde die Grabeshöhle versiegelt und über ihr ein Tempel erbaut, den die Byzantiner in eine christliche Basilika umwandelten. Hier beteten Pilger auf ihrem Weg zu Abrahams Eiche in Mamre. Im 7. Jh. wurde die Basilika dann zu einer Moschee umgewandelt, da nach muslimischen Glauben Abraham der erste Moslem war und der Prophet Muhammad das Grab während seiner Reise von Mekka nach Jerusalem besuchte. Nach der Eroberung durch die Mamluken im 12. Jh. n. Chr. wurde Hebron bei seinem arabischen Namen Al-Khalil (Freund) bzw. in Erinnerung an Abraham Al-Khalil el-Rahman (Freund des Barmherzigen) genannt. Die über dem Grab liegende Moschee wurde erweitert und vier Minarette, von denen heute noch zwei erhalten sind, erbaut. Der Legende nach sollen an dieser Stelle auch schon Adam und Eva begraben worden sein.

Nach dem Unabhängigkeitskrieg 1948 gehörte Hebron zu Jordanien und fiel erst mit der Besetzung des Westjordanlandes (1967) an Israel. Hebron war und ist von Auseinandersetzungen zwischen Juden und Arabern gekennzeichnet. Seit 1980 der arabische Bürgermeister ermordet wurde, eskalierte die Gewalt. Trauriger Höhepunkt war das Massaker in der Moschee von Hebron 1993, bei dem 29 betende Muslime von einem jüdischen Extremisten ermordet wurden. Seit Beginn der 2. Intifada im September 2002 hat es immer wieder blutige Unruhen zwischen den 130.000 Palästinensern in der Stadt und den 450 jüdischen Siedlern dort gegeben, für die Israel ein Fünftel des Stadtgebiets unter seine Kontrolle stellt.

Zeittafel und Bibelsynopse

Historischer Hintergrund	**Zeit**		**Gestalten und Geschichten**	**Wo in der Bibel**
	Urgeschichte als Menschheits- geschichte		Adam/Eva Kain/Abel Noah Turm z. Babel	1.Mose 1–11
um 1700 Zerfall des alten babylonischen Reiches	„Vorgeschichte" Israels Geschichte der Erzväter		Abraham Isaak/Rebekka Esau/Jakob/ Lea/Rahel Jakobs Söhne: Josef	1.Mose 12 ff
Israeliten in Ägypten Auszug aus Ägypten > 1250	Evtl. 14.–13.Jh (?]		Moses	2.Mose
Eindringen israelitischer Stämme in Kanaan/Palästina	ca. 1230		Josua	
Zeit der Richter (loser Stammes- verband)	1200–1012		Debora Gideon (Jefta) Simson Samuel	Ri 1.Sam
Zeit der Könige – Philisterkriege – Errichtung eines einheitlichen Staates Jerusalem Hauptstadt	1012–1004 1004–965 965–926		Saul David Salomo	1.Sam 1–15 1. u. 2.Sam 1.Kön
Teilung des Reiches Kämpfe der beiden Reiche gegeneinander Assyrer unterwerfen Israel und Syrien. Juda bleibt formal unabhängig	**Juda** 926–910 Rehabeam, Sohn Salomos Jesaja gest. > 700	**Israel** 926–907 Jerobeam I div. Könige 871–852 Ahab 802–747 Jerobeam II 722 Ende des Reiches	Elia gest. 850 Elisa gest. 795 Prophet Amos, Prophet Hosea	1. u. 2.Kön Am Hos

Historischer Hintergrund	Zeit	Gestalten und Geschichten	Wo in der Bibel
Assyrer verschwin-	**Juda**	Prophet Micha	Mi
den aus der	701 Belagerung	Prophet Zefanja	Zef
Geschichte: (612)	Jerusalems	Prophet Jeremia	Jer
Expanison des	639–609 Josia	626	
neubabylonischen	627		
Reiches unter		Prophet Hesekiel	Hes
Nebukadnezar		gest.>593 (?)	
604–562		Lit. Figur Daniel	
1. Exil	16.3. 597 Einnahme		Dan
	Jerusalems		
Eroberung			
Jerusalems	587		
2. Exil: Babyloni-			
sche Gefangen-			
schaft	587–538		
Babylonisches			
Reich weicht dem			
aufsteigenden Per-			
serreich: Kyros			
erobert Babel	538		
Rückkehr der		Prophet	Jes
Israeliten nach	538	Deuterojesa	Hag
Jerusalem. Mehr-		Prophet Haggai	
zahl bleibt in der		Prophet Sacharja	Sach
Diaspora.			
Tempelweihe		Prophet	
Neue jüd. Gemein-	515	Maleachi	Mal
de wird nie wieder		Esra 458	Esr
eigener Staat.	445–433	Nehemia	Neh

Die Landschaft Palästina, das Philisterland, das alte Kanaan, umfasst das südliche Drittel des heutigen Syriens etwa vom Südende des Libanon bis südlich des Toten Meeres. Im Osten liegt die syrisch-arabische Wüste. Dieses Land war den Nomaden aus der Wüste wie der Vorgarten zum Paradies erschienen. Es war die Liebe des Gottes der Väter, der ihnen dieses Land verheißen hatte, so erzählten sie sich.

Es dauerte viele Jahre, bis sich die israelitischen Stämme

gegen die hochgerüsteten Stadtstaaten der kanaanäischen Ureinwohner durchsetzen könnten. Unter dem losen Stammesverband der Richter bekämpften sie sich mitunter gegenseitig. Erst unter König David (1004–965 v.Chr.) gelang es schließlich, das erste Gesamtreich in diesem Raum einzurichten. Sein Nachfolger König Salomo (965–926 v.Chr.) konnte sogar neben den traditionellen Großmächten der antiken Welt, Ägypten und Mesopotamien, seine Macht behaupten.

Doch diese Einheit war von kurzer Dauer. Die Sünde der Könige und des Volkes nennt die Bibel als Ursache für den Zerfall des Reiches. Immer wieder beteten die Menschen Götzen an und fielen von Gott ab. So zerbrach die Großmacht 926 v.Chr. zuerst in ein Nord- und ein Südreich, Juda und Israel. Diese Teilung führte zwar nicht zu einer gravierenden politischen Krise, doch waren die Israeliten und Judäer nicht mehr „Herren" der eigenen Geschicke. Politisch wurden sie zum Spielball der assyrischen, seleukidischen, ptolemäischen und später römischen Weltpolitik.

200 Jahre nach der Reichsteilung (926 v.Chr.) verschwand das Nordreich vollständig und zehn der zwölf Stämme Israels, die Nachkommen Jakobs, zogen ins Exil, aus dem sie nie wiederkehrten. Seitdem spricht man von den verlorenen 10 Stämmen, die durch die Geschichte Israels geistern (Michael Krupp). Auch der Süden, das Nachfolgereich Davids, war vom wahren Gott abgefallen, so klagten die Propheten. So gingen der Tempel und Jerusalem nach 500 Jahren die Selbständigkeit verloren (587 v.Chr.) und das Volk Juda wurde in die Verbannung geführt. 50 Jahre harrten sie im Babylonischen Exil, bis die veränderte Weltlage, der Aufstieg des Perserreiches mit dem Sieg Kyros I., sie wieder nach Hause führte. Unter persischer Oberhoheit wurde wieder ein kleiner Staat Juda errichtet mit einem – gemessen an seinem Vorgänger – bescheidenen Tempel.

Nie wieder erlangte dieser Staat staatliche Unabhängigkeit (außer beim Makkabäer-Intermezzo). Zuerst unter die Herrschaft Alexander des Großen und seiner Nachfolger der Diadochen, drohte das Land im Schmelztopf griechischer Kultur unterzugehen. Später wurde es römische Provinz. Erst 1948 gab es wieder einen eigenen jüdischen Staat.

Hebräische Bibel	Einheitsübersetzung	Lutherbibel AT
Die Tora	*Die Geschichtsbücher*	*Die Geschichtsbücher*
	Der Pentateuch	*Der Pentateuch*
– Genesis	– Genesis	– 1. Buch Mose (Genesis)
– Exodus	– Exodus	– 2. Buch Mose (Exodus)
– Levitikus	– Levitikus	– 3. Buch Mose (Levitikus)
– Numeri	– Numeri	– 4. Buch Mose (Numeri)
– Deuteronomium	– Deuteronomium	– 5. Buch Mose (Deuteronomium)
Prophetische Bücher *(vordere Propheten)*		
Das Buch Josua	Das Buch Josua	Das Buch Josua
Das Buch der Richter	Das Buch der Richter	Das Buch der Richter
	Das Buch Rut	Das Buch Rut
Das Buch Samuel	Das 1. Buch Samuel	Das 1. Buch Samuel
Das 1. und 2. Buch Samuel	Das 2. Buch Samuel	Das 2. Buch Samuel
Das Buch der Könige	Das 1. Buch der Könige	Das 1. Buch der Könige
Das 1. und 2. Buch der Könige	Das 2. Buch der Könige	Das 2. Buch der Könige
Die hinteren oder großen Propheten	Das 1. Buch der Chronik	Das 1. Buch der Chronik
	Das 2. Buch der Chronik	Das 2. Buch der Chronik
Jesaja	Das Buch Esra	Das Buch Esra
Jeremia	Das Buch Nehemia	Das Buch Nehemia
Hesekiel	Das Buch Tobias	
Das Zwölfprophetenbuch	Das Buch Judit	
Hosea	Das Buch Ester	Das Buch Ester
Joel	Das 1. Buch der Makkabäer	
Amos	Das 2. Buch der Makkabäer	
Obadja		
Jona	***Lehrbücher und Psalmen***	***Lehrbücher und Psalmen***
Micha	Das Buch Hiob	Das Buch Hiob
Nahum	Die Psalmen	Der Psalter
Habakuk	Das Buch der Sprichwörter	Die Sprüche Salomos (Sprichwörter)
Zefanja	Das Buch Kohelet	Der Prediger Salomo (Kohelet)
Haggai	Das Hohelied	Das Hohelied Salomos
Sacharja	Das Buch der Weisheit	
Maleachi	Das Buch Jesus Sirach	
Die Schriften	***Die Prophetenbücher***	***Die Prophetenbücher***
Die Psalmen	Jesaja	Jesaja
Das Buch Hiob	Jeremia	Jeremia
Die Sprüche Salomos/ Sprichwörter	Die Klagelieder	Die Klagelieder Jeremias
	Das Buch Baruch	
Das Buch Rut	Ezechiel	Ezechiel
Das Hohelied Salomos (canticum)	Daniel	Daniel

Klagelieder des Jeremias
(ekkleistes)
Der Prediger Salomo
(Kohelet) (threni)
Das Buch Ester
Das Buch Daniel
Das Buch Esra
Das Buch Nehemia
Das 1. Buch der Chronik
Das 2. Buch der Chronik

(Die kleineren Propheten)
Hosea
Joel
Amos
Obadja
Jona
Micha
Nahum
Habakuk
Zefanja
Haggai
Sacharja
Maleachi

(Die kleineren Propheten)
Hosea
Joel
Amos
Obadja
Jona
Micha
Nahum
Habakuk
Zefanja
Haggai
Sacharja
Maleachi

Die Apokryphen
Das Buch Judit, Die Weisheit Salomos, Das Buch Tobias, Das Buch Jesus Sirach, Das Buch Baruch, Das 1. Buch der Makkabäer, Das 2. Buch der Makkabäer, *Stücke zum Buch Ester, Stücke zum Buch Daniel, Das Gebet Manasses*

Literaturhinweise

Peter Calvocoressi, Who's who in der Bibel, DTV, München 1990

Reclams Bibel-Lexikon, hg. von Klaus Koch, Eckart Otto u.a., 5. Aufl., Philipp Reclam jun., Stuttgart 1992

Ingo Baldermann, Einführung in die Bibel, Vandenhoeck und Ruprecht, Göttingen 1988/4. Aufl. 1993

Kindlers neues Literatur-Lexikon, hg. von Walter Jens, 20 Bände, Kindler Verlag, München 1992

Lexikon der christlichen Ikonographie, 8 Bände, Herder, Freiburg im Breisgau 1964/1994

Elisabeth Frenzel, Stoffe der Weltliteratur, Alfred Kröner Verlag, Stuttgart, 8. überarb. und erweiterte Auflage 1992

Der große Plötz, Auszug aus der Geschichte, 29. völlig neu bearbeitete Auflage, Freiburg, Würzburg 1981

Reclams Filmführer, 11. neu bearbeitete Auflage, Philipp Reclam jun., Stuttgart 1973/2000

Geschichte der Musik, 4 Bände, hg. von Michael Raeburn und Alan Kendall, Kindler Schott 1989/1993

Udo Becker, Lexikon der Symbole, Herder Verlag, Freiburg im Breisgau 2001

Manfred Lurker, Wörterbuch biblischer Bilder und Symbole, Kösel Verlag, München 1973

Manfred Lurker, Die Botschaft der Symbole in Mythen, Kulturen und Religionen, Kösel-Verlag, München 1990

Otto Schumann, Opernführer, Von Monteverdi bis Penderecki. Rowohlt Verlag, 1978/1982

Theologische Realenzyklopädie (TRE), de Gruyter, Berlin, New York 1995

Religion in Geschichte und Gegenwart, 4. Auflage, Tübingen 2001

Lexikon der Theologie und Kirche, hg. von Walter Kasper, 3. völlig neu bearb. Auflage 1993 ff., Herder, Freiburg

Hannelore Sachs u. a., Christliche Ikonographie in Stichworten, 3. unveränd. Aufl., Koehler & Amelang, Leipzig 1988

Wörterbuch des Christentums, hg. von Volker Drehsen u. a., Gütersloher Verlagshaus, Gütersloh 1988

Udo Tworuschka, Lexikon Religionen der Welt. Gütersloher Verlagshaus, Gütersloh 1999

Neues Lexikon des Judentums, hg. von Julius Schoeps, Bertelsmann Lexikon Verlag, Gütersloh, München 1992

Herbert Hunger, Lexikon der griechischen und römischen Mythologie, Rowohlt Verlag, Reinbek bei Hamburg 1959/1983

Benutzte Bibeln

Die Bibel, Nach der Übersetzung Martin Luthers, Bibeltext in der revidierten Fassung von 1984, Deutsche Bibelgesellschaft, Stuttgart, 1990

Die Bibel, Altes und Neues Testament, Einheitsübersetzung, Katholische Bibelanstalt GmbH, Stuttgart 1980 (Autorisiert von der Dt. Bischofskonferenz und der EKD)

Personen- und Stichwortregister

Ins Register aufgenommen sind alle im Text erwähnten biblischen Personen. Gibt es mehrere Einträge, so ist der wichtigste Eintrag fett markiert. Weiter sind alle erwähnten Künstler, Maler, Bildhauer, Dichter und Schriftsteller, Musiker und Regisseure verzeichnet. Nur die Standorte/Kathedralen von anonymen Kunstwerken sind aufgenommen. Ergänzt wird das Register durch ausgewählte weiterführende Sachbegriffe.

Aaron 78, **83 ff**, 92
Abed-Nego 197
Abel **35 ff**
Abigail 133, **136**
Abner 133, 137, 140
Abraham **52 ff**, 59, 93, 222
Abrahamitische Religion 54
Abrahamseiche 221
Absalom 36, 133, **139 f**, 149
Achan 101 f
Achisch 133, 135 f
Adam **25 ff**, 35, 222
Adam und Eva 20, **25 ff**
Adamsapfel 28
Adonia 149
Adoni-Zedek 102
Agag 127, 129
Ahab 157 f, 160, 162 f
Ahas 184
Ahasver 165, 166, **168**
Alifieri, Vittorio 131
Aliraz, I. 147
Altdorfer, Albrecht 116, 155, 203
Alter, Israel 192
Altes Testament **11**, 15
Amalekiter 136
Amiens, Kathedrale 109, 153, 186, 190, 195
Amigoni, Jacopo 61, 145, 203
Ammoniter 60
Amnon 36, 133, **139**, 149
Amos 18, 176 f, **180**
Amram 83
Andrini, G. 32
Antiochia 219
Apfel 27 f
Apitz, Bruno 100
Apokalypse 50
Apokalyptik 201 f
Apokryphen 12, 15, 18, 200
Arche 44
Arne, Thomas Augustine 39
Aschera 106, 108, 158, 188
Asenat 73
Asser 63, 65
Assis, Muchado de 71
Astarte 108, 167
Augustinus 78, 117, 143
Ávila, Theresa von 161

Baal 105 f, **108**, 157 f, 188
Babel 48 f
Babylonien **48**, 188
Babylonische Gefangenschaft 48 f
Babylonische Sprachverwirrung 49

Babylonisches Exil 193, 197, 219, 225
Bacchelli, Ricardo 147
Bach, Johann Sebastian 142, 213
Baggesens, Jens 32
Bahai 161
Balak 83, 90
Bamberger Dom 28, 179
Bann 130
Barak 105 f
Barca, Pedro Calderón de la 146, 204
Barlach, Ernst 46, 97
Baruch 18
Bassano, Jacopo 44, 57, 116
Batseba 117, 133, **138**, 149
Becker, Jurek 71
Beckmann, Max 31
Beer-Hofmann, Richard 70
Belsazar 197 ff
Bendemann, Eduard 213
Benjamin 63, 68, **73** ff, 128
Beresford, Bruce 148
Berg Ararat 41, 43
Berg Horeb 84, 158, 161
Berg Morija 54, 218 f
Berg Sinai 87, 91
Berg Zion 185
Bernini, Gian Lorenzo 144
Bernstein, Leonard 192
Beschneidung 54, **56**
Bethel 67 f
Bethlehem 119, 140, 221
Beute 104
Beyer, Frank 71, 100
Bèze, Théodore 215
Biblisches Alter 56
Bildad 206 f
Bileam 83, **90**, 130
Bilha 65
Blake, William 23, 30, 33, 196, 209
Blitzstein, Marc 39
Bloy, Léon-Henri Marie 39
Boas 119, 121
Bol, Ferdinand 109
Böll, Heinrich 39
Boney M. 214
Botticelli, Sandro 96 f, 173
Brahms, Johannes 214
Brandopfer 42
Brant, Sebastian 94, 117
Brecht, Bertolt 110, 121, 155
Breughel, Pieter d. Ä. 50, 131
Brodsky, Joseph 70
Browning, Robert 131
Buber, Martin 215
Bund 95
Bundeslade **95**, 101, 123 f, 125, 138, 151, 219
Burg Zion 218
Burgkmair, Hans d. Ä. 118, 169
Buxtehude, Dietrich 213
Buzzati, Dino 61

Caravaggio 57, 145, 174
Castro, Eugénio de 155
Cavalieri, Emilio de 192
Chadwik, George 175
Chagall, Marc 23, 45, 69, 80, 97, 122, 146
Chartres, Kathedrale 28, 125, 153, 182, 186, 190
Chaucer, Geoffrey 204
Cherubim 26
Chomsky, Martin 42
Christus (Jesus) 27, 91, 94,

109, 117, 120, 130, 143, 152, 154 f, 162, 169, 186, 202, 212, 217
Chronik 15,17
Collins, Phil 24
Conradi, Hermann 33
Corinth, Lovis 37, 45, 117
Cornelius, Peter von 80
Couperin, François 192
Cranach, Lucas d. Ä. 29, 60, 116, 145
Cubas, Cristina Fernandez 205

Dan 63, 65, 111, 113
Daniel 15, 18, 176 ff, 182, **197 ff**
Dareios I./Darius 197, 199, 205
David 77, 116 f, 123 f, 127, 130 f, **133-149**, 152, 173, 177, 212, 218, 221, 225
Davidsbündler 142
Davidsstadt 143, 219
Davidsstern 142
De Mille, Cecil B. 99, 118
Debora 105 ff
Deboralied 212
Deger, Ernst 31
Dekalog 95
Delacroix, Eugène 70, 203
Delila 111 f
Deuterojesaja 184
Deuterokanoische Schriften 15 f, 18
Deuteronomium 83
Dina 63, 65
Dix, Otto 61, 209
Döblin, Alfred 61
Dogenpalast, Venedig 154
Domin, Hilde 39, 99
Donatello 144, 173, 190
Doppler, Franz 175
Dörfler, Peter 175
Dornbusch 84, 94, 209
Droste-Hülshoff, Annette von 204
Dura-Europos 69, 80, 96, 190, 195
Dürer, Albrecht 29, 209

Edom 66, 93
Ehud 107
Eißner, Ulrich 37
Eli 123
Elia **157 ff,** 176 f
Elifas 206 f
Elimelech 119
Elisa 157, **158 f**, 176 f
Elkan, Beno 178, 195
Enuma elisch 20
Ephraim 73, 76,79, 92
Erfurter Dom 69, 79
Erstes Testament 12
Erzväter 52
Erzväter der Muslime 55
Esau 36, **63 ff,** 93
Esel 130
Esra 15 f, 17
Ester 15 f, 17, **165 ff**, 173
Ettinger, Max 175
Eva **25 ff,** 35, 222
Evangelisten 178, 186, 194, 196
Ewiges Licht 94
Exodus 16, 83, 91 f, 94
Eyck, Jan van 109
Ezechiel 14, 18, 152, 176 ff, **193 ff**

Faulkner, William 147
Felsendom 219 ff

Feuchtwanger, Lion 147
Fincher, David 21
Flinck, Goevert 154, 203
Francesca, Piero della 31, 155
Franck, César 122
Frankenheimer, John 71
Fredriksson, Marianne 38, 46
Freiberger Dom 153, 202
Freiburger Münster 28, 37, 109
Freud, Sigmund 98
Fry, Christopher 98
Füssli, Johann Heinrich 44

Gad 63, 65
Garten Eden 26
Gärten Salomos 153
Gaza 112, 114
Gebrüder Grimm 94, 115, 142, 161
Gelobtes Land 16, 83, 89 f, **92 f**, 105, 114, 121
Genesis 16, 24, 26
Genteleschi, Artemesia 145, 169, 174
Gentileschi, Orazio 60, 145
Gernhardt, Robert 210
Geschichtsbücher 16
Gessner, Solomon 38
Ghiberti, Lorenzo 44, 104, 144, 154, 173
Ghirlandaio, Domenico 96
Gibeon, Gibeoniter 102 f
Gide, André 148
Gideon 105, **106 f**
Gideonbund 108
Gilgamesch-Epos 42
Giraudoux, Jean 61, 175
Gironella, José Maria 38
Goethe, Johann Wolfgang 122, 209
Goldenes Kalb 88
Goliat 133 ff
Gomorra 59 ff
Gozzoli, Benozzo 104
Grab der Patriarchen 221
Greff, J. 175
Gregorianischer Kalender 22
Grien, Hans Baldung 29
Grillparzer, Franz 169
Grimmelshausen, Hans Jakob Chr. von 81, 131
Grünewald, Matthias 186
Guercino 80

Haare 114
Habakuk 18, 176 f, **182**
Hagar 52 ff
Haggai 18, 176 f, **182**
Haggard, Henry Rider 156
Haggit 49
Ham 40 f
Haman 165 ff
Händel, Georg Friedrich 99, 104, 110, 118, 156, 170, 186
Hanna 123
Hardt, Ernst 155
Hartmann, E. v. 147
Haydn, Joseph 24, 192
Hebbel, Friedrich 175
Hebräische Bibel 11, **14 f**, 167, 176, 215
Hebron 31, 53, 112, 133, **221 f**
Heilige Schrift 11
Heine, Heinrich 205
Heinichen, Johann David 192
Herder, Johann Gottfried 98, 215, 217

Herrentag 22
Hesekiel s. Ezechiel
Hesse, Hermann 39
Hexagramm 142
Hexateuch 103
Heym, Stefan 148
Hikmet, Názim 82
Hildesheimer Dom 30
Himmelsleiter 64, 68
Hiob 15, 17, 61, 201, **206 ff**
Hiobsbotschaft 208
Hofmannsthal, Hugo von 81
Hohelied 15, 18, 212, **216 f**
Holbein, Hans d. J. 80, 121 f
Holocaust 42, 208
Holofernes 171 ff
Honig 93 f
Honnegger, Arthur 148, 175, 214
Horváth, Ödon von 33
Hosea 18, 176 f, **179**
Hugo, Victor 45, 98
Humperdinck, Engelbert 71
Huston, John 57

Ibrahim 55
Irvin, John 46
Isaak 40, 52 f, **63 ff**
Isai 120,133, 140, 142, 221, 186
Isch Boschet 133, 137
Ischtar 167
Isebel 157
Islam 11, 42, 44, 55, 141, 152, 219
Islamisch 48, 56
Islamischer Kalender 22
Ismael **52 ff**, 163
Israel (Jakob) **67 f**, 83
Issachar 63, 65
Jabin 105 f
Jael 105 f, 168, 173
Jafet 40, 45
Jaffa 43
Jakob 21, 36, 40, 52, **63 ff**, 73 ff, 83
Jefta 105, **107**
Jeftas Tochter 105, 109
Jehu 157, 159
Jeremia 14, 18, 176, 178 f, **188 ff**
Jeremiade 190
Jericho 93, **101 f**, 159, 162
Jerobeam II 180
Jerubaal 106
Jerusalem 48, 133, 137, 140, 143, 152, 184, 188, 190, 193, **218 ff**, 222
Jesaja 14, 18, 176, 178 f, **184 ff**, 188
Jesse (s. Isai) 120, **142**, 144, 186
Jesus s. Christus
Jesus Sirach 18
Jitro 83, 84
Joab 133, 137 f, 140
Jochebed 83
Joel 18, 176 f, 179, **180**
Johannes-Offenbarung 201
Jojakim 171, 188
Jona 18, 176 f, 179, **180 f**
Jonatan 127 ff, 130, 133, **134 ff**, 140
Josef 36, 63, 65 f, **73 ff**, 83, 92, 201
Josua 14 ff, 68, 78, 83, 89 f, 93, **101 ff**, 105, 107, 221
Joung, Robert R. 82
Jubiläum 22
Juda (Sohn) 63 ff, 73, 75 ff,107
Jüdischer Kalender 22

Judit 18, **171 ff,** 168
Jung, C. G. 210

Kaaba 55
Kain 35 ff
Kainsmal 36
Kaleb 83, 89
Kalender 22
Kanaan 40, 52, 56 f, 66, 75, 77 f, 89 f, **92 f,** 101 f, 105, 111, 114, 221, 224
Kanon 13, 15
Karfreitagsliturgie 192
Karmel/Karmeliten 161
Kassowitz, Peter 71
Katakomben der Via Latina 79
Katein, J. 191
Kaulbach, Wilhelm von 50
Kazan, Elia 39
Kessler, Graf H. 81
Kieslowski, Krystof 99
Kiljon 119
Kitbe haqodäsch 14
Klagelieder Jeremia 15, **189 f**
Klagemauer 220
Klepper, Jochen 215
Klimt, Gustav 174
Klopstock, Friedrich Gottlieb 32, 38, 215
Koch, Ernst Friedrich 46
Koch, Joseph Anton 45
Kohelet 216
Kokoschka, Otto 209
Kolosseum, Rom 50
König, Johann 44
Könige 14 f, 17
Königin von Saba 149, **151**
Königreich Juda 48
Korach 83
Koran 11, 55, 78, 91, 141
Koranisch 82
Korda, Alexander 118
Kossak, Zofia 57
Krabbé, Jeroen 100, 126
Krenek, Ernst 192
Kreti und pleti 143
Kreuzholzlegende 27
Kubrick, Stanley 24
Kurz, Paul Konrad 215
Kyros I 48, 219, 225

Laban 63 ff
Lais 147
Lamech 38
Laon, Kathedrale 109
Lappidot 105
Laske, O. 45
Lasso, Orlando di 213
Lastman, Pieter 56
Le Fort, Gertrud von 215
Lea 63, **65 f**
Leder, Mimi 46
Lehms, G. Chr. 147
Lehrbücher 17
Lem, Stanislaw 51
Lemaire, Ferdinand 118
Levi 63, 65, 67, 92
Leviratsehe 121
Leviten 79, 89, 92
Levitikus 16, 83, 92
Lewis, Clive Staples 51
Leyden, Lucas van 60, 118, 155
Liebermann, Max 117
Lindgren, Astrid 143
Liszt, Friedrich 196
Lord Byron (George Gordon) 38, 45, 132, 205, 214
Lorenzetti, Pietro 162

Lorrain, Claude 57, 97, 154
Löser 121
Lot 52, 55, **59 ff**
Lots Frau 59
Lots Töchter 59 ff
Lully, Jean-Baptiste 213
Luther, Martin 175, 215
Lutherbibel 16
Luzzato, Lino 175
Lynes, Adrian 71

Machlon 119
Machpela-Höhle 221
Madách, Imre 32
Makkabäer 18, 220
Malamud, Bernard 70
Maleachi 18, 176 f, **183**
Mamre 52 f, 77, 221
Manasse 73, 76, 79, 92
Mann, Thomas 81, 98
Manna 87, **94**
Manoach 111
Marduk 20, 47, 167
Marot, Clément 215
Martin, John 104
Marulic, Marko 175
Masaccio 30
Mattheuer, Wolfgang 37
Mavro, Veteronovic Cavic 57
Medina 218
Medusa 141
Mefi-Boschet 133, 138
Méhul, Etienne Nicolas 82
Mekka 218, 222
Melville, Herman 33, 162 f, 181
Mendelssohn-Bartholdy, Felix 165, 214
Menetekel 202
Menora 21
Menschensohn 200
Merab 133 f
Merian, Matthaeus 186
Meschach 197 f
Messias 141, 160
Metastasio, Pietro 38
Metuschelach (Metusalem) 56
Micha 18, 176 f, **181 f**
Michal 133, 135, 138
Michelangelo 23, 30, 44, 91, 96, 144, 173, 179, 181, 186, 191, 195, 202
Middle of the Road 118
Mikra 14
Milch 93 f
Milhaud, Darius 24, 148
Miller, Arthur 33
Milton, John 24, 32, 118
Mirjam 83, 89
Mirjams Lied 212
Moab 93, 119, 121
Moabiter 60
Monophysiten 153
Monteverdi, Claudio 213
Morax, René 148, 175
Mordechai 165 ff
Morell, Thomas 156
Mose 14, 16, 78, **83 ff**, 101, 159, 212
Mose, gehörnt 96
Muhammad 22, 44, 220 f
Mulisch, Harry 125 f
Müntzer, Thomas 43, 204
Murillo, Bartholomé Esteban 79
Musa 91
Muslime 220, 222

Nabal 133, 136
Nabupolassar
Nadel, Arno 38
Naeman 157, 159
Naftali 63, 65
Nahum 18, 176 f, **182**
Naoe, Kinoshita 98 f
Nathan 133, 138, 138 f, 149, 159, 176
Nathan, Isaac 205, 214
Nebukadnezar 47, 152, 165, 171, 188, 197 f, 201, 219
Nehemia 15, 17
Ner-tamid 94
Nimrod 47
Noah **40 ff**, 161, 201
Nolde, Emil 178, 186
Noomi 119 f
Numeri 16, 83
Nussbaum, Felix 143

Obadja (Hofmeister Ahabs) 180
Obadja 18, 176 f, **180**
Obed 120
Obey, André 45
Ohala 194
Ohaliba 194
Onan 73, **77** f
Onanie 78
Ophiten 27
Opitz, Martin 215
Orpa 119
Orpheus 141
Otniel 107
Overbeck, Johann Friedrich 80

Palästina 56, 103, 105, **114**, 224
Palestrina, Giovanni Pierlugi da 213
Paltiel 147
Paludan-Müller, F. 32
Pärt, Arvo
Pasolini, Pier Paolo 62
Passafest/-nacht 85, 94
Patriarchen 63
Pencz, Georg 155
Penderecki, Krzysztof 214
Pentateuch 14, 16, 90, 103, 212
Pepping, Ernst 214
Perez 73, 77
Perugino, Pietro 191
Pharao 52, 73, 74 f, 83
Philister 111 f, **114**, 123 f, 128, 134, 136, 150
Philisterland 224
Piazzetta, Giovanni 203
Picasso, Pablo 45
Pisa, Baptisterium 179
Pizetti, Ildebrando 110
Plagen, ägyptische 85
Poetische Bücher 15
Potifar 73 f
Potifars Frau 73 f
Poussin, Nicholas 97, 121, 162,
Prediger Salomo 15, 18, 212, **216**
Priscilla-Katakombe 202
Propheten 14, 159, **176 ff**
Prophetische Bücher 14, 18
Proust, Marcel 61
Psalmen 14, 17, 141, **212 ff**
Psalmodie 213
Psalter 17, 212
Purim 166 f, **168**

Rabe 161
Racine, Jean 169
Raffael 23, 30, 44, 69, 79, 97, 154, 195
Rahab 101 f
Rahel 21, 63, **65 f**, 73
Rameau, Jean-Philippe 213
Ramos, Graciliano 70
Ravenna, Baptisterium 190
Regenbogen 43
Reger, Max 214
Rehabeam 149, **151**
Reims, Kathedrale 125
Rembrandt, Harmensz van Rijn 57, 70, 79, 81, 97, 116 f, 122, 131, 145 f, 163, 169, 191, 203 f
Rembrandt, Schule 203
Reni, Guido 44, 60, 79, 116
Respighi, Ottorino 156
Reutter, Hermann 132
Ribera, José de 69
Ricci, Sebastiano 145
Rice, Tim 82
Richter 14 f, 17, 225
Riesen 142
Rodin, Auguste 29
Roman, Johan Helmich 213
Rosa, Salvatore 191
Rosenzweig, Franz 215
Rossini, Gioacchino 99
Roth, Joseph 210
Rotte Korach 96
Rouen, Kathedrale 69
Ruben 63, 65, 73, 75
Rubens, Peter Paul 145, 154, 202, 204
Rubinstein, Anton 34, 99
Rut 15, 17, 119 f
S. Ambrosio, Mailand 144
S. Antimo, Toscana 203
S. Clemente, Rom 190
S. Franceso, Assisi 69
S. Maria Maggiore, Rom 69, 104
S. Paolo fuori le Mura, Rom 79
S. Vitale, Ravenna 37, 190
Saba/Königin von Saba 153
Sabbat 21
Sabbatjahr 22
Sabbatliturgie 160
Sacharja 18, 176 f, 179, **182**
Sachs, Hans 117, 131, 146, 175
Sachs, Nelly 163
Sade, Marquis de 61
Sadler, Arnold 215
Saint-Saens, Camille 118
Salbung 125, 130
Salisbury, Kathedrale 69
Salomo 117, 138 f, **149 ff**, 177, 217, 219, 225
Salomon-Inseln 152
Salomonisches Urteil 152
Salomonsiegel 152
Sam 40 f
Samson-Tabak 115
Samuel 14 f, 17, 113, **123 ff,** 127 ff, 133, 159, 176,
Sanaa 153
Sara 52 ff
Satan 206, 209
Saul 123 f, **127 ff,** 129, 133 ff, 140
Säulen Salomos 153
Scarlatti, Alessandro 39, 175, 213
Schadow, Wilhelm von 80
Schadrach 197 f

Schangar 107
Schein, Johann Adolf 213
Schlange 26 f
Schlaraffenland 93 f
Schmeltzl, Wolfgang 131, 146
Schneider, Robert 164
Schnorr von Carolsfeld, Julius 122
Schönberg, Arnold 24, 71, 99, 214
Schönfeld, Johann Heinrich 109, 145
Schütz, Heinrich 213
Sebulon 63, 65
Segen 68
Segnung 78
Septuaginta 15, 189
Serow, Alexander 175
Shaffer, Peter 147
Shalev, Meir 71
Sichem 52, 68, 103
Sieben 21
Siena, Dom 146
Signorelli, Luca 96, 195
Silo, Heiligtum 123
Simeon 63, 65, 67, 73, 75
Simson 111 ff
Simson Suhl 115
Singer, Isaac B. 70
Sintflut 42
Sisera 105 f, 173
Sluter, Claus 96, 178, 190
Sodom/Sodomie 59 ff
Solimena, Francesco 174
Sommer, Ernst 210
Sonntag 21
Spielberg, Steven 100
Sprichwörter 212
Sprüche Salomos 14, 17, **216**
Steinbeck, John 39
Stiftshütte 88, **95**
Stimmer, Tobias 80
Strahlenglanz 96
Straßburger Münster 153, 179
Strauss, Richard 24, 81, 174
Strawinsky, Igor 24, 46, 51, 192, 214
Stuck, Franz von 204
Sündenbabel 49
Sündenfall 20, **26 f**
Sündflut 42
Susanna 18, 197, **200 ff**
Sweelinck, Jan Pietersz 213

Taille, Jean de La 131
Talev, Dimitar 163
Tallis, Thomas 192
Tamar (Tochter Davids) 133, 139
Tamar 73, 77
Tarkowskij, Andrej 51
Taube 43
Teiche Salomos 153
Tempel **150 f**, 195, 225
Tempelberg 219
Tenach 12
Terah 93
Testamentum 12
Theodizee 208 f
Theseus 124
Tiepolo, Giovanni Battista 97
Tintoretto, Jacopo 23, 30, 70, 97, 154, 162 f, 181, 195, 203
Tobias 18
Tochter des Pharao 83 f
Todsünden 21
Tohuwabohu 20
Tora 11, 14, 16, 176

Torbido, Francesco 23
Torga, Miguel 46
Torgny, Lindgren 147
Tritojesaja 184
Turm 47

Ulitz, Arnold 205
Ulmer Münster 108
Updike, John 33
Uria 133, 138
Uriasbrief 142
Uris, Leon 92, 100
Ury, Lesser 31, 45, 97, 191
Ustinov, Peter 33

Valle, Frederigo della 169
Vaughan, Henry 38
Vega, Lope de 37, 169
Veit, Philipp 80
Verdi, Guiseppe 39, 205
Veronese, Paolo 97, 203
Verrochio, Andrea del 144
Vicent, Manuel 38
Vidor, King 156
Vivaldi, Antonio 175
Voltaire 131
Vondel, Joost van den 81
Vulgata 15, 142, 215

Wajda, Andrej 118
Washti 165
Webber, Andrew Lloyd 82
Weckherlin, Georg Rudolf 215
Weill, Kurt 192
Wein/Weinanbau 43
Weise, Christian 81
Weisheit Salomos 18
Werfel, Franz 51, 99, 191
Wesley, Samuel 122
Westminster Abbey 154
Wiesel, Eli 39, 193, 210
Wilder, Thornton 33
Willam, Ralph Vaughan 210
Willmann, M. 154
Wolkensäule 86
Wurzel Jesse s. Jesse
Wüste 160

Zapletal, V. 98
Zedekia 188 f
Zefanja 18, 176 f, **182**
Zehn Gebote 91, **95**, 151
Zehn Worte 88
Zion 218, **220**
Zionsstern 142
Zippora 83 f
Zofar 206 f
Zola, Emile 122
Zweig, Stefan 191
Zweites Testament 12
Zwölf 78
Zwölf Apostel 179
Zwölf kleine Propheten 14, 179, 195
Zwölf Stämme (Israels) 76, 78 f, 80 f, 90, 92, 105, 128, 225
Zwölfprophetenbuch 18, 176 f